Giovanni Iudica - Paolo Zatti,
LINGUAGGIO E REGOLE DEL DIRITTO PRIVATO - CASI E DOMANDE...

GIOVANNI IUDICA PAOLO ZATTI

LINGUAGGIO E REGOLE DEL DIRITTO PRIVATO

CASI, DOMANDE E SCHEDE

PER LA DIDATTICA E L'AUTOVALUTAZIONE

Quinta edizione

CEDAM
CASA EDITRICE DOTT. ANTONIO MILANI
2013

ISBN 978-88-13-34370-5

Stampato in Italia - Printed in Italy

Stampato da L.E.G.O. S.p.A. - Lavis (TN)

PREMESSA

Questa nuova edizione di «Casi, domande e schede per la didattica e l'autovalutazione» dimostra la validità, nel tempo, di quest'opera che affianca il manuale «Linguaggio e regole del Diritto Privato».

L'opera si è resa necessaria per stare al passo con le numerose riforme legislative e per fornire un significativo ampliamento della casistica.

L'obiettivo dell'opera è quello di valorizzare i profili pratici nello studio del Diritto Privato affinché lo studente si renda conto, fin dai primi passi della propria carriera universitaria, dell'utilità della disciplina studiata nel risolvere le problematiche di ordine pratico.

I casi sono proposti secondo i criteri di psicologia dell'apprendimento formulati dal CESDIA e sono integrati da quesiti ordinati secondo livelli differenziati di difficoltà e da una elementare bibliografia per eventuali esercitazioni o approfondimenti.

Ancora una volta, il nostro grazie, sentito e cordiale, va a coloro che hanno collaborato alla realizzazione dell'opera, ed in particolare alla dott.ssa Laura Morlotti per la cura con la quale ha seguito la redazione e l'aggiornamento del presente volume.

G.I. e P.Z.

INDICE

PARTE PRIMA

PARTE SECONDA

Parte Prima
CASI PER L'INSEGNAMENTO E PER LO STUDIO

1. Il corso di diritto privato: difficoltà, risorse e obiettivi.
(a cura di Gabriella Bagnato e Beatrice Bauer)

In estrema sintesi, gli *obiettivi didattici* del corso Istituzioni di Diritto Privato sono stati così rappresentati nel corso della discussione tra i docenti e il Cesdia:

• trasferire i *concetti di fondo* della disciplina;

• trasferire la *terminologia tecnica* e sensibilizzare rispetto a un uso opportuno della stessa in quanto formalizzazione ed esplicitazione di concetti e di logiche di fondo della materia;

• sostenere nello sviluppo di una *metodologia di approccio*
– alla *materia* (metodo di studio e guida all'apprendimento)
– alle *problematiche concrete* relative all'ambito del Diritto Privato;

• sviluppare capacità di *pensiero critico e autonomo*;

• sviluppare capacità di *trasferimento della teoria alla realtà* (utilizzo dei modelli teorici e dei concetti di riferimento per l'analisi e la risoluzione di problemi concreti che ricadono nella sfera del Diritto Privato).

La riflessione sui *vincoli* con cui i docenti di Diritto Privato si confrontano ha portato ad evidenziare quanto segue:

• la collocazione del corso Istituzioni di Diritto Privato è al 1° anno e come primo insegnamento di Diritto. Gli studenti sono giovani, si confrontano con le problematiche dell'inserimento in un contesto di studio nuovo che richiede loro una maggiore responsabilizzazione e autonomia e la maggior parte di loro non ha avuto alcuna esposizione pregressa al Diritto;

• ci si confronta con studenti che non hanno nessuna o una limitata e superficiale consuetudine con le logiche, i concetti e il linguaggio tecnico del Diritto e più in particolare del Diritto Privato;

• il carico di lavoro è notevole: la molteplicità dei temi da trattare e la consistenza del materiale di supporto si scontra con un numero di ore d'aula limitato e con necessità di frequenza e di studio concomitanti in relazione alle altre materie del semestre e più in generale del 1° anno;

• il carico di lavoro per gli studenti del 1° anno è nel complesso molto consistente, con le diverse materie dei singoli semestri che entrano in «competizione» l'una con l'altra per mancanza di tempo e attività d'aula ed extra-aula da seguire a cui si associa lo studio individuale;

• il fenomeno del «passa parola» tra gli studenti degli anni successivi al 1°, e del 2° in particolare, tende a rinforzare scoraggiamento e demotivazione.

Tra i problemi che incontrano gli studenti, si è segnalata la difficoltà ad utilizzare i concetti teorici per l'analisi e la soluzione di problemi concreti ovvero, più in generale, la difficoltà a considerare teoria e pratica come elementi complementari e utili in relazione a processi di *problem defining* e di *problem solving* su fatti reali.

La soluzione didattica che si è ritenuta essere la più funzionale è l'introduzione della modalità di discussione di casi, nonché di spezzoni di film o di articoli di giornale.

La logica di fondo è quella di integrare il materiale già esistente con supporti creati con il preciso scopo di avviare una discussione d'aula *in apertura* di ogni lezione. Questo per stimolare la curiosità e l'attenzione degli studenti partendo da fatti concreti, tratti dall'esperienza e analizzabili sulla base dei temi teorici che rappresentano la struttura portante del corso.

2. Cenni sui processi di apprendimento.
(a cura di Gabriella Bagnato e Beatrice Bauer)

A fronte di situazioni in cui il docente ha inevitabilmente il controllo totale del processo didattico, in quanto si confronta con studenti che non hanno alcuna conoscenza della materia e che sono pertanto totalmente dipendenti da lui in relazione a contenuti, modi e tempi di apprendimento, ve ne sono altre in cui i due ruoli, docente e studente, assumono contorni diversi.

Il processo di apprendimento è molto più efficace se allo studente viene dato un ruolo più protagonistico, di maggiore autonomia e maggiore responsabilità.

Le situazioni in cui il docente non assume il ruolo di *transfer* di conoscenza definita a priori bensì quello di architetto di spazi di apprendimento che progetta e costruisce opportunità di confronto diretto con fatti e situazioni, assicurando la disponibilità di un bacino di conoscenza da intendersi come insieme di modelli teorici di riferimento a cui gli studenti possono attingere, sono quelle a maggiore intensità di apprendimento.

Gli studi e le ricerche condotte sui processi di apprendimento degli adulti mostrano come lo studente che ha totale o quasi totale responsabilità di ciò che interiorizza e fa suo e che in virtù di questo può, anzi deve, prendere decisioni in relazione a che cosa apprendere, perché, quando e come, in termini di qualità del risultato (ampiezza e profondità dell'apprendimento) ha dei notevoli vantaggi rispetto a chi si trova nella situazione opposta.

Seguire le prescrizioni altrui, essere orientati ai contenuti ma non avere la consapevolezza dei principi e delle logiche di fondo che presiedono all'organizzazione e all'articolazione degli stessi, seguire ritmi e tempi dettati in modo esclusivo dall'esterno, se da una parte possono agevolare l'apprendimento nella fase iniziale di avvicinamento a una materia a cui ci si accosta per la prima volta, dall'altra ostacolano o quantomeno riducono l'apprendimento inteso nel senso proprio del termine.

Apprendimento non è memorizzare principi e una terminologia fine a se stessa, bensì impadronirsi delle logiche e dei concetti di fondo, facendoli propri al punto da essere poi in grado di utilizzarli per la definizione dei problemi reali e per individuare soluzioni praticabili agli stessi.

Tale concezione dell'apprendimento è più coerente con situazioni in cui:

- lo studente percepisce un fabbisogno di apprendimento e ha il potere e la possibilità di organizzarsi per colmarlo;
- lo studente è agevolato nell'individuare, tra quelle fatte e possedute, esperienze e conoscenze rilevanti in relazione ai temi e alle problematiche trattate;
- lo studente viene guidato nel mettere in relazione teoria e pratica rispetto a situazioni che richiedono di svolgere processi di *problem solving*;
- in generale, lo studente è motivato da fattori interni (interessi e bisogni) anziché esterni (valutazione del docente, ecc.).

Più nello specifico, il processo di apprendimento risulta essere più efficace se gli studenti:

- sono attivamente coinvolti (esperienza diretta, apprendimento per tentativi ed errori, preparazione-azione e riflessione strutturata *ex post*);
- sono interessati e percepiscono l'utilità di quanto stanno vedendo (ampliamento di interessi e conoscenze, applicabilità pratica);
- riescono, nei limiti del possibile e nel rispetto dei vincoli che un'attività didattica organizzata impone, a seguire e rispettare i propri ritmi e tempi;
- partono dall'esperienza pratica, o comunque declinano e integrano con essa ciò che apprendono in aula.

L'interazione fra studenti, con lo scambio di opinioni, dubbi, perplessità e punti di vista, è un ottimo strumento di apprendimento che si basa sul confronto e l'integrazione di conoscenze ed esperienze individuali che vengono socializzate.

3. La metodologia didattica della discussione di casi.
(a cura di Gabriella Bagnato e Beatrice Bauer)

«Sento e dimentico
Vedo e ricordo
Faccio e imparo»

(Antico proverbio cinese)

Che cosa è un caso?

Un caso è la descrizione di una situazione che implica una presa di decisione in relazione a un problema già definito *ex ante* o da definire partendo dalle informazioni disponibili e/o recuperabili.

Il caso può essere più o meno complesso per quanto concerne le problematiche che tratta nonché le informazioni disponibili e/o da ricercare. Esso presenta in genere più alternative di decisione che richiedono una valutazione dei costi e benefici di ciascuna.

Il caso consente di:

• allenare le capacità relative al *problem defining* e al *problem solving*;

• acquisire conoscenze teoriche relative al tema oggetto di discussione in relazione a uno specifico fabbisogno di comprensione («ho un problema: quali sono i modelli teorici che potrebbero aiutarmi a definirlo meglio, a individuare delle alternative di soluzione e a decidere quale potrebbe essere la migliore?») stimolando la motivazione e orientando l'acquisizione di conoscenze teoriche;

• rinforzare la fiducia nella propria capacità di utilizzare la teoria per affrontare casi concreti e, in generale, di risolvere problemi relativi a uno specifico ambito tematico.

Tutto questo è possibile attraverso:

• il supporto agli studenti nel pensare alle tematiche proposte in modo pratico ed operativo;

• l'allenamento della capacità di individuare e definire il problema, di generare alternative e di decidere, anche in condizioni di ambiguità informativa, come agire. Il tutto attingendo alla teoria effettivamente rilevante;

• l'allenamento della capacità dello studente stesso di valutare la logica e la fondatezza delle sue argomentazioni, oltre che di supportare il suo divenire consapevole delle proprie opinioni;

• l'allenamento dello studente ad attingere alle risorse dell'aula per potenziare il processo di apprendimento;

• il fornire allo studente un *feedback* tempestivo e puntuale rispetto a ciò che sa e ciò che sa fare, partendo dalle argomentazioni e dalle dinamiche di discussione del caso stesso.

La discussione di un caso richiede sia al docente che allo studente di cambiare o comunque di rivedere il proprio ruolo e la modalità/valenza della loro interazione.

Il docente assume il ruolo di facilitatore/conduttore della discussione dopo aver assunto il ruolo di progettista dello spazio di apprendimento allorché ha steso ed elaborato il caso.

Il modo in cui si svolge la discussione non è casuale: essa si svolge in modo da toccare gli snodi critici della tematica oggetto di attenzione.

Il docente ha un'ipotesi in merito a conoscenze/esperienze pregresse degli studenti, crea uno spazio di apprendimento, nel senso che individua concetti e passaggi chiave, e guida la discussione di conseguenza inserendo, ove lo ritiene utile o necessario, ulteriori elementi e spunti di riflessione (video, articoli di giornale, testimonianze ecc.).

Il docente non dà soluzioni, bensì pone domande e interrogativi, guida la discussione e modera gli interventi, così da costruire e raffinare i concetti e così da trovare gradualmente delle risposte partendo dagli interventi degli studenti e organizzandoli.

Lo studente assume il ruolo di attore principale del processo di apprendimento. Egli diventa consapevole dei propri *gap* informativi e concettuali in relazione ai diversi problemi che si trova a dover affrontare con il caso. Identifica i possibili percorsi di approfondimento. Si attiva per raccogliere le informazioni e i modelli rilevanti. Si organizza il tempo e il lavoro. Impara ad ascoltare e a imparare dai colleghi oltre che dal docente. Si auto-monitora, ovvero è in grado di valutare il proprio livello di conoscenza e di padronanza dei temi ricercando *feedback* utili allo scopo.

Il docente che utilizza la metodologia dei casi deve sviluppare la capacità di presidiare, oltre che il contenuto, anche il processo, ovvero le interazioni in aula, affinché diventino funzionali all'apprendimento.

In primo luogo egli deve creare un clima favorevole alla discussione in aula.

Un'indagine del CESDIA svolta durante l'a.a. 1995-96 mostra come gli studenti siano spesso inibiti e poco propensi ad intervenire nelle discussioni in aula e a fare domande, da un lato per il timore del giudizio del docente, dall'altro per il timore del giudizio dei colleghi.

L'intervento in aula viene concepito, più che come una fonte di dialogo e di confronto costruttivo volto ad approfondire le proprie conoscenze e a risolvere dubbi, come una esplicitazione di un sapere già accumulato e consolidato. L'aula universitaria in altre parole non viene vissuta come una «palestra» dove si allenano i «muscoli» della conoscenza, bensì come un palcoscenico dove l'intervento si giustifica solo se perfetto.

Il clima favorevole alla discussione lo si crea abbandonando atteggiamenti e comportamenti di valutazione e di giudizio, nonché affermazioni assolutistiche e non suscettibili di revisione e assumendo atteggiamenti e comportamenti di apertura, di disponibilità a rivedere e a rimettere in discussione, di ascolto attivo dell'aula.

Per ascolto attivo dell'aula si intende il mettersi nei panni dei propri interlocutori, partire dal loro livello di conoscenza e di consuetudine con la materia creando le condizioni e gli *incident* che meglio di altri stimolano un pensiero, un interesse e conseguentemente una motivazione ad apprendere.

La conduzione di una discussione beneficia molto della capacità e perizia nel fare le domande. Le domande, per quanto concerne contenuti ma soprattutto modalità, tempi e persone a cui vengono poste, sono un utilissimo strumento per guidare la discussione sì da toccare i temi e le problematiche evidenziate in fase di preparazione, come importanti ai fini della comprensione del tema oggetto della lezione.

Vi sono domande molto generiche ed informative ma anche domande più specifiche che richiedono l'attivazione di processi cognitivi più sofisticati. Un conto è chiedere l'informazione o il dato facilmente reperibile nella documentazione fornita con il caso o nel caso stesso, e un conto è chiedere una rielaborazione personale nonché delle argomentazioni a sostegno del proprio punto di vista.

Partire dalle domande più generiche, informative e ampie è meglio che partire dalle domande più specifiche e soprattutto più complesse in termini di contenuto della risposta.

La discussione di un caso, per alcuni studenti, può risultare dispersiva. È molto rassicurante per lo studente, soprattutto se alle prime armi con la materia, avere dati e informazioni, elencati in modo preciso dal docente, da trasferire in modo ordinato nei propri appunti. Tuttavia è meno efficace perché stimola meno il pensiero e la riorganizzazione anche sulla base di ciò che già si sa sul tema, che è poi la base su cui si innesca il processo di apprendimento. Per agevolare gli studenti nel seguire la discussione del caso e nel fare i collegamenti con quanto già sanno o con l'esperienza, è molto utile annotare sulla lavagna i passi salienti della discussione e richiamare, di tanto in tanto, la teoria di riferimento.

4. La discussione di casi nell'insegnamento giuridico.
(a cura di Marco Ventura)

Il metodo della discussione di casi nell'insegnamento del diritto non è esclusivo appannaggio dei paesi anglosassoni, dove lo stesso sistema giuridico del *case law* richiede una discussione di «storie» e di fattispecie che consenta allo studente di cogliere più concretamente il meccanismo giuridico studiato, consentendogli contestualmente una partecipazione attiva al processo di approfondimento.

Anche in Italia e negli altri paesi europei di tradizione giuridica romano-germanica si assiste ad una crescente sensibilità per lo studio e la discussione di casi e, in generale, per forme didattiche più capaci di coinvolgere simultaneamente docenti e studenti. È un processo di trasformazione che ha molte cause e molte implicazioni. Sarà qui sufficiente ricordare che in generale, esso è parte di un progetto più vasto di miglioramento della didattica in cui va collocata la stessa riforma degli studi universitari. In particolare, per quanto riguarda il diritto, si tratta di una trasformazione resa necessaria dallo stesso processo di integrazione europea (l'approccio al diritto comunitario non può che essere un approccio alla giurisprudenza, dunque ai casi) e da un mercato del lavoro cui «servono» giuristi sempre più consapevoli del proprio sapere e preparati ad interpretare con personalità e autonomia la teoria del diritto in funzione della realtà sociale.

Naturalmente non si può e non si deve pensare che la trasformazione degli studi giuridici verso una maggiore «comunicazione» tra docente e studente significhi rinnegare quanto di buono resta nel metodo tradizionale. La stessa discussione di casi non deve sostituire ma soltanto integrare strumenti consolidati e imprescindibili quali la lettura e il commento della norma positiva di riferimento, la lettura e il commento del manuale e la stessa spiegazione dogmatica classica (definizione, sistematica, ecc.).

Dunque lo studio di casi nella formazione del giurista, ove svolto correttamente (nel rispetto delle leggi fondamentali dell'apprendimento) e accompagnato all'inevitabile e sempre fondamentale trasmissione di nozioni e di strumenti teorici, consente a docenti e studenti di perseguire efficacemente alcuni obiettivi:

a) comprensione della concretezza del diritto e delle molteplici (di diversa natura e riguardanti diversi istituti) implicazioni giuridiche di ogni storia di vita;

b) comprensione di nozioni, istituti e meccanismi giuridici nella effettiva complessità e concretezza di questi;

c) abitudine ad analizzare individualmente e discutere collettivamente problemi giuridici;

d) professionalizzazione dello studente che inizia a porsi di fronte a problemi concreti, ovvero nella posizione in cui si troverà domani da operatore del diritto;

e) gratificazione del docente e dello studente, che divengono maggiormente stimolati a comunicare e a toccare con mano i risultati della propria fatica.

Il lavoro sui casi può svilupparsi in diverse fasi:

a) lettura del caso e comprensione della sua dinamica fattuale;

b) risposta agli interrogativi immediati posti dal caso (es. Tizio è responsabile civilmente?);

c) risposta agli interrogativi giuridici di fondo posti dal caso (es. cosa si intende per responsabilità civile?);

d) commento generale al caso che consenta di cogliere i nessi tra teoria e realtà giuridica e realtà sociale e, in particolare, economica.

Resta naturalmente fondamentale che ogni docente, in base alla propria sensibilità, personalità e alle proprie convinzioni pedagogiche, realizzi «a modo suo» lo studio dei casi. Ci sarà, ad esempio, chi preferisce introdurre lo studio di casi solo dopo aver svolto la tradizionale «spiegazione» teorica dell'argomento; e viceversa chi, induttivamente, introdurrà la spiegazione teorica «all'interno» della lettura del caso.

Sulla strada di un insegnamento giuridico più coerente con le attuali conoscenze in tema di processi di apprendimento, la discussione di casi non è certo l'unico strumento per integrare la didattica tradizionale.

Tra gli altri strumenti si possono ricordare

• rispetto al momento giuridico astratto:

la «scomposizione grafica» di una norma che educhi lo studente ad una ermeneutica basata sull'attenzione per i singoli termini e per la loro collocazione;

• rispetto al momento giuridico concreto:

a) la visita al tribunale;

b) la lettura del giornale;

c) la lettura di brani letterari;

d) la visione di film o parti di film;

e) dov'è l'errore?

5. Bibliografia.

Sul tema delle metodologie didattiche interattive molto esiste nei Paesi anglosassoni forse per una più lunga e meno recente consuetudine a trattare e scrivere sul tema.

Pur nella consapevolezza che il modello didattico anglosassone per alcuni aspetti si differenzia da quello dei paesi latini e dell'Italia in particolare, si indicano alcuni testi ricchi di indicazioni che possono comunque servire come supporto a una riflessione fatta dai docenti sul tema dello sviluppo della didattica del corso che li vede impegnati sia in attività di progettazione che didattiche.

• W. McKeachie, *Teaching Tips. Strategies, research and theory for college and university teachers*, 1994, D.C. Heath and Company, Lexington, Massachusetts.

• B. Gross Davis, *Tools for Teaching*, 1993, Jossey-Bass, San Francisco.

• L. Marshall, F.Rowland, *A guide to learning independently*, 1993, Open University Press, UK.

• R.C. Christensen ed., *Education for Judgement. The artistry of discussion leadership*, Harvard Business School.

• M. Knowles, *The Adult Learner. A neglected species*, Gulf Publishing Company.

• J. Rogers, *Adults Learning*, Open University Press.

NORMA SOCIALE E NORMA ETICA

L'azzardo.

Marco è un imprenditore in difficoltà. Le macchine edili da lui prodotte sono superate da una nuova tecnologia giapponese e la chiusura della sua azienda è ormai imminente.

La tensione in azienda e in famiglia è altissima.

Stanco e avvilito, Marco decide di accettare l'invito di un vecchio amico. Una serata dedicata al poker per pensare ad altro e distrarsi un po'.

Purtroppo la sfortuna sembra perseguitarlo: tra una mano di poker e l'altra perde venti milioni...

Prima di lasciare la casa dell'amico decide di pagare in contanti cinque milioni impegnandosi a versare il resto entro un mese.

a casa in auto, Marco pensa con disagio al momento in cui dovrà confessare alla moglie l'ennesimo fallimento.

È profondamente arrabbiato con il mondo e con se stesso e ha un forte desiderio di ribellarsi ad un destino così avverso! Ci sarà pure qualcosa da fare... In fondo lui non ha firmato nulla e non ci sono prove del suo debito. Non permetterà a nessuno di costringerlo a pagare i restanti quindici milioni.

Deciso a non pagare, si rivolge all'avvocato per sapere come regolarsi.

Trascorso il mese, e non avendo ricevuto la somma da Marco, i compagni di gioco si fanno vivi pretendendo il saldo.

[Beatrice Bauer, CESDIA]

Quesiti di primo livello:

1) Da un punto di vista giuridico, Marco è tenuto a pagare anche la somma restante?

2) Da un punto di vista giuridico, Marco può recuperare la somma pagata?

Quesiti di secondo livello:

1) Qual è la natura del vincolo che si stabilisce tra i giocatori?

2) Si danno risposte diverse se si giudica il caso secondo parametri non giuridici, ma etici o sociali?

3) Qual è la diversa natura delle norme etiche, sociali e giuridiche e quale il confine tra di esse?

Manuale: Cap. 1, sub 2; Cap. 28, sub 4.

Bibliografia: A. ZACCARIA, *L'adempimento di un debito prescritto da parte di un terzo*, in *Riv. dir. civ.*, 1998, I, 753; U. SALVESTRONI, *Adempimento indiretto di obbligazione naturale altrui e* soluti retentio, in *Rass. dir. civ.*, 1997, 268; G. OPPO, *La prestazione in adempimento di un dovere non giuridico (cinquant'anni dopo)*, in *Riv. dir. civ.*, 1997, I, 515.

Giurisprudenza: Pretura di Roma, 9 luglio 1992, in *Nuova giur. civ. comm.*, 1992, I, 826; Pretura di Trento-Tione, 3 aprile 1991, in *Foro it.*, 1992, I, 1917 e *Orient. giur. lav.*, 1991, 810.

LE DIRETTIVE COMUNITARIE E LE CONSEGUENZE DELLA LORO TARDIVA O INCOMPLETA RECEZIONE

Una direttiva comunitaria del 1982 imponeva agli Stati aderenti di assicurare ai medici specializzandi un'adeguata remunerazione per il periodo necessario ai fini della specializzazione.

La direttiva, che doveva essere recepita dall'Italia entro il 31.12.1982, non precisava la misura della retribuzione, riservando agli Stati membri di fissare i criteri di determinazione del suo adeguato ammontare e di indicare i soggetti pubblici tenuti a corrisponderla.

Con un decreto legislativo del 1991 lo Stato Italiano ha recepito, tardivamente, la direttiva comunitaria, fissando l'ammontare del compenso in lire 21.500.00 all'anno, ma solo a favore di coloro che si erano iscritti al corso di specializzazione a far tempo dall'anno 1991-1992 e che fossero in possesso di determinati requisiti.

Con una successiva legge del 1999 lo Stato Italiano ha previsto il beneficio anche a favore di coloro che si erano iscritti a corsi di specializzazione tra il 1983/84 e il 1990/91 e ha determinato l'ammontare del compenso in una somma inferiore (L.13.000 annue) in considerazione dei requisiti meno rigorosi richiesti a quell'epoca per la frequentazione dei corsi di specializzazione.

[Flavio Lapertosa, Magistrato]

Quesiti di primo livello:

1) I medici specializzati italiani avrebbero potuto chiedere allo Stato il pagamento di un'adeguata remunerazione alla data di scadenza del termine previsto per la sua recezione?

2) Entro quale termine i medici che si erano iscritti ai corsi di specializzazione dopo il 1991/92 avrebbero potuto chiedere la borsa di studio prevista nel decreto del 1991?

Quesiti di secondo livello:

1) I medici iscritti ai corsi di specializzazione tra il 1982 e il 1991 avrebbero potuto pretendere l'applicazione in loro favore del decreto legislativo del 1991?

2) Quale tutela spetta ai cittadini a favore dei quali siano previsti diritti da una direttiva europea ove lo Stato sia inadempiente al dovere di recepirla ?

Manuale: Cap. 1, sub 5 e 8 sub 12.

Bibliografia: GIUSEPPE TESAURO, *Diritto comunitario*, Cedam, 2008, pagg.179 ss.

Giurisprudenza: Cass., 31.8.2011, n.17868, in *www.italgiure.giustizia.it*, Rv.619355.

I FORMANTI DEL DIRITTO
IL DIRITTO COMUNITARIO

L'estratto conto.

Il Sig. Luigi, pensionato, è convinto che dietro ogni contratto e ogni «cosa da firmare scritta in piccolo» si nasconda una «fregatura». E ciò tanto più per uno come lui che sa appena leggere e scrivere.

Oggi ha trovato nella posta il solito estratto conto della banca e ha notato una parte che non aveva mai visto prima. La clausola dice così:

«I conti che risultino, anche saltuariamente, debitori vengono chiusi contabilmente con periodicità trimestrale e cioè a fine marzo, giugno, settembre e dicembre di ogni anno applicando agli interessi dovuti dal correntista ed alle spese e commissioni previste..., fermo restando che a fine anno saranno accreditati gli interessi dovuti dalla banca e operate le ritenute fiscali di legge. Gli interessi (...) sono riconosciuti al correntista e dallo stesso corrisposti (...) e producono a loro volta interessi nella stessa misura».

A fatica arriva fino in fondo, senza capirci nulla. Testardo come un mulo, decide di vederci chiaro e va a trovare l'amico Gualtiero il cui figlio è avvocato. Questi gli spiega che la clausola autorizza le banche a calcolare gli interessi in proprio favore in modo svantaggioso rispetto al cliente.

Quando ritorna a casa è furioso; si sfoga con la moglie: «È mai possibile che delle banche non ci si debba mai fidare! Che vogliano anche rubare i soldi sul calcolo degli interessi! È proprio la solita Italia. Le banche straniere non potrebbero nemmeno provarci a fare una carognata del genere!»

[Flavio Lapertosa, magistrato]

Quesiti di primo livello:

1) Posto che la clausola letta dal Sig. Luigi è in effetti discriminatoria, e che esiste una normativa comunitaria che sanziona tali abusi, la banca italiana può opporsi all'applicazione del diritto comunitario perché «diritto straniero»?

2)Se il Sig. Luigi volesse «giustizia» dovrebbe rivolgersi al giudice italiano o al giudice comunitario?

Quesiti di secondo livello:

1) Cosa si intende per diritto comunitario?
2) Quale rapporto esiste tra il diritto interno (italiano) e il diritto comunitario?

Manuale: Cap. 1, sub 5; Cap. 20, sub 6.

Bibliografia: N. LIBERTINI, *Interessi*, in *Enc. dir.*, XXIII, Milano, 1972, 136; B. INZITARI, *Interessi*, in *Dig. disc., priv.*, *sez. civ.*, IX, Torino, 1993, 596.

Giurisprudenza: Cass., 11 novembre 1999, n. 12507, in *Giust. civ.*, 2000, 2045; Cass., 17 aprile 1999, n. 3845, in *Giust. civ.*, 2000, 844.

ORDINAMENTO GIURIDICO
DIRITTO PUBBLICO E PRIVATO

Il motorino.

È un mercoledì di fine novembre; il cielo è plumbeo e minaccia pioggia.

Gianluca deve sostenere la prova scritta di diritto privato. Preoccupato di arrivare in ritardo e di lasciare il motorino allo scoperto, posteggia nei pressi dell'Università sotto la tettoia, non prima di aver lanciato uno sguardo distratto al cartello che intima di lasciare sgombro l'ingresso dell'Università.

La prova ha un esito soddisfacente: Gianluca ha risposto correttamente a 26 domande a scelta multipla su 31.

Subito dopo, si reca con alcuni amici al bar dell'interno dell'Università dove incontra Marta, la sua ex ragazza, a cui è ancora legato.

Dopo mezzogiorno, da un computer che si trova nel salone al piano terra si sviluppa un corto circuito che provoca un principio di incendio con fumo acre e denso che invade tutto il salone.

Gli studenti presenti si precipitano verso l'uscita e nella confusione Massimo non si avvede del motorino posteggiato nei pressi dell'uscita, vi inciampa sopra, e cade a terra procurandosi varie escoriazioni al viso e la rottura del polso della mano destra.

Accorrono i Vigili del Fuoco che domano facilmente il principio d'incendio. Massimo, prontamente soccorso, viene accompagnato in ospedale ove viene medicato per le ferite al viso e gli viene ingessata la mano destra.
[Domenico Chindemi, magistrato]

Quesiti di primo livello:

1) Potrà essere comminata a Gianluca una sanzione amministrativa per avere parcheggiato il motorino nelle adiacenze dell'ingresso dell'Università?

2) Vi è una responsabilità amministrativa dell'Università per avere consentito che il motorino restasse parcheggiato nelle adiacenze dell'uscita?

3) Vi è una responsabilità penale e civile di Gianluca e dell'Università per le lesioni subite da Massimo o questi doveva prestare maggiore attenzione ed evitare di urtare contro il motorino?

Quesiti di secondo livello:

1) Cosa è pubblico e cosa è privato nel caso in esame?

2) Quali aspetti giuridici della vicenda riguardano il diritto privato e quali il diritto pubblico?

3) Qual è la differenza tra diritto pubblico e diritto privato che emerge dalle nozioni di «violazione penale», «violazione amministrativa» e «violazione civile», «sanzione amministrativa», «responsabilità amministrativa», «responsabilità penale» e «responsabilità civile»?

Manuale: Cap. 3, sub 1 e 2.

Bibliografia: SANDULLI, voce *Sanzione, in Enc. Giur.*; DOLCINI-PALIERO, *Le sanzioni amministrative. Profili sistematici*, Milano, 1988; M. DI RAIMONDO, *Testo Unico delle leggi di Pubblica Sicurezza*, Rimini, 1997; F. PETRELLI, *Sanzioni amministrative per violazione delle norme che regolano la sosta dei veicoli, Il giudice di pace*, 2007, fasc. 2, pag. 115; S. AMATO, *Motorini, se la confisca rischia lo stop. Dubbi di legittimità sulla responsabilità oggettiva dei proprietari*, in *Diritto e giustizia*, 2005, fasc. 39, pag. 104; R. BELLÈ, *Revirement della Suprema Corte sull'obbligo di contestazione immediata per le infrazioni al codice della strada*, (Nota a Cass. Sez. III civ. 18 giugno 1999, n. 6123), *Archivio giuridico della circolazione e dei sinistri stradali*, 1999, fasc. 12 (dicembre), pagg. 985-988; F. INFANTINO, *I conducenti dei veicoli a motore* (Tomo I), *Rivista giuridica della circolazione e dei trasporti*, 1999, fasc. 6 (dicembre) suppl. S, pagg. 7-207.

Giurisprudenza: Cass., 18 ottobre 2006, n. 22334; Cass., 20 luglio 2001, n. 9924; Cass., 8 luglio 1998, n. 6632, in *Arch. circol.*, 1998, 658.

ORDINAMENTO GIURIDICO
DIRITTO PUBBLICO E PRIVATO

Una festa sfortunata.

Approfittando della temporanea assenza dei genitori, Franco organizza con gli amici una festa nel proprio appartamento: un bellissimo attico di un condominio ai Parioli.

Come spesso accade, ogni amico invita a sua volta altri conoscenti e la festa si rivela particolarmente affollata e rumorosa. Vi sono anche alcuni ragazzi che suonano chitarre elettriche e batteria e allietano la festa con canzoni rock.

Alcuni condòmini, disturbati dal forte rumore che si protrae fino a tarda ora, avvertono la Polizia e ne chiedono l'intervento per ristabilire la quiete. Una pattuglia si reca sul luogo, accerta che il rumore è elevato e suona al campanello dell'abitazione.

Franco apre e fa accomodare i due poliziotti. Mentre cala il silenzio e Franco cerca di dare delle spiegazioni, i poliziotti notano una bustina alquanto sospetta su un divano. La aprono e... si tratta inequivocabilmente di droga!

Nessuno ne assume la paternità e i poliziotti, dopo un sommario interrogatorio e l'identificazione dei presenti, se ne vanno. Franco, spaventato, cerca di sapere cosa accadrà. I poliziotti gli spiegano che l'indomani redigeranno un rapporto su quanto hanno constatato e lo trasmetteranno all'Autorità Giudiziaria.

I guai non finiscono qui, perché i poliziotti, nell'uscire dallo stabile, rilevano che un'autovettura, che poi risulterà appartenere a Claudio, uno degli invitati, è stata parcheggiata davanti al passo carrabile.

Inoltre il giorno successivo i genitori di Franco, rientrando a casa, apprendono dal figlio che un suo amico, di nome Corrado, mentre correva per aprire la porta a un altro invitato, è scivolato per terra travolgendo due vasi cinesi di grande valore posti nell'ingresso. Essi intendono dunque ottenere la riparazione del danno.

Ma anche il signor Mario, condomino del piano sottostante, che non ha mai avuto buoni rapporti con i genitori di Franco, vuole soddisfazione per le immissioni rumorose subite, ritenute di livello intollerabile, le quali hanno messo a dura prova il suo stato di salute psichica, reso già precario da una irrisolta depressione. D'altra parte, il Regolamento di Condominio, richiamato negli atti di acquisto dei singoli appartamenti, fa divieto di disturbare la quiete dei condomini con attività rumorose oltre le ore 23.
[Flavio Lapertosa, magistrato]

Quesiti di primo livello:

1) Quali violazioni, civili, penali e amministrative, sono configurabili nella complessa vicenda su descritta e quali conseguenze giuridiche possono derivarne?

2) Chi è responsabile per la droga?

3) Quali poteri ha la polizia?

Quesiti di secondo livello:

1) Cosa è pubblico e cosa è privato nel caso in esame?

2) Quali aspetti giuridici della vicenda riguardano il diritto privato e quali il diritto pubblico?

3) Quale è la differenza tra diritto pubblico e diritto privato che emerge dalle nozioni di «violazione penale», «violazione amministrativa» e «violazione civile», «sanzione amministrativa», «responsabilità amministrativa», «responsabilità penale» e «responsabilità civile»?

Manuale: Cap. 1, sub 4; Cap. 3, sub 1.

Bibliografia: A. PROCIDA MIRABELLI DI LAURO, *La proprietà come rapporto - A proposito dell'interpretazione unitaria e sistematica dell'art. 844 c.c.*, in *Rass. dir. civ.*, 1998, 347; R. TRIOLA, *Immissioni intollerabili e poteri del giudice*, in *Vita not.*, 1999, 624.

Giurisprudenza: Cass., 5 febbraio 1998, in *Rep. Foro it.*, 1998, voce *Concorso di persone nel reato*, n. 19 in *Ced* Cass., rv. 210638 (m); Pretura Busto Arsizio-Saronno, 5 agosto 1997, in *Arch. locazioni*, 1998, 752; Tribunale di Orvieto, 14 aprile 1997, in *Rass. giur. umbra*, 1997, 343.

L'AMMINISTRATORE DI SOSTEGNO

La vecchina spendacciona.

La Signora Michela ha 92 anni, è vedova, vive da sola, è in buona salute ed è una persona decisa, orgogliosa e a cui piace la compagnia. Poiché l'unica figlia abita all'estero, l'anziana donna decide di farsi aiutare ed assistere nel menage quotidiano da una coppia di vicini di casa a cui periodicamente versa per l'assistenza prestata la somma concordata di lire 500.000 per i servizi dagli stessi resi (spesa e pulizie una volta a settimana).

Trascorso un anno la lira viene sostituita dall'euro e l'anziana Signora, abituata ad utilizzare le vecchie lire, non si adatta alla nuova divisa continuando a ritenere l'euro di valore equivalente alla vecchia lira.

La Signora Michela pertanto persiste nel compilare assegni mensili da 500 euro nell'erronea convinzione di elargire l'equivalente di lire 500.000. Non solo, trascorso qualche tempo decide di aumentare lo «stipendio» dei vicini/badanti e pertanto per il mese di settembre 2003 corrisponde la somma di 700,00 ritenendo di versare agli stessi l'equivalente di lire 700.000.

Accortasi della situazione, la figlia allarmata palesa alla madre le proprie preoccupazioni in merito all'utilizzo del denaro. Tuttavia, l'orgogliosa «vecchietta» permane nella propria convinzione di equivalenza tra euro e lira liquidando la figlia con un «non sei mai stata ferrata in matematica». La figlia della anziana donna decide pertanto di adire l'autorità affinché venga nominato un amministratore di sostegno in favore della propria madre.
[Roberto Campagnolo, avvocato in Milano]

Quesiti di primo livello:

1) Chi può chiedere la nomina dell'amministratore di sostegno?
2) Chi vigila sull'operato dell'amministratore di sostegno?

Quesiti di secondo livello:

1) Cosa deve indicare il decreto di nomina dell'amministratore di sostegno?
2) Quali sono gli effetti dell'amministrazione di sostegno?

Manuale: Cap. 6, sub 8.

Bibliografia: CENDON PAOLO, *L'amministratore di sostegno*, Collana "Sistemi giuridici", Utet Giuridica, Torino, 2009; FRANCESCO BUSNELLI, *Problemi giuridici di fine vita tra natura e artificio*, in *Rivista di diritto civile* n. 2/2011, Cedam 2011; ENRICO MANZON, *Progettualità e sperimentazione nel campo dell'amministrazione di sostegno: un'esperienza innovativa*, in *La nuova giurisprudenza civile commentata* n. 3/2011, Cedam 2011; DANIELA INFANTINO, *Direttive anticipate e amministrazione di sostegno*, in *La nuova giurisprudenza civile commentata* n. 6/2011, Cedam 2011; ANTONIO COSTANZO, *Interdizione. L'osservatorio di merito*, in *Famiglia, Persone e Successioni* n. 7/2011, Utet giuridica 2011; CHIARA SPACCAPELO, *Amministrazione di sostegno processo civile - sull'inammissibilità di ogni forma di rinuncia nei procedimenti di nomina dell'amministratore di sostegno*, in *Famiglia e diritto* n.3/2012, Ipsoa 2012;VITO AMENDOLAGINE, *Diritto Civile Amministrazione di sostegno e tutela del sentimento d'affezione del beneficiando verso l'animale da compagnia*, in *Giurisprudenza Italiana* n. 6/2012,Utet Giuridica 2012.

Giurisprudenza: Trib. Bologna Sez. I Ord., 19/09/2008; Trib. Cagliari, 22/10/2009 ; Trib. Cassino Sent., 26/01/2010; Trib. Foggia Sez. I, 22/06/2011; Trib. Novara, 27/03/2012; Cass. civ. VI - 1, 07/05/2012, n. 6880 (rv. 622379).

L'AMMINISTRATORE DI SOSTEGNO

Quando la «gola» non è solo peccato.

Lucia è un'anziana suora e vive presso l'Istituto religioso Y di Como. Da tempo è affetta da una grave forma di diabete e circa un anno fa, è stata colpita da una serie di patologia che – nonostante gli interventi medico-chiurgici e riabilitativi praticati – ha inciso in modo sostanziale sulle sue capacità intellettive, determinandone un quadro di decadimento cognitivo che l'ha resa incapace di gestire adeguatamente i propri interessi patrimoniali.

L'Istituto Y segnala la situazione di suor Lucia al Tribunale di Como, che, mediante decreto, nomina l'avv. Z., amministratore di sostegno per la gestione ordinaria dei beni della religiosa.

In tale decreto si precisa che i compiti di gestione ordinaria devono essere assolti nel pieno rispetto del voto di povertà già assunto dalla religiosa così come definito dagli artt. 19 e 20 delle «Costituzioni e Regolamenti» del suo Ordine.

Allo scadere del primo mese dalla nomina l'avv. Z. deposita presso il Tribunale una relazione da cui emerge che suor Lucia non solo non è in grado di curare i propri interessi patrimoniali, ma la compromessa situazione psichica la porta a negare la propria malattia diabetica al punto che la religiosa ha ribadito più volte di «mangiare solitamente una gran quantità di marmellata». Affermazione confermata – sempre secondo l'avv. Z. – dagli allarmanti risultati delle più recenti analisi del sangue e dalle condizioni di salute notevolmente peggiorate della suora, che continua a rifiutare qualsiasi tipo di cura o ricovero.

Per tale motivo l'avv. Z. chiede che venga emesso dal Tribunale di Como un altro decreto ad integrazione del precedente che, valutata l'incapacità di suor Lucia di gestire i propri interessi personali, lo autorizzi ad esprimere un valido consenso al ricovero della religiosa in una struttura ospedaliera, ove possa seguire le cure e le terapie – anche alimentari – assolutamente necessarie e vitali, fintantoché il quadro clinico non si sia stabilizzato e la suora possa rientrare all'Istituto sotto il vigile controllo delle consorelle.

[Daniela Barbierato, Redazione rivista *Responsabilità civile e previdenza*]

Quesiti di primo livello:

1) Il Tribunale emetterà il Decreto richiesto? E se sì perché è necessario un altro Decreto?

2) Perché è stato nominata amministratore di sostegno una persona esterna all'Istituto religioso Y?
3) Perché bisogna valutare l'incapacità di suor Lucia?

Quesiti di secondo livello:

1) Che differenza c'è tra amministrazione di sostegno ed interdizione? E tra amministrazione di sostegno ed inabilitazione?
2) Che cosa si intende per principio della autodeterminazione?

Manuale: Cap. 6, sub 8 e Cap. 9, sub 3.

Bibliografia: E. MANZON, *Progettualità e sperimentazione nel campo dell'amministrazione di sostegno: un'esperienza innovativa*, in *Nuova giur. civ. comm*, 2011, II, 149; F.G. PIZZETTI, *Libertà di autodeterminazione e protezione del malato nel brain-computer interfacing: un nuovo ruolo per l'amministratore di sostegno?*, in *Riv. critica dir. privato*, 2011, 31 e ss.; P. CENDON e R. ROSSI, *Amministrazione di sostegno - Motivi ispiratori e applicazioni pratiche*, Torino, 2010, passim; G. FERRANDO, *L'amministrazione di sostegno nelle sue recenti applicazioni*, in *Famiglia, persone e successioni*, 2010, 836 e ss.; A. TURCO, *L'amministrazione di sostegno - Novella e sistema*, Napoli, 2010, 120 e ss.; P. FIMIANI, *Amministrazione di sostegno e testamento biologico*, in *Giust. civ.*, 2010, II, 93 e ss.; E. V. NAPOLI, *L'amministrazione di sostegno*, Padova, 2009, 130 e ss.; G. BONILINI - A. CHIZZINI, *L'amministrazione di sostegno*, Padova, 2007, 161 e ss.; G. ALPA, *Il principio di autodeterminazione e il testamento biologico*, in *Vita not.*, 2007, 3 e ss.

Giurisprudenza: Cass. civ., 26 settembre 2011, n. 19596, in *Famiglia e dir.*, 2011, 1085 e ss.; App. Catania, 5 settembre 2011, in *Famiglia e minori*, 2011, 38 e ss.; Trib. La Spezia, 2 ottobre 2010, in *Nuova giur. civ. comm.*, 2011, I, 77 e ss.; Trib. Varese, 25 agosto 2010, in Giur. it., 2011, 1805 e ss.; Cass. civ. [ord.], 13 aprile 2010, n. 8779, in *Famiglia e dir.*, 2011, e ss.; Trib. Cassino, 12 novembre 2009, in *Dir. famiglia*, 2010, 737 e ss.; Cass. civ., 18 luglio 2008, n. 19971, in *Dir. famiglia*, 2010, 552 e ss.

I DIRITTI SOGGETTIVI ASSOLUTI
I DIRITTI DELLA PERSONALITÀ

Un elenco di nomi.

Luca Montebasso è un consulente di grande esperienza e capacità.

Egli collabora con la MAC MERTHER, una delle più grandi società di consulenza che operano in Italia, con sede principale negli Stati Uniti e altre sedi in Europa.

Per motivi di lavoro è pressoché sempre in viaggio. Innanzi tutto deve spostarsi tra Milano e Roma ove si trovano le sedi italiane della società. In secondo luogo, come tutti i consulenti, è spesso dai clienti che sono disseminati per la penisola, in Sicilia e in Sardegna.

Un paio di settimane fa la MIRELLI, un'azienda multinazionale che segue da molto tempo, lo ha «informalmente» coinvolto nella selezione di un assistente al Direttore Marketing. La posizione da ricoprire non è semplice perché, a causa di recenti cambiamenti avvenuti in MIRELLI, essa ha assunto delle caratteristiche che richiedono una persona con competenze non facilmente reperibili sul mercato. Proprio in virtù di questo fatto, si è deciso di optare per una selezione interna ma ora bisogna individuare la persona più adatta. Il direttore generale Mario Marini spera nell'aiuto di Luca, che conosce in modo approfondito le problematiche aziendali. Luca, che si considera più un amico che un consulente di Mario Marini, si impegna a dare un contributo fattivo alla soluzione di questo problema al più presto e informa la segretaria dei suoi futuri spostamenti.

Stamattina, un nebbioso lunedì di novembre, Luca ha un appuntamento presso la GAMMA, un'azienda multinazionale da poco cliente di MAC MERTHER.

Durante il trasferimento in taxi squilla il cellulare. La chiamata arriva dalla segreteria della Direzione Marketing della MIRELLI. La Direzione del Personale ha fornito finalmente l'elenco aggiornato delle persone che potrebbero partecipare alla selezione interna per la copertura della posizione di Assistente al Direttore Marketing. «Dottore finalmente ce l'abbiamo fatta. Non è che darebbe un'occhiata alla lista e ci indica, tra le persone elencate, quella o quelle che le sembrano le più adatte... Ha lavorato sia con il Dr. X che con il Dr. Y entrambi coinvolti sul progetto che si è appena concluso. Lei probabilmente le conosce meglio di chiunque altro qua dentro. E anche il Dr. W e la Dr.ssa K hanno collaborato con lei lo scorso anno!».

Luca chiede che l'elenco gli venga mandato per fax presso la segreteria della Direzione Marketing della GAMMA dove si troverà a breve. Conta di riuscire a dargli un'occhiata durante una pausa e comunque risponderà il più presto possibile.

Quando il fax arriva, la segretaria, sicurissima di fare un favore a Luca, lo passa al Dr. Mussi il quale, aspettando Luca, scorre velocemente i nomi: «Interessante, c'è il Dr. X: 7 anni fa era qua da noi e... anche la Dr.ssa K è una mia vecchia conoscenza... Mi piacerebbe recuperare il contatto e inserirla nella mia funzione... ho un problema e tra poco la posizione di XXX sarà vacante».
[Gabriella Bagnato, CESDIA]

Quesiti di primo livello:

1) In quale passaggio della vicenda citata non è stato rispettato il diritto alla riservatezza delle persone coinvolte nella selezione della Mirelli?
2) Quali eventuali responsabilità individuali o collettive possono individuarsi?

Quesiti di secondo livello:

1) In cosa consiste il diritto alla riservatezza?
2) Come e da chi è azionabile?
3) Più in generale, cosa e quali sono i diritti della personalità?

Manuale: Cap. 9, sub 6 e 7.

Bibliografia: C. LAZZARI, *Diritto alla riservatezza e tutela del lavoratore*, in *Riv. giur. lav.*, 1998, II, 541; M. MARAZZA, *Ancora sui controlli del datore di lavoro* ex *art. 2 e 3 l. n. 300 del 1970*, in *Dir. lav.*, 1997, II, 439; S. RODOTÀ, *Persona, riservatezza, identità - Prime note sistematiche sulla protezione dei dati personali*, in *Riv. critica dir. privato*, 1997, 583; C. GRANELLI, *Banche dati e riservatezza*, in *Annali it. dir. autore*, 1997, 254.

Giurisprudenza: Cass., 9 giugno 1998, n. 5658, in *Danno e resp.*, 1998, 865; Cass., 18 febbraio 1997, n. 1455, in *Dir. lav.*, 1997, II, 439; Pretura di Roma, 16 ottobre 1998, in *Dir. informazione e informatica*, 1999, 96.

DIRITTI DELLA PERSONA
DIRITTO ALL'IDENTITÀ PERSONALE

Sono quel che sono.

Un professore universitario, direttore di un celebre istituto che si occupa della cura dei tumori, rilascia un'intervista ad un giornale nella quale afferma che esistono sigarette leggere meno nocive, ma che comunque non eliminano il rischio del tumore.

Dopo qualche mese, si accorge che su un settimanale compare un inserto pubblicitario in cui, per promuovere la vendita delle sigarette leggere di una determinata marca, si afferma che anche il noto professore ha dichiarato in un'intervista che quelle sigarette riducono di quasi la metà il rischio del cancro.

Il professore, sentendosi leso nel suo diritto all'identità personale, cita in giudizio il responsabile dell'agenzia pubblicitaria, unitamente alla casa produttrice delle sigarette reclamizzate, chiedendone la condanna al risarcimento del danno.
[Laura Morlotti, lecturer di Diritto Privato]

Quesiti di primo livello:

1) È legittima la pretesa del professore?

Quesiti di secondo livello:

1) Che cosa si intende per diritto all'identità personale?
2) Di che tipo di diritto si tratta e da quale norma è protetto?
3) Che differenza c'è tra diritto all'identità personale e diritto a non essere diffamato?

Manuale: Cap. 9, sub 3.

Bibliografia: G. CASSANO, *Il diritto all'identità personale*, in *Nuova giur. civ.*, 1997, fasc. 4, 351 ss.

Giurisprudenza: Cass., 14 giugno 2007, n. 13953, in *Repertorio*, 2007, voce *Danni civili*, n. 272; Cass., 7 novembre 2003, n. 16716, in *Repertorio*, 2004, voce *Danni civili*, n. 177; Corte. Cost. 297/1996, in *Giur. cost.*, 1996, 2475; Cass., 22 giugno 1985, n. 3769, in *Giust. civ.*, 1985, I, 3049.

DIRITTI DELLA PERSONALITÀ
DIRITTO ALL'ONORE

Il conflitto tra il diritto all'onore e il diritto alla critica.

Nell'estate del 1995 un noto giornalista e opinionista, rilasciando un'intervista al settimanale l'Espresso, accusa la Magistratura di essere antigarantista, affermando tra l'altro: «Sto cercando di dire che l'avvitamento antigarantista della magistratura italiana sino agli eccessi deliranti di... (*segue il nome del magistrato*) non sarebbe spiegabile».

Il Magistrato menzionato nell'articolo querela per diffamazione a mezzo stampa sia l'intervistato sia l'intervistatore sia il direttore del settimanale, ritenendo la dichiarazione lesiva del proprio diritto all'onore e alla reputazione.

Nel processo penale che segue, il Tribunale e la Corte di Appello di Roma affermano la colpevolezza del giornalista intervistato e assolvono il giornalista intervistatore, imputato per concorso nel reato di diffamazione, nonché il direttore del Settimanale, imputato a sua volta per omesso controllo del periodico.

La Corte di Cassazione, invece, condanna non solo l'intervistato, ma anche gli altri due imputati.
[Flavio Lapertosa, magistrato]

Quesiti di primo livello:

1) In che limiti la lesione del diritto all'onore e alla reputazione può trovare giustificazione nel diritto di cronaca?

2) Qual è la differenza tra il diritto di cronaca e il diritto di critica?

Quesiti di secondo livello:

1) Nel caso di specie quale degli imputati poteva opporre di avere esercitato il diritto di critica e quale il diritto di cronaca?

2) Per quale ragione la Corte di Cassazione ha ritenuto responsabili anche l'intervistatore e il direttore del settimanale?

Manuale: Cap. 9, sub 4.

Bibliografia: A. GIUFFRIDA, *Il diritto all'onore, alla reputazione e al decoro*, in *Le Per-*

sone, III, *Diritti della personalità*, in *Il diritto privato nella giurisprudenza*, a cura di P. Cendon, Torino, 2000, 361 ss.

Giurisprudenza: Cass., 25 gennaio 1999, in *Resp. civ. prev.*, 2000, 371.

DIRITTI DELLA PERSONALITÀ
DIRITTO ALL'IMMAGINE

Il diritto alla immagine della persona qualunque.

In un bel pomeriggio di settembre Francesco, iscritto al primo anno della Facoltà di Economia e Commercio, è seduto al tavolino di un bar all'aperto con alcuni amici in attesa dell'orario di inizio della lezione di Diritto Privato.

Un fotografo lo ritrae e lo informa che la foto verrà usata per accompagnare un articolo sul consumo di caffè tra i giovani.

Francesco può opporsi alla pubblicazione della foto?

Se la foto viene pubblicata senza una preventiva informazione, Francesco può chiedere il risarcimento dei danni?

[Flavio Lapertosa, magistrato]

Quesiti di primo livello:

1) In quali limiti è lecita la divulgazione della immagine altrui?

2) Vi è differenza di tutela del diritto all'immagine a seconda della notorietà della persona ritratta?

Quesiti di secondo livello:

1) Come si determina il danno subito dalla persona per la pubblicazione illecita della sua immagine?

2) Che rapporto sussiste tra il diritto all'immagine e il diritto all'identità personale?

Manuale: Cap. 9, sub 5.

Bibliografia: A. GIUFFRIDA, *Il diritto alla immagine*, in *Le Persone*, III, *Diritti della personalità*, in *Il diritto privato nella giurisprudenza*, a cura di P. Cendon, Torino, 2000, 201 ss.

Giurisprudenza: Trib. Genova, 14 dicembre 1999, in *Resp. civ. prev.*, 2000, 705.

DIRITTO DI PROPRIETÀ. MODI D'ACQUISTO DELLA PROPRIETÀ

Contrasti agresti.

Charles, nobiluomo francese proprietario di una vasta tenuta nella campagna veneta, è da sempre in pessimi rapporti col suo dispettoso vicino Righetto, coltivatore diretto. Quest'ultimo, uomo concreto e sanguigno, tollera a malapena i modi albagiosi del primo e non perde occasione per negargli una cortesia. Qualche anno addietro, per esempio, Charles aveva chiesto a Righetto di poter accedere al fondo di quest'ultimo per completare i lavori di restauro del granaio dello stesso Charles, situato lungo il confine tra le due proprietà; Righetto, tuttavia, aveva respinto bruscamente la richiesta, impedendo al nobiluomo di risistemare la parete dell'edificio prospiciente il fondo del vicino.

Circa due anni or sono, Righetto ha iniziato a edificare rasente il confine, in base a un regolare permesso di costruire, un'ampia rimessa per i propri mezzi agricoli. I lavori, da lui svolti in economia, sono stati condotti in fretta, senza che l'agricoltore si sia avveduto di aver sconfinato nel fondo di Charles. Solo ad un anno dal termine della costruzione, mappe alla mano, il geometra di Righetto fa presente a quest'ultimo che la parte posteriore della rimessa, la quale insiste per circa 15 m sulla linea del confine, poggia sul fondo del vicino per una striscia di terra estesa in profondità per 4 m.

Esclusa, anche per ragioni economiche, la possibilità di spostare la costruzione ormai ultimata, Righetto decide di far buon viso a cattiva sorte e si reca in visita dal vicino per spiegargli la situazione ed offrirsi di acquistare la striscia occupata. Tuttavia Charles, che non si era accorto di nulla, rifiuta con sdegno la proposta dell'agricoltore, precisando di non essere disposto a cedere quella parte del proprio fondo per nessuna somma al mondo; gli intima, inoltre, di abbattere al più presto la parte abusiva dell'edificio, invitandolo per giunta a non mettere più piede in casa sua.
[Matteo Mattioni, dottorando di ricerca]

Quesiti di primo livello:

1) Charles può essere obbligato a vendere a Righetto la striscia di terreno occupata?

2) In che modo Righetto può reagire al rifiuto di Charles?

3) Fu legittimo il rifiuto di Righetto di far accedere Charles al proprio fondo?

Quesiti di secondo livello:

1) Al momento attuale, chi può dirsi proprietario della rimessa?

2) Charles ha diritto al risarcimento dei danni eventualmente subiti in ragione dello sconfinamento?

3) In quali casi il proprietario è tenuto a permettere l'accesso e il passaggio altrui sul proprio fondo?

Manuale: Cap. 11, sub 3, 7.

Bibliografia: N. GRASSANO, *Negoziabilità dell'accessione invertita*, in *Riv. not.*, 1997, 1383; G. ZUDDAS, *Appunti in tema di accessione invertita*, in *Riv. giur. sarda*, 1997, 684; M. PARADISO, *L'accessione al suolo*, in *Il Codice Civile. Commentario*, dir. da P. Schlesinger, 257 ss.; R. TRIOLA, *L'accessione invertita*, in *Vita not.*, 1985, 1085; A. DE CUPIS, *Accessione invertita*, in *Giust. civ.*, 1983, II, 333; A. CARRATO, *L'accesso al fondo di proprietà altrui: presupposti e limiti di applicabilità*, in *Corr. giur.*, 2011, 1701; I. CIMATTI, *Risarcimento dei danni per il ritardo nell'accesso al fondo del vicino*, in *Giust. civ.*, 2010, I, 2340; M. DE TILLA, *La valutazione dei contrapposti interessi per l'accesso al fondo altrui* ex *art. 843 c.c.*, in *Riv. giur. edil.*, 2009, I, 418; M. TOMBESI, *Accesso di terzi sul fondo altrui ai sensi dell'art. 843 c.c.*, in *Arch. civ.*, 1995, 981; G. MANERA, *Sul significato e sull'estensione dell'accesso e del passaggio previsti dall'art. 843, 1° comma, c.c.*, in *Giur. it.*, 1994, I, 2, 739; O. STOPPANI, *Chiusura del fondo*, in *Dig.* 4ª ed., *Disc. priv.*, *sez. civ.*, II, Torino, 1988, 352.

Giurisprudenza: Cass., 10 gennaio 2011, n. 345, in *Rep. Foro it.*, 2011, *Proprietà*, n. 40; Cass., 22 febbraio 2011, n. 4286, in *Rep. Foro it.*, 2011, *Proprietà*, n. 42; Cass., 4 marzo 2005, n. 4774, in *Rep. Foro it.*, 2005, *Proprietà*, n. 32; Cass., 19 agosto 2002, n. 12230, in *Vita not.*, 2002, 1471; Cass., 25 marzo 1997, n. 2589, in *Giur. it.*, 1998, 443; Cass., 27 gennaio 2009, n. 1908, in *Giust. civ.*, 2010, I, 2339; Cass., 26 novembre 2008, n. 28234, in *Riv. giur. edil.*, 2009, I, 416.

IMMISSIONI

Le notti insonni del sig. Andrea.

Il sig. Andrea, dopo anni di sacrifici, riesce ad acquistare un appartamento sito in una zona centrale della propria città, Milano.

Trasferitosi a vivere nel tanto desiderato appartamento coi propri cari, presto scopre che la vita nei nuovi locali non è così idilliaca come aveva immaginato. Invero il sig. Alessandro, vicino di casa di Andrea, fa pratica di pianoforte in orari tardo serali; inoltre, il sig. Marco, nello stesso stabile, ha da poco aperto un locale, accedente alla via pubblica ed autorizzato all'apertura sino alle ore 23.30, che reca ulteriore molestia alla vita del povero sig. Andrea.

Questi, per via del ridotto numero di ore di sonno cui è costretto dai suoi vicini, è sempre più di frequente nervoso ed intrattabile, in famiglia come sul lavoro, e, dopo sei mesi, vista l'alterazione della qualità della propria vita, si domanda se l'ordinamento presti tutela al suo interesse al sereno godimento dell'appartamento.
[Marco Nicolini, dottorando in diritto Privato]

Quesiti di primo livello:

1) In cosa consiste un'immissione? Quale differenza sussiste tra immissioni "dirette" ed "indirette"?

2) Quali sono le situazioni soggettive facenti capo al sig. Andrea che vengono in rilievo?

Quesiti di secondo livello:

1) Cosa s'intende per "soglia di normale tollerabilità" ai sensi dell'art. 844 c.c.?

2) Qual è il rapporto tra la soglia di tollerabilità ed i regolamenti dettati dalla P.A. regolanti limiti alle immissioni acustiche, elettromagnetiche ecc. ?

3) In cosa consiste e come avviene il contemperamento delle "esigenze di produzione" con le "ragioni della proprietà"?

4) In quali casi è risarcibile il danno non patrimoniale?

5) Quali tipi o quale tipo di tutela può ottenere il sig. Andrea?

Manuale: Cap. 11, sub 4.

Bibliografia: A. PALMIERI, *In tema di danno non patrimoniale da immissioni acustiche*, in *Foro it.*, 2012, I, 1906 ss.; M. COSTANZA, *In tema di immissioni sonore*, in *Giust. civ.*, 2012, I, 389 ss.; M. PICCINNI, *Immissioni e tutela della persona. Contaminazioni personalistiche dell'art. 844 cod. civ.*, in *Nuova giur. civ. comm.*, 2012, II, 16 ss.; P. ZIVIZ, *Le immissioni intollerabili al vaglio dei principi delle Sezioni Unite*, in *Resp. civ. e prev.*, 2012, f. 1, 115 ss.; M.F. GIORGIANNI, *Sul concetto di "normale tollerabilità" delle immissioni*, in *Giur. it.*, 2012, 63 ss.; G. BELLI, *Immissioni intollerabili e serenità personale: quale interesse è meritevole di tutela?*, in *Resp. civ.*, 2012, 610 ss.; G. PONZANELLI, *Le immissioni intollerabili e il rimedio del danno non patrimoniale*, in *Danno e resp.*, 2010, 776 ss.; M. MAUGERI, *Immissioni acustiche, normale tollerabilità e normative di settore: la nuova disciplina*, in *Nuova giur. civ. comm.*, 2010, II, 204 ss.; N. SAPONE, *Immissioni: tranquillità domestica o diritto al riposo?*, in *Nuova giur. civ. comm.*, 2010, I, 594 ss.; F.D. BUSNELLI, *Le Sezioni Unite e il danno non patrimoniale*, in *Riv. dir. civ.*, 2009, II, 97 ss.; M.A. MAZZOLA, *Immissioni e risarcimento del danno*, Utet, 2009.

Giurisprudenza: Cass., 5 agosto 2011, n. 17051, in *Giust. civ.*, 2012, I, 386 ss.; Cass., 17 gennaio 2011, n. 939, in *Giur. it.*, 2012, 62 ss.; Cass., 19 agosto 2011, n. 17427, in *Resp. civ.*, 2012, 610 ss.; App. Reggio Calabria, 17 aprile 2012, in *Foro it.*, 2012, I, 1898 ss.; Cass., 8 marzo 2010, n. 5564, in *Danno e resp.*, 2010, 776 ss.; Cass., 31 marzo 2009, n. 7875, in *Nuova giur. civ. comm.*, 2009, I, 783 ss.; Cass., 11 giugno 2012, n. 9434, in *Dir. e giust.*, 2012, 11 giugno; Cass., 25 giugno 2012, n. 10587, in *Dir. e giust.*, 2012, 26 giugno; Cass., S.U., 11 novembre 2008, n. 26975, in *Nuova giur. civ. comm.*, 2009, I, 102 ss.

LA SUPERFICIE

Pecunia non olet.

La signora Tiziana, una vecchina ottantenne proprietaria di una villa storica nel pieno centro di Milano, si trova in difficoltà economiche a causa degli alti costi di manutenzione della stessa, nonché di quelli necessari a sfamare una colonia di 30 gatti, ospiti oramai fissi dell'immenso giardino che circonda la villa. L'architetto Garbuglio, consapevole della situazione in cui versa la signora, propone a quest'ultima di divenire proprietario delle meravigliose querce secolari e dei roseti che abbelliscono il giardino, vanto di qualunque esperto di botanica. Per vincere le ultime perplessità della signora Tiziana, abituata a godere dell'ombra delle querce e del profumo delle rose, l'architetto Garbuglio mostra alla signora il testo della scrittura privata che le parti dovrebbero firmare, nel quale si prevede espressamente che sia le piante che i roseti continueranno a rimanere nel giardino e che, quest'ultimo, pertanto, non subirà alcuna modifica. "Non se ne accorgerà neppure, signora. Per lei non cambierà nulla, anzi, andrà solo a guadagnarci: potrà continuare a godere del giardino così com'è e in più riceverà anche dei bei soldini per la vendita delle piante e dei fiori. Cosa vuole di più dalla vita?" "Beh, tutto sommato forse ha ragione - rimugina tra sé e sé la signora - ...in fondo, *pecunia non olet*".
[Laura Franciosi, Ricercatore]

Quesiti di primo livello:

1) È valido l'accordo proposto dall'architetto Garbuglio?
2) Qual è la disciplina normativa applicabile alle costruzioni al di sotto del suolo?
3) Quali sono le cause di estinzione del diritto di superficie?

Quesiti di secondo livello:

1) È possibile costituire o alienare la proprietà delle piantagioni separatamente dalla proprietà del suolo?
2) Che conseguenze giuridiche comporta il perimento della costruzione?
3) Se la costituzione del diritto è stata fatta a tempo determinato, quali conseguenze giuridiche comporta la scadenza del termine?

Manuale: cap. 12, sub 3.

Bibliografia: GAMBARO–MORELLO, *Trattato dei diritti reali*, Vol. I, Milano, 2011; BALESTRA, *Proprietà, beni, multiproprietà, superficie, enfiteusi*, Torino, 2011; GUARNERI, *La superficie*, in *Comm. Schlesinger*, Milano, 2007; GIACOBBE, *La superficie,* Milano, 2003; GUARNERI, *Superficie*, in Digesto civ., XIX, Torino, 1999; PASETTI BOMBARDELLA, *Superficie (dir. priv.),* in *Enc. Dir.*, XLIII, Milano, 1990; PUGLIESE, *Superficie*, in *Comm. Scialoja- Branca, sub artt. 810-956*, Bologna-Roma, 1976.

Giurisprudenza: Cass., 18822/2012; Cass. 15482/2012; Cass. 16777/2011; Cass. 20508/2010; Cass. 24701/ 2009; Cass. 24498/2009; Cass. 9935/2008; Cass. 4072/2008; Cass. 3289/2003.

I DIRITTI REALI
I DIRITTI REALI PARZIARI

La rendita della Sig.ra Iris.

La signora Iris, di anni 65, vive da sola di una rendita che le deriva da un capitale depositato presso una banca.

È inoltre proprietaria dell'appartamento in cui abita.

Da un po' di tempo la signora è inquieta: la rendita appare non più adeguata alle sue esigenze di mantenimento. L'unica proprietà di cui dispone assolve alle sue necessità abitative e pertanto non potrebbe essere alienata.

Parlando con un'amica – che ha condiviso in precedenza analoghe difficoltà – viene a sapere che una soluzione ci potrebbe essere per incrementare il proprio capitale senza dover privarsi dell'appartamento.

Basterebbe rivolgersi ad un'agenzia...

La Signora Iris, piena di speranza ma anche di timore, si reca infine presso l'agenzia che le ha suggerito l'amica.

Qui un giovane cortese in giacca e cravatta le propone un contratto strano, una specie di vendita «parziale» del suo appartamento. Si fa scrivere su un foglio di che si tratta: «vendita della nuda proprietà con costituzione di usufrutto vita natural durante».

Esce dall'agenzia piuttosto smarrita e va da un sindacalista amico del marito a chiedere consiglio. Di che si tratta? È qualcosa di legale? E le converrà davvero?
[Ersilio Secchi, magistrato]

Quesiti di primo livello:

1) Come rispondere agli interrogativi della Signora Iris?
2) Cosa comporta vendere la «nuda proprietà»?

Quesiti di secondo livello:

1) Cosa sono e quali sono i diritti reali?
2) Qual è il contenuto del diritto di proprietà e quali i limiti al suo esercizio?

3) Quali sono i principi (anzitutto costituzionali) cui deve ispirarsi la disciplina del diritto di proprietà e più in generale la disciplina dei diritti reali?

Manuale: Cap. 4, sub 7; Cap. 12, sub 2.

LE SITUAZIONI POSSESSORIE
POSSESSO E DETENZIONE

Al ladro, al ladro.

Luca e Alex, oltre ad essere amici, sono anche compagni di squadra nell'Olimpia e, dopo avere giocato e perso di misura (3-2) un incontro del campionato dilettanti di volley a Vercelli, sono tornati in treno a Milano e hanno intenzione di recarsi insieme alle loro ragazze in pizzeria.

Sulle scale mobili della Stazione Centrale di Milano, si avvicinano due zingarelle con un giornale in mano; mentre la prima chiede insistentemente l'elemosina, l'altra, con mossa fulminea, sfila dalla tasca posteriore di Alex il portafoglio e si dà alla fuga.

Alex, contrariato per l'accaduto, si reca in Commissariato per sporgere denuncia e telefona in banca per bloccare le carte di credito ed il bancomat che aveva nel portafoglio.

Il giorno successivo, passeggiando lungo i navigli con Daniela, la sua ragazza, nota la zingarella che il giorno prima gli ha rubato il portafoglio ferma ai margini della strada.

Le si avvicina e, prendendola per un braccio, le ordina di riconsegnare immediatamente il portafoglio, cominciando a perquisirla.

[Domenico Chindemi, magistrato]

Quesiti di primo livello:

1) Può Alex costringere la zingarella alla restituzione del portafoglio o del suo contenuto?

2) Nel caso in cui avesse inseguito e raggiunto la zingarella immediatamente dopo il furto, Alex avrebbe potuto farsi riconsegnare immediatamente il portafoglio?

Quesiti di secondo livello:

1) Cosa sono e quali sono le situazioni possessorie?

2) Che differenza c'è tra detenzione, possesso e proprietà?

3) Cosa può e non può fare il possessore di un bene?

Manuale: Cap. 14, sub 1.

Bibliografia: A. TOMASSETTI, *Il possesso*, Torino, 2005; F. SCIOLI, *Il possesso: con la più recente giurisprudenza*, Torino, 2005; F. ALCARO, *Il possesso*, Milano, 2003 (Il codice civile. Commentario. Artt. 1140-1143); R. SACCO-R. CATERINA, *Il possesso*, in *Tratt. Dir. civ. e comm.* diretto da Cicu e Messineo, Milano, 2000.

Giurisprudenza: Cass., 5 dicembre 2006, n. 25899; Cass., 27 marzo 2006, n. 7264; Cass., 16 maggio 2006, n. 11386.

IL POSSESSO

Una storica disputa.

Mario, studente modello di Economia e Commercio, acquista un voluminoso manuale di storia economica e, al fine di evitare che lo stesso si possa sciupare a causa dell'uso, lo riveste con un'inconfondibile carta di colore viola, come le maglie dei giocatori della sua squadra di calcio preferita.

Poco tempo dopo, Mario, recatosi nella biblioteca universitaria per studiare, distrattamente dimentica il suo prezioso, quanto costoso, volume su un tavolo della stessa. Il libro viene notato da Paolo, studente perennemente squattrinato, che, una volta accertatosi di non essere osservato, se ne impossessa e, successivamente, lo rivende all'ignaro Fabio, dichiarandogli di volersi liberare di quel «mattone» sul quale aveva passato tante notti insonni.

A distanza di pochi giorni il povero Fabio viene violentemente apostrofato da Mario che, avendo riconosciuto nel libro sotto il braccio del compagno il proprio, per via di quell'inconfondibile colore viola, ne pretende l'immediata restituzione. A nulla valgono le giustificazioni del malcapitato ragazzo che, timidamente, racconta di aver acquistato il libro da Paolo essendo persuaso che quest'ultimo ne fosse il legittimo proprietario; il furente Mario non vuole sentire ragioni: il libro viola è suo e deve essergli immediatamente ridato.
[Laura Franciosi, ricercatore]

Quesiti di primo livello:

1) È legittima la pretesa di Mario?
2) Che tipo di tutela può invocare Fabio?
3) Il principio di cui all'art. 1153 c.c. trova applicazione anche con riferimento ai c.d. beni mobili registrati?

Quesiti di secondo livello:

1) Nel caso di «acquisto a non domino» il requisito della buona fede è sempre invocabile?
2) È ravvisabile un titolo idoneo all'acquisto della proprietà nel caso di acquisto compiuto mediante un contratto stipulato con un falsus procurator?

3) Nell'ipotesi in cui il bene acquistato ex art. 1153 c.c. sia gravato da pegno, i diritti del creditore pignoratizio saranno opponibili all'acquirente in buona fede?

Manuale: Cap. 14, sub 4.

Bibliografia: A. GAMBARO–U. MORELLO, *Trattato dei diritti reali*, Vol. I, Milano, 2011; N. LIPARI-P. RESCIGNO, *Diritto civile*, Vol. II, Tomo II, Milano, 2009; M. DE TILLA, *Il possesso*, II ed., Milano, 2005; R. SACCO-R. CATERINA, *Il possesso*, in *Trattato di diritto civile e commerciale*, diretto da A. Cicu e F. Messineo, Milano, 2000; A. MESSINETTI, *Acquisto a non domino*, in *Enciclopedia del diritto - Aggiornamento* III, Milano, 1999, 3355 ss., *ad vocem*; C. ARGIROFFI, *Del possesso di buona fede di beni mobili*, in *Il Codice Civile - Commentario*, diretto da P. Schlesinger, Milano, 1988, 155 ss.

Giurisprudenza: Cass., 20 dicembre 2012, n. 23625; Cass., 25 luglio 2011, n. 16235; Cass., 16 dicembre 2009, n. 26400; Cass., 8 febbraio 2007, n. 5649, in Arch. giur. circ. sin., 2007, fasc. 9, 921, con nota di G. Leto; Cass., 26 settembre 2007, n. 20191; Cass., 19 marzo 2003, n. 4033; Cass., 11 novembre 2002, n. 15810, in *Foro it.*, 2004, I, 857; Cass., 6 ottobre 1997, n. 9714, in *Nuova giur. civ. comm.*, 1999, I, 174; Cass., 16 maggio 1997, n. 4328, in *Giur. It.*, 1998, 1374; Cass., 24 giugno 1995, n. 7202, in *Giust. Civ. Mass.*, 1995, fasc. 6; Cass., 27 luglio 1988, n. 4786, in *Giust. Civ. Mass.*, 1988, fasc 7.

TUTELA DELLA PROPRIETÀ E DEL POSSESSO

A mali estremi... estremi rimedi.

Forte dei Marmi. La famiglia Gentilini, proprietaria di una villa nei pressi della spiaggia ma, sfortunatamente, priva di accesso diretto alla stessa, aveva chiesto alla proprietaria della villa confinante, una simpatica vecchietta, la cortesia di poter attraversare il suo giardino, approfittando di un varco nella siepe che delimitava le due proprietà, per poter accedere alla spiaggia.

In poco tempo quello che era iniziato come semplice atto di cortesia si era trasformato in un'abitudine consolidata, tant'è che i Gentilini avevano preso a considerare quella scorciatoia come la loro via privilegiata di accesso al mare, soprattutto da quando la Sig.ra Maria, che trovava gradevole la compagnia di quella simpatica famigliola con la quale poteva parlare della potatura delle rose e delle mezze stagioni che non esistono più, aveva fatto allargare il varco tra le siepi al fine di agevolare il loro passaggio.

Dopo un paio di anni da che i Gentilini erano passati per la prima volta attraverso la siepe, la Sig.ra Maria morì e la proprietà della villa passò al suo unico figlio che, quando l'anziana madre era ancora in vita, non era mai andato a trovarla perché troppo impegnato con il suo lavoro. Una volta preso possesso della villa il Sig. Gianni si rese conto dell'insana abitudine di attraversare il giardino che quei maleducati dei suoi vicini avevano adottato. Così, approfittando dell'assenza di questi, l'arrabbiato neo-proprietario, al fine di impedire ogni ulteriore sconfinamento, fece costruire a tempo di record un orribile muretto che, oltre a rovinare l'armonia della siepe, rendeva pressoché impossibile qualunque forma di invasione nella sua proprietà. «A mali estremi, estremi rimedi» pensava il Sig. Gianni mentre il muretto veniva realizzato.
[Laura Franciosi, ricercatore]

Quesiti di primo livello:

1) È lecita l'azione compiuta dal Sig. Gianni?
2) Che tipo di tutela possono invocare i Sig.ri Gentilini?

Quesiti di secondo livello:

1) In quali casi il possessore prevale nei confronti del proprietario?

2) Quali sono i requisiti dell'azione di reintegrazione?

3) La tutela accordata dall'ordinamento ai Sig.ri Gentilini sarebbe valsa anche nel caso in cui questi, anziché essere proprietari della villa ne fossero stati dei semplici affittuari?

Manuale: Cap. 14, sub 1; Cap. 15, sub 1 e 2.

Bibliografia: A. GAMBARO–U. MORELLO, *Trattato dei diritti reali*, Vol. I, Milano, 2011; N. LIPARI-P. RESCIGNO, *Diritto civile*, Vol. II, Tomo II, Milano, 2009; E. PROTETTÌ, *Le azioni possessorie: la responsabilità ed il procedimento in materia possessoria*, X ed., Milano, 2005; R. SACCO-R. CATERINA, *Il possesso*, in *Trattato di diritto civile e commerciale*, diretto da A. Cicu e F. Messineo, Milano, 2000, 267 ss.; A. GIUSTI, *Le azioni possessorie e di nunciazione*, in *Il Codice Civile - Commentario*, diretto da P. Schlesinger, Milano, 1990, 49 ss. e 237 ss.

Giurisprudenza: Cass., 15 giugno 2012, n. 9873; Cass., 20 marzo 2012, n. 4448; Cass., 25 luglio 2011, n. 16236; Cass., 18 febbraio 2008, n. 3955; Cass., 18 gennaio 2008, n. 1009; Cass., 25 settembre 2007, n. 19931; Cass., 23 febbraio 2006, n. 4003, in *Resp. civ. prev.*, 2006, 6, 1066-1070, con nota di C. Cicero; Cass., 11 aprile 2002, n. 5153, in *Foro it.*, 2004, I, 1523; Cass., 20 marzo 2001, n. 3984, in *Foro it.*, I, 2001, 2224 ss.; Cass., 13 febbraio 1999, n. 1204, in *Giust. Civ. Mass.*, 1999, 333; Cass., 12 febbraio 1997, n. 1287, in *Giust. Civ. Mass.*, 1997, 228; Cass., 13 settembre 1991, n. 9585, in *Giur. it.*, 1992, I, 1, 474; Cass., 21 giugno 1985, n. 3731, in *Giust. civ. Mass.*, 1985, fasc. 6.

LE SITUAZIONI POSSESSORIE
USUCAPIONE

Un amore fraterno.

Marco, in vista delle nozze della figlia, decide di regalarle l'appartamento che da anni aveva concesso in godimento a suo fratello. Invita pertanto il fratello a liberare l'appartamento, ma questi si rifiuta.

Marco, allora, conviene davanti al giudice suo fratello Stefano e chiede che gli venga ordinato di rilasciare immediatamente l'appartamento.

Stefano, convenuto in giudizio, eccepisce di aver maturato il diritto di proprietà a seguito del possesso prolungato per oltre 20 anni.

Marco, però, a fondamento della sua domanda allega una serie di ricevute comprovanti il versamento delle imposte sulla casa ed il pagamento delle spese ordinarie e straordinarie, inoltre, i testi escussi, tanto di parte attrice, quanto di parte convenuta, dichiarano che il godimento dell'appartamento è stato concesso a titolo di semplice cortesia da Marco, il quale si è sempre tenuto un duplicato delle chiavi in modo da potervi accedere con libertà

[Laura Morlotti, lecturer di Diritto privato]

Quesiti di primo livello:

1) La pretesa di Marco è legittima?

2) Non essendoci stata inerzia di Marco, ma spirito di cortesia, si può configurare in capo al fratello un possesso idoneo a determinare l'acquisto dell'appartamento per usucapione?

Quesiti di secondo livello:

1) La cortesia e la tolleranza del proprietario possono dar luogo ad usucapione?

2) Quali sono i presupposti dell'usucapione?

3)Cosa dispone l'art. 1144 c.c. a proposito degli atti compiuti con altrui tolleranza?

Manuale: Cap. 14, sub 3.

Bibliografia: A. LEVONI, *La tutela del possesso*, II, Milano, 1979, 230; G. SICCHIERO, *Tolleranza*, in *Digesto civ.*, Utet, Torino, 1999, XIX, 371.

Giurisprudenza: Cass. civ., 02-11-2010, n. 22290, in *Repertorio,* 2011, voce Possesso, 21; Cass. civ., 11-06-2010, n. 14092, in *Repertorio*, 2010, voce Usucapione, 34; Cass. civ., 20-02-2008, n. 4327, in *Repertorio*, 2008, voce Usucapione, 6; Cass. civ. , 11-2-2009, n 3404 , in *Repertorio*, 2009, voce *Possesso,* 8; Cass. civ., 27-4-2006, n 9661, in *Repertorio*, 2007, voce *Possesso*, 19; Cass., sez. II, 29-11-2002, n. 16956, in *Repertorio,* 2002, voce Possesso, n. 13; Cass., sez. II, 18-06-2001, n. 8194, in *Giur. it.*, 2002, 478; Cass. civ. sez. II, 03.02.1998, n. 1042, in *Repertorio,* 1998, voce Possesso, n. 27.

LA TUTELA POSSESSORIA DEL CONVIVENTE

La tutela possessoria del convivente *more uxorio.*

Tizio e Caia vivono una relazione affettiva da diversi anni.

Pur senza giungere a contrarre matrimonio, Tizio trasferisce a Caia l'appartamento in cui si svolge il loro *ménage*, e in cui Tizio dimora – insieme a Caia – senza soluzione di continuità.

Venuta a cessare la relazione affettiva tra i due, Tizio continuava ad avere la disponibilità dell'immobile, presso il quale conservava mobili e effetti personali. Tuttavia Caia a seguito dell'intervento delle forze dell'ordine, da lei stessa richiesto per il sospetto della commissione di reati, aveva colto l'occasione per estromettere Tizio dal compossesso dell'appartamento, facendo sì che questi consegnasse le sue chiavi alla forze dell'ordine.

Privato, dunque, del possesso dell'appartamento, Tizio agiva con l'azione di cui all'art. 1168 cod. civ. per essere reintegrato nel possesso del medesimo.

I giudici di merito, e infine la Corte di Cassazione, accolgono l'istanza di Tizio. In primo luogo si rileva come la consegna delle chiavi alle forze dell'ordine non poteva considerarsi come indice della volontà di Tizio di dismettere il possesso dell'immobile, essendo dettata dal timore conseguente alla prospettazione di ipotesi criminose.

Quanto al fondamento della domanda proposta da Tizio, la Corte afferma come la convivenza *more uxorio* determini, sulla casa di abitazione ove si svolge la vita in comune, un potere di fatto basato su interesse proprio e non una mera ospitabilità. Dunque il convivente proprietario, cessata la relazione, ove intendeva recuperare la disponibilità esclusiva dell'immobile, avrebbe dovuto avvisare il *partner* e concedergli un congruo termine per una diversa soluzione abitativa. L'estromissione in via di fatto dall'abitazione non sembra conforme al canone della correttezza e giustifica il provvedimento di reintegrazione nel possesso a favore di Tizio.

[Giovanni Schiavone, ricercatore di Diritto Privato]

Quesiti di primo livello:

1) ***Quale è il fondamento costituzionale della c.d. famiglia di fatto?***

Quesiti di secondo livello:

1) ***Quali sono gli altri profili giuridicamente rilevanti della convivenza?***

2) Quali sono i presupposti dell'azione di reintegrazione?
3) Chi è legittimato a proporre l'azione di reintegrazione?

Manuale: Cap. 44, sub 14; Cap. 15, sub 2.

Bibliografia: BALESTRA, *La famiglia di fatto tra autonomia ed eteroregolamentazione,* in *Nuova giur. civ. comm.*, 2007, II, 194; OBERTO, *I diritti dei conviventi. Realtà e prospettiva tra Italia ed Europa,* Padova, 2012.

Giurisprudenza: Cass., 21 marzo 2013, n. 7214, in *www.cortedicassazione.it/Notizie/GiurisprudenzaCivile/SezioniSemplici.*

IL DIRITTO DI PROPRIETÀ E SUA TUTELA

Una cena rovinata.

Marco, Luisa, Gianni e Mara, «single» convinti, si conoscono durante le vacanze estive a Creta e al ritorno, per cementare l'amicizia nata durante le torride ma alquanto gradevoli giornate passate insieme al mare, Marco invita tutti a cena a casa sua. Avendo l'intenzione di preparare dei piatti orientali, Marco si fa aiutare da Luisa, esperta in tale tipo di cucina.

La serata è molto piacevole; un allegro vino frizzante portato dalla Grecia contribuisce a rendere il clima disteso e l'atmosfera simpatica.

Terminata la cena, il gruppo si trasferisce in salotto per ascoltare della musica.

Qui all'improvviso succede qualcosa che rovina la serata. Gianni nota alla parete un quadro raffigurante un «veliero nell'oceano» che gli era stato rubato circa tre anni prima dalla sua abitazione in città. Riavutosi dallo stupore e dopo essersi accertato più da vicino che quel quadro fosse proprio il suo, chiama Marco in cucina e gli rivela la cosa.

Marco cade dalle nuvole: ha acquistato il quadro durante una mostra d'opere d'arte in una galleria del centro; il gallerista gli ha rilasciato non soltanto la fattura per l'acquisto, ma anche un certificato di autenticità del quadro.

L'atmosfera si fa tesa, i due alzano la voce e gli altri invitati sono coinvolti.

Gianni intende chiamare subito i carabinieri e pretende la restituzione immediata: quel quadro appartiene all'eredità di nonno Gino e ha per lui un grande valore affettivo oltre che economico.

Marco si sente offeso dal comportamento indiscreto di Gianni. Pretende degli accertamenti ulteriori sull'identità del quadro e teme che il suo (cospicuo) investimento vada in fumo. Comunque, anche se quel quadro fosse davvero quello rubato a Gianni, lui lo ha regolarmente comprato e, pur dispiaciuto, non ha alcuna intenzione di restituirlo: dopo tutto, ormai fa parte dell'arredamento di casa.
[Domenico Chindemi, magistrato]

Quesiti di primo livello:

1) Se si trattasse davvero del quadro rubato a Gianni, chi ne sarebbe il legittimo proprietario?

2) Se per la legge il proprietario fosse Gianni, Marco potrebbe comunque tenersi il quadro?

Quesiti di secondo livello:

1) Cosa sono e quali sono i diritti reali?
2) Qual è il contenuto del diritto di proprietà e quali i limiti al suo esercizio?
3) Quali sono i principi (anzitutto costituzionali) cui deve ispirarsi la disciplina del diritto di proprietà e più in generale la disciplina dei diritti reali?

Manuale: Cap. 14, sub 5.

Bibliografia:: U. GRASSI, *La tutela esterna del possesso. Contributo allo studio delle fattispecie a qualificazione plurima*, Napoli, 2006; B. TROISI-C. CICERO, *I possessi*, in *Trattato di diritto civile del Consiglio Nazionale del Notariato*, diretto da P. Perlingieri, Napoli, 2005; G. LISELLA, *I presupposti della regola «possesso vale titolo»*, in *Rass. dir. civ.*, 1999, 527-592; G. DE ANGELI, *Sull'opponibilità al terzo di buona fede della nullità della alienazione di bene artistico*, in *Giust. it.*, 1994, I, 1241-1246; C. FALCONE, *In tema di presunzione di possesso illegittimo di cose d'antichità e d'arte*, in *Riv. pen.*, 1986, 67.

Giurisprudenza: Cass., 26 settembre 2007, n. 20191; Cass., 22 maggio 2000, n. 6648, in *Rep. Foro it.*, 2000, voce *Possesso*, n. 21; Cass., 14 settembre 1999, n. 9782, in *Rep. Foro it.*, 1999, voce *Possesso*, n. 28.

IL DIRITTO DI PROPRIETÀ E LE AZIONI PETITORIE

Quando è troppo è troppo!

Luca e Paolo sono proprietari di due appartamenti, rispettivamente al piano terra e al primo piano dello stesso stabile. Sebbene dagli atti di acquisto risulti che il vano d'ingresso dello stabile sia di proprietà comune di entrambi, da oltre vent'anni Luca è solito porre nello stesso mobili o piante per abbellire l'ingresso del suo appartamento. Paolo, invece, ha sempre utilizzato il vano d'ingresso solo per accedere al suo appartamento al primo piano. Un giorno Paolo, acquistata una bicicletta nuova da usare nel tempo libero, decide di lasciare la stessa nel vano d'ingresso dello stabile.

Luca, furioso, intima a Paolo di togliere la bicicletta dall'ingresso: pur riconoscendo al vicino il diritto di passaggio per accedere al suo appartamento, ritiene che lo spazio comune sia ormai diventato di sua esclusiva proprietà.

A questo punto Paolo, che aveva accettato l'apposizione di mobili e piante nell'ingresso solo per quieto vivere, decide di adire le vie legali e di iniziare una lunga guerra in Tribunale col vicino.
[Elena Balucani, Avvocato in Milano]

Quesiti di primo livello:

1) Quale azione può esperire Paolo in giudizio per tutelare il suo diritto di proprietà?

2) Luca potrà eccepire l'acquisto esclusivo del vano d'ingresso ad usucapionem?

Quesiti di secondo livello:

1) Che cos'è il compossesso e come si manifesta nei rapporti con i terzi?

2) Cos'è l'interversione del possesso e quali sono gli atti idonei ad integrarlo?

Manuale: Cap. 14 sub 5; Cap. 15, sub 1 e 1.1.

Bibliografia: DE TILLA, *Sull'usucapione della cosa comune*, in *Arch. loc. e cond.*, 1998, 3; GALLUCCI, *L'uso più intenso dei beni in condominio non è sufficiente ai fini dell'acquisto per usucapione*, in *Diritto e Giustizia*, 2012; NATALI, *L'usucapione delle parti comuni nel condominio, in Immobili e proprietà*, 2010, 2.

Giurisprudenza: Cass. civ., 4 maggio 2012, n. 6775, in *Guida al diritto*, 2012, 26, 61; Cass. civ., 20 settembre 2007, n. 19478, in *Mass. Giurisprudenza Italiana*.

LE AZIONI DI NUNCIAZIONE

Vicinitas est mater discordiarum.

Il Sig. Bianchi una sera, nel veder la figlia uscire con le amiche per andare in discoteca, alza sconsolato gli occhi al cielo e si accorge che sul soffitto ci sono delle macchie provocate da delle infiltrazioni d'acqua provenienti dall'appartamento sovrastante. Il mattino seguente bussa alla porta del vicino e gli chiede di provvedere alle riparazioni necessarie. Qualche settimana dopo, però, là dove c'erano le macchie il soffitto inizia a scrostarsi, tant'è che il Sig. Bianchi trova parte dell'intonaco sul pavimento. Temendo che il solaio possa crollare, soprattutto in un punto in cui è particolarmente rigonfio a causa delle infiltrazioni, il Sig. Bianchi presenta in Tribunale un ricorso affinché il giudice con decreto ordini la immediata esecuzione dei lavori di riparazione necessari alla eliminazione della situazione di pericolo, disponendo anche idonea garanzia per gli eventuali danni.
[Laura Morlotti, lecturer di Diritto privato]

Quesiti di primo livello:

1) Nella fattispecie in esame ricorrono i presupposti necessari per la concessione dell'invocata tutela?

Quesiti di secondo livello:

1) Quali sono i requisiti per la denuncia di danno temuto?
2) Il danno temuto come deve essere?
3) Che differenza c'è tra denuncia di nuova opera e di danno temuto?

Manuale: Cap. 15, sub 3.

Bibliografia: A. GIUSTI, *Le azioni possessorie e di nunciazione*, in *Comm. Schlesinger*, Milano, 1990, 290; G. MASI, *Il possesso e la denuncia di nuova opera e di danno temuto*, in *Tratt. Rescigno*, 8, Torino, 1982, 513; R. SACCO, *Il possesso*, in *Tratt. Cicu-Messineo*, Milano, 1988, 254; CABELLA PISU, *Denuncia di nuova opera e di danno temuto*, in *Digesto civ.*, V, Torino, 1989, 192.

Giurisprudenza: Cass. civ., 27.10.2011, n. 22436 in *Repertorio*, 2011, Nuova opera, n. 3; Cass. civ., 29.01.2009, n. 1778, in *Repertorio* 2009, Nuova opera, n. 7; Cass., 9.2.2004, n. 2422, in *Riv. giur. edilizia*, 2004, I, 1320; Cass., sez. II, 30-07-2001, n. 10403, in *Riv. giur. edilizia*, 2002, I, 126; T. Roma, 05-07-2001, in *Arch. locazioni*, 2002, 325; Cass. civ. sez. II, 14.04.1992, n. 4531, in *Repertorio* 1992, Nuova opera n. 5; Cass. civ., 25.03.1987, n. 2897, in *Repertorio* 1987, Nuova opera, n. 1.

ADEMPIMENTO DELL'OBBLIGAZIONE
CREDITORE APPARENTE

Pagamento al rappresentante apparente del creditore vero.

Una ditta Y – agente senza rappresentanza di una azienda di carburanti X – si preoccupa da diversi anni di fornire varie quantità di gasolio per il riscaldamento ad un condominio. Il condominio, ricevuto il gasolio, sottoscrive le bolle di accompagnamento e, contestualmente, paga il corrispettivo direttamente alla ditta che lo ha consegnato. Tuttavia, una volta riscosso l'importo dell'ultima fornitura, la ditta Y non lo consegna alla società X, preferendo trattenerlo a compensazione di alcuni crediti vantati ma contestati dalla citata società X. Quest'ultima, allora, si rivolge al condominio per ottenere il pagamento della fattura scoperta.
[Alessandra Salomoni, ricercatrice di Diritto privato]

Quesiti di primo livello:

1) Il condominio, che ha pagato nelle mani di un soggetto non legittimato a ricevere la prestazione, cosa può opporre per non essere costretto ad effettuare un nuovo pagamento nelle mani della creditrice ditta Y?

Quesiti di secondo livello:

1) Quali sono i soggetti che, in sostituzione del creditore, sono autonomamente legittimati a ricevere l'adempimento dal debitore?
2) Il pagamento effettuato a soggetto diverso da quelli espressamente indicati dall'ordinamento, di regola, è inefficace nei confronti del creditore e non libera il debitore. Vi sono delle eccezioni a questa regola? Quali sono?
3) Il principio di apparenza del diritto su cui si basa l'art. 1189 c.c. riguarda esclusivamente il pagamento fatto al creditore apparente o anche quello eseguito nelle mani del rappresentante apparente del creditore vero?

Manuale: Cap. 17, sub 3; Cap. 21, sub 7.

Bibliografia: A. SALOMONI, *La rappresentanza volontaria*, Padova, 1997, p. 278 ss.; A. DI MAJO, *Dell'adempimento in generale*, in *Commentario al cod. civ.* a cura di Scialoja e Branca, Bologna-Roma, 1994; D. DI SABATO, *Sul pagamento al rappresentante apparen-*

te del creditore, in *Riv. dir. impresa*, 1993, I, 2, p. 267 ss.; C.M. BIANCA, *Diritto civile*, IV, *L'obbligazione*, Milano, 1990, p. 289 ss.; M. COLOMBATTO, voce *Creditore apparente*, in *Dig. disc. priv.*, *sez. civ.*, V, Torino, 1989, p. 36 ss.

Giurisprudenza: Cass., 7 maggio 1992, n. 5436, in *Corr. giur.*, 1992, p. 759; Cass., 11 febbraio 1998, n. 1386, in *Giust. civ.*, 1999, I, p. 2482.

PRESTAZIONE IN LUOGO DI PAGAMENTO

Adempimento o inadempimento?

Riccardo e Silvia stipulano un contratto di locazione pattuendo che il pagamento del canone da parte di Silvia dovrà avvenire con rate mensili anticipate e tramite assegno circolare.

Silvia invia a titolo di pagamento della prima rata un assegno bancario.

Questo tipo di pagamento non viene accettato da Riccardo che richiama Silvia ad effettuare il pagamento con le modalità pattuite.

Silvia, per tutta risposta, oltre a non ottemperare a quanto richiesto da Riccardo, paga con assegno bancario anche la seconda rata sostenendo che tale forma di pagamento non possa essere rifiutata dal creditore.
[Laura Morlotti, lecturer di Diritto privato]

Quesiti di primo livello:

1) Le ragioni di Silvia sono condivisibili?

2) Il creditore è legittimato a rifiutare un pagamento che gli assicuri ugualmente la disponibilità della somma dovuta?

Quesiti di secondo livello:

1) Il pagamento tramite assegno bancario può essere considerato come una prestazione diversa da quella dovuta e, quindi, non liberatoria salvo consenso del creditore?

2) Secondo gli usi negoziali, nelle obbligazioni aventi per oggetto somme di denaro, il pagamento tramite assegno bancario costituisce un idoneo mezzo di estinzione dell'obbligazione?

3) Quando si dice che il creditore deve comportarsi secondo le regole della buona fede che cosa si pretende dal creditore?

4) Che differenza c'è tra buona fede oggettiva e buona fede soggettiva?

5) Nel caso in esame che tipo di buona fede è richiesta al creditore?

Manuale: Cap. 17, sub 2.

Bibliografia: A. DI MAJO, *Adempimento in generale*, in *Comm. Scialoja-branca*, sub artt. 1177-1200, Bologna-Roma, 1994, 346 ss.

Giurisprudenza: Cass. Sez. Un., 4-6-2010, n. 13658, in *Repertorio*, 2010, voce *Obbligazioni in genere*, n. 68; Cass. civ., 15-7-2008, n. 19427, in *Repertorio*, 2009, voce *Obbligazioni in genere*, n. 63; Cass. civ., 10-3-2008, n. 6291, in *Repertorio*, 2009, voce *Obbligazioni in genere*, n. 64.

ESTINZIONE DELL'OBBLIGAZIONE. LA NOVAZIONE

Tizio, imprenditore commerciale, in data 1 marzo 1997, conclude con la Banca Alfa un contratto di apertura di credito sulla cui base gli viene riconosciuta la disponibilità di una certa somma di denaro.

In data 1 novembre 1998, Tizio risulta inadempiente delle obbligazioni scaturenti dal contratto di apertura di credito.

La banca, quindi, gli revoca l'affidamento bancario ed ottiene decreto ingiuntivo di condanna provvisoriamente esecutivo.

Tizio propone opposizione avverso tale decreto asserendo che il titolo originario sul quale si fonda la pretesa della banca, riconosciuta nel provvedimento impugnato, e cioè il contratto di apertura di credito, sia stato novato – a seguito di trattative intercorse nel frattempo fra le parti – mediante il rilascio di diciotto cambiali mensili in bianco a firma del solo debitore principale, Tizio opponente, e non anche del fideiussore, Caio.

Pertanto, essendosi estinta la fonte originaria dell'obbligazione, questa non potrà essere posta a fondamento del decreto ingiuntivo emesso.

Caio sostiene, inoltre, che il decreto ingiuntivo non sia efficace nei suoi confronti in quanto la banca non ha agito contro di lui entro il termine di sei mesi previsto dall'art. 1957 c.c.

È opportuno puntualizzare come Caio, in sede di costituzione della garanzia fideiussoria, avesse espressamente dispensato per iscritto la banca stessa dall'osservanza del termine di cui sopra.
[Francesco Caputo Nassetti, avvocato]

Quesiti di primo livello:

1) Può il rilascio di cambiali in bianco, ad opera di Tizio, configurare una novazione del rapporto originario di apertura di credito?

2) È legittima la pretesa della banca nei confronti del fideiussore?

3) È valida la deroga convenzionale al disposto di cui all'art. 1957, comma 1°, c.c.?

Quesiti di secondo livello:

1) Quali sono i modi di estinzione dell'obbligazione diversi dall'adempimento?

2) Quali sono gli elementi caratterizzanti la novazione ed in particolare che cosa si intende per «animus novandi»?

Manuale: Cap. 17, sub 9; Cap. 18, sub 7; Cap. 29, sub 15.

Bibliografia: C.M. BIANCA, *L'obbligazione*, in *Diritto civile*, 1990, IV, pp. 443 ss.

Giurisprudenza: Trib. Avezzano, 21 marzo 1990, in *Banca e borsa*, 1990, 501; Cass., 12 gennaio 1977, n. 126, in *Banca e borsa*, 1977, II, 262; Cass., 12 novembre 1988, n. 6142, in *Banca e borsa*, 1989, II, 412.

DISCIPLINA E VICENDE DEL RAPPORTO OBBLIGATORIO

La schedina miliardaria.

Marco è un accanito giocatore di sistemi di Totocalcio; da anni, nonostante i dissensi in famiglia causati dai risultati deludenti, gioca la schedina alla medesima ricevitoria autorizzata, gestita dall'amico Giorgio. Si ripromette di giocare per un'ultima volta, e la fortuna sembra assisterlo, facendogli indovinare un tredici miliardario.

Si presenta all'ente gestore del Totocalcio, il CONI, per incassare la vincita; con sua grande sorpresa, gli viene risposto che il gestore della ricevitoria (l'amico Giorgio) non aveva fatto pervenire i tagliandi matrici allo stesso CONI, per cui la giocata non doveva ritenersi valida.

Marco, decisamente spazientito, si presenta allora alla ricevitoria in cui aveva giocato la schedina, per chiedere spiegazioni; qui, peraltro, scopre che effettivamente il suo amico gestore si era dimenticato di trasmettere, all'ente gestore delle scommesse, i tagliandi matrici relativi al concorso del totocalcio, e che quindi sembrava legittimo il rifiuto dell'ente CONI di pagare la vincita.

Marco, dopo qualche giorno di ripensamenti, decide di chiedere all'amico gestore Giorgio, il risarcimento del danno: agisce, quindi, in giudizio per chiedere che venga dichiarato l'inadempimento di una obbligazione contrattuale, vale a dire quella di custodire le matrici e trasmetterle all'ente gestore.

Si costituisce in giudizio l'amico Giorgio, eccependo come il concorso del Totocalcio sia disciplinato dalle clausole contenute nel regolamento ufficiale (approvato con D.M. 23 marzo 1963); tra queste clausole, una stabilisce che la mancanza dei tagliandi matrice, da qualunque causa dipenda, non comporti responsabilità né dell'ente gestore né dei ricevitori autorizzati, salvi i casi di dolo o colpa grave.

[Andrea Natale, avvocato]

Quesiti di primo livello:

1) Quali sono i limiti di validità delle clausole di esonero o di limitazione di responsabilità? Cosa si intende per colpa grave, e cosa per violazione di obblighi derivanti da norme di ordine pubblico?

2) La clausola limitativa di responsabilità configura un'ipotesi di clausola vessatoria? Deve essere approvata* ex *art. 1341 anche allorché derivi da fonte legale (nella fattispecie, dal D.M. 23 marzo 1963)?

Quesiti di secondo livello:

1) In presenza di una valida clausola limitativa di responsabilità ai sensi dell'art. 1229 cod. civ., a quale parte spetta l'onere probatorio circa la gravità della colpa? È sufficiente la prova generica della diligenza del debitore per escludere la responsabilità dello stesso?

2) La clausola di esonero di responsabilità è valida anche per il fatto degli ausiliari?

3) È valida la clausola di esonero da responsabilità extracontrattuale?

Manuale: Cap. 17, sub 4; Cap. 17, sub 8.

Bibliografia: F. BENATTI, *Clausole di esonero dalla responsabilità*, in *Dig. IV, Sez. civ.*, II, Torino, 1988, p. 397 ss.; U. BRECCIA, *Le obbligazioni*, in *Tratt. dir. priv.*, a cura di G. Iudica e P. Zatti, Milano, 1991, 624 ss.

Giurisprudenza: Cass., 10 settembre 1999, n. 9602, in *Contratti*, 2000, 5.

LE GARANZIE

Fidarsi è bene, non fidarsi è meglio.

Mario è un giovane imprenditore della *new economy*, con buone idee ma bisognoso di finanziamenti. Espone i suoi ambiziosi progetti alla TESORO & C. S.p.A., la quale, pur ritenendo rischioso un investimento in questo settore, li analizza con interesse.

Dopo varie incertezze, la TESORO & C. S.p.A. decide di finanziare l'attività del giovane Mario, ma solo a condizione che il proprio credito sia garantito anche da Luigi, fratello maggiore di Mario ed ormai affermato professionista.

Mario e la TESORO & C. S.p.A. stipulano, quindi, un contratto di mutuo; contestualmente, l'obbligazione restitutoria di Mario viene personalmente garantita da Luigi, con espressa dichiarazione orale.

La TESORO & C. S.p.A:, tuttavia, ancora non si sente al riparo da rischi; ad ulteriore garanzia dell'operazione di finanziamento, si fa rilasciare – con sua scrittura privata – una ipoteca volontaria sulla abitazione di Luigi, per un importo pari al debito totale del fratello.

Gli affari vanno subito male per Mario, che non riesce a restituire il denaro prestatogli e diviene inadempiente delle proprie obbligazioni restitutorie, tanto da dover chiudere presto la propria attività.

Dopo oltre sei mesi dalla scadenza dell'obbligazione pecuniaria di Mario, la TESORO & C. S.p.A. si rivolge a Luigi, per il pagamento del debito del fratello Mario.

Luigi si difende sostenendo la natura fideiussoria della propria garanzia, e la conseguente decadenza della pretesa creditoria della TESORO & C. S.p.A. per decorso del termine di sei mesi di cui al primo comma dell'art. 1957 c.c.

[Andrea Natale, avvocato]

Quesiti di primo livello:

1) È valida la fideiussione prestata verbalmente da Luigi in favore del fratello Mario?

2) Cosa si intende per surrogazione del fideiussore nei diritti del creditore?

3) L'ipoteca volontaria può essere concessa anche mediante dichiarazione unilaterale?

4) Come si costituisce l'ipoteca?

Quesiti di secondo livello:

1) Quali sono le cause di estinzione della fideiussione?

2) Quali sono le cause di estinzione dell'ipoteca?

3) Lo stesso soggetto può, per la medesima obbligazione del terzo, costituirsi fideiussore e terzo datore di ipoteca?

4) Le norme dettate per l'estinzione della fideiussione, si applicano anche all'estinzione dell'ipoteca?

Manuale: Cap. 18, sub 6; Cap. 18, sub 7.

Bibliografia: A. GIUSTI, *La fideiussione e il mandato di credito*, in *Tratt. di dir. civ. e comm.*, fondato da A. Cicu e F. Messineo e continuato da L. Mengoni, XVIII, 3, Milano, 1998, 210 ss.; A. RAVAZZONI, *Le ipoteche*, in *Tratt. dir. priv.*, diretto da P. Rescigno, XX, II ed., Torino, 1998, 84 ss.

Giurisprudenza: Cass., 23 aprile 1999, n. 4033, in *Banca, borsa*, 2000, II, 534.

MEZZI DI CONSERVAZIONE DELLA GARANZIA PATRIMONIALE

Imprudenza alla guida.

In una giornata di pioggia, Tizio, alla guida del suo motorino, imbocca una curva a velocità troppo elevata e, perdendo il controllo del mezzo, scivola sull'asfalto. Nella caduta travolge un passante, Caio, che sta attraversando sulle strisce pedonali. Tizio si rialza immediatamente, indolenzito ma incolume. Caio, invece, resta a terra, chiedendo di essere soccorso. L'ambulanza arriva di lì a poco e il ferito viene portato in ospedale.

Successivamente Caio, una volta dimesso dopo un lungo ricovero, conviene in giudizio Tizio per ottenere il ristoro dei danni subiti. Il processo si conclude con la condanna del danneggiante al risarcimento in favore di Caio.

Visto l'esito del giudizio, che l'ha visto soccombente, Tizio, per evitare che Caio possa agire esecutivamente sul suo patrimonio per ottenere la soddisfazione del proprio credito, aliena a titolo oneroso i due unici beni immobili di cui è proprietario alla figlia Mevia e alla nuora Sempronia.

Caio, temendo che gli atti di disposizione di Tizio possano compromettere la fruttuosità di un'eventuale azione esecutiva nei suoi confronti, chiede al suo avvocato se si possa esperire un'azione per evitare pregiudizi alle proprie ragioni. [Stefano Balbusso, avvocato in Milano].

Quesiti di primo livello:

1) Che azione può esperire Caio nel caso di specie?

2) Quali risultati potrà conseguire Caio tramite l'esercizio di tale azione?

3) È necessario, al fine dell'accoglimento dell'azione di Caio, che in capo a Mevia e a Sempronia sussista la consapevolezza del pregiudizio che gli atti di disposizione di Tizio arrecano alle ragioni di Caio?

Quesiti di secondo livello:

1) Come si definisce l'azione revocatoria?

2) Da chi può essere esperita tale azione e in presenza di quali presupposti?

3) Quali sono gli altri mezzi di conservazione della garanzia patrimoniale?

Manuale: Cap. 18, sub 8.

Bibliografia: E. Lucchini Guastalla, *Il contratto e il fatto illecito. Corso di diritto civile*, Milano, 2012, pp. 95 ss.; C.M. Bianca, *Diritto civile*, V, *La responsabilità*, 2ª ed., Milano, 2012, pp. 450 ss.; F. Roselli, *La garanzia patrimoniale dell'obbligazione*, in *Diritto civile*, diretto da N. Lipari e P. Rescigno, coord. da A. Zoppini, IV, *Attuazione e tutela dei diritti*, II, *L'attuazione dei diritti*, Milano, 2009, pp. 341 ss.; S. D'Ercole, *L'azione revocatoria*, in *Tratt. dir. priv.*, diretto da P. Rescigno, 20, *Tutela dei diritti*, t. II, 2ª ed., Torino, 1998, pp. 161 ss.; C. Cossu, voce *Revocatoria ordinaria (azione)*, in *Dig.* IV ed., *Disc. priv.*, *sez. civ.*, vol. XVII, Torino, 1998, pp. 451 ss.; L. Bigliazzi Geri, voce *Revocatoria (azione)*, in *Enc. giur. Treccani*, vol. XXVII, Roma, 1991; G. Di-Martino, voce *Revocatoria (azione). Postilla di aggiornamento*, in *Enc. giur. Treccani*, vol. XXVII, 2001; U. Natoli, voce *Azione revocatoria.* b*) Revocatoria ordinaria*, in *Enc. dir.*, vol. IV, Milano, 1959, pp. 888 ss.; R. Nicolò, in R. Nicolò, V. Andrioli, A. Segni, G.A. Micheli, G. Azzariti, G. Scarpello, *Tutela dei diritti. Art. 2900-2969*, in *Comm. cod. civ. Scialoja-Branca*, Bologna-Roma, 1953, pp. 181 ss.

Giurisprudenza: Cass., 5 marzo 2009, n. 5359, in *Arch. giur. circolaz.*, 2009, p. 999, con nota redazionale.

LA TUTELA DEL CONSUMATORE

Le clausole vessatorie contenute in una proposta irrevocabile

Tizio, interessato all'acquisto di un immobile, indirizzava alla società Beta, venditrice, una proposta irrevocabile finalizzata alla conclusione del contratto di compravendita, versando contestualmente la somma di euro 7.500,00 a tiolo di caparra.

Poiché Beta si mostrava riottosa al trasferimento dell'immobile, senza tuttavia restituire la somma ricevuta da Tizio, quest'ultimo si rivolgeva all'autorità giudiziaria per sentire risolto il rapporto instauratosi, da lui qualificato come contratto preliminare; e dunque in tal modo ottenere la condanna della convenuta al pagamento del doppio della caparra.

Il giudice di primo grado osserva come la proposta di acquisto irrevocabile, in mancanza di accettazione da parte della venditrice, non poteva considerarsi un contratto perfezionato, bensì quale atto unilaterale fonte di obbligazioni per il solo proponente, sicché la domanda di risoluzione, presupponendo l'avvenuta conclusione del contratto, non poteva essere accolta.

In sede di appello, tuttavia, Beta viene condannata alla restituzione della somma ricevuta, sulla base di un diverso presupposto: precisamente, la nullità della relativa clausola contenuta nella proposta irrevocabile, in quanto vessatoria, e perciò contraria alla disciplina di tutela del consumatore contenuta nell'art. 33 D. lgs. 20 giugno 2005, n. 122 (c.d. Codice del consumatore). Infatti detta clausola risultava squilibrata, e quindi vessatoria, perché consentiva al professionista di trattenere la somma versata al momento della proposta – qualora il consumatore si fosse rifiutato di stipulare il contratto – senza che fosse previsto un simmetrico obbligo di restituzione del contraente professionista nell'ipotesi opposta.

La Corte di Cassazione conferma tale conclusione, sicché la disciplina di tutela del consumatore – sempre che venga in rilievo un testo predisposto unilateralmente dal professionista – si deve ritenere applicabile non solo ai contratti ma anche ai negozi preparatori, vincolanti per il solo consumatore.
[Giovanni Schiavone, ricercatore di Diritto Privato]

Quesiti di primo livello:

1) Quali sono i presupposti soggettivi e oggettivi perché trovi applicazione la disciplina prevista a tutela del consumatore?

2) Supposto che una clausola contrattuale risulti vessatoria, quale conseguenza si verifica sul contratto secondo il c.d. Codice del Consumo?

Quesiti di secondo livello:

1) Da quali elementi si evince che una clausola contrattuale potrebbe essere vessatoria?
2) Può il giudice rilevare d'ufficio la vessatorietà di una clausola?

Manuale: Cap. 20, sub 6; Cap. 8, sub 15.1.

Bibliografia: G. CARADONNA, *La disciplina in tema di clausole vessatorie è applicabile anche ai negozi unilaterali*, in *Giur. it.*, 2013, 545 ss.; P. SIRENA, *Le clausole vessatorie nei contratti con i consumatori*, in *Codice civile. Comm.* fondato da Schlesinger e diretto da Busnelli, 2033.

Giurisprudenza: Cass., 30 aprile 2012, n. 6639.

IL TERMINE ESSENZIALE

La trattativa «affondata».

La compagnia di navigazione asiatica *South East Asian Shipping Ltd.* gestisce diverse linee di trasporto marittimo all'interno dell'arcipelago in cui ha la propria sede.

In previsione di un notevole incremento dell'afflusso di turisti cui con i propri mezzi non riuscirebbe a far fronte, inizia la ricerca di eventuali imbarcazioni da prendere a nolo. Viene casualmente a sapere che un armatore italiano, Il Sig. Doria, dispone di una flotta di traghetti ampiamente sottoutilizzata. Decide quindi di contattarlo e, dopo uno scambio epistolare *informale*, viene individuata l'imbarcazione che, date le caratteristiche, è maggiormente idonea all'impiego ipotizzato dalla *South East Asian Shipping Ltd.*

Il Sig. Doria e la *South East Asian Shipping Ltd.* hanno già trovato un accordo di massima, rimangono da definire alcune questioni secondarie su cui, tuttavia, si innesta una farraginosa trattativa, in cui si alternano proposte e controproposte. A questo punto, il Sig. Doria, stufo – come egli sostiene – delle continue rinegoziazioni, invia un messaggio alle ore 11.00 a.m. ora locale alla *South East Asian Shipping Ltd.* dal seguente tenore: «Non sono d'accordo con la Vostra ultima proposta. Propongo la seguente modifica: .... Sono stufo delle continue trattative. Prego farmi pervenire l'eventuale accettazione assolutamente entro le ore 11.00 odierne». La *South East Asian Shipping Ltd.* accetta. Tuttavia, per esigenze organizzative, l'accettazione perviene al Sig. Doria «soltanto» alle ore 11.17 a.m. ora locale.

Il Sig. Doria, persona estremamente rigorosa, eccepisce la mancata conclusione dell'accordo, sul rilievo della mancata osservanza del termine per l'accettazione. La *South East Asian Shipping Ltd.* afferma, invece, essersi il contratto concluso in virtù della propria tempestiva accettazione e della considerazione che, comunque, già precedentemente era stato raggiunto un accordo sui punti essenziali del contratto.

Chi ha ragione?

[A.P. Scarso, professore associato di diritto privato]

Quesiti di primo livello:

1) Affinché un contratto possa dirsi validamente concluso è necessario l'accordo su tutti gli elementi del contratto oppure è sufficiente che vi sia accordo sui c.d. «punti essenziali»?

2) La parte che appone un determinato termine iniziale/finale può stabilirne il momento del/la decorso/scadenza «a piacimento»?
3) Qual è la differenza tra «termine iniziale/finale» e «termine essenziale»?

Quesiti di secondo livello:

1) In linea di principio, un «termine iniziale e/o finale» può essere apposto anche ad un atto unilaterale? E ad un negozio giuridico?
2) Il «termine essenziale» può desumersi anche per implicito? E quello iniziale/finale?
3) In linea di principio vi può essere concorso tra responsabilità precontrattuale e responsabilità contrattuale?

Manuale: Cap. 20, sub 4 e 11; Cap. 23, sub 2.

Bibliografia: V. ROPPO, *Il contratto*, in *Trattato Iudica-Zatti*, Milano, 2011, 907-909; R. SACCO, in *Trattato Sacco*, II, 3. ed., Torino, 2004, 656-659 e 660-663; A. DI MAJO, *Termine (dir. priv.)*, in *Enciclopedia del diritto*, Roma, 1992, 195-198 e 202-207; G. SICCHIERO, *Termine essenziale* [aggiornamento-2011], in *Digesto civ.*, Torino, 867 ss.; M. CUCCOVILLO, *Essenzialità del termine e risoluzione del contratto per inadempimento* (Nota a Cass. civ., sez. II, 18 febbraio 2011, n. 3993, Soc. Bagarolo c. Ist. Pio X Artigianelli), in *I contratti*, 2011, 10, 889 ss.; C. MARSEGLIA, *La proposta irrevocabile tra essenzialità del termine e facoltà della revoca* (Nota a Cass. civ., sez. II, 2 agosto 2010, n. 18001, B. V. c. Soc. Nonsolocasaservice), in *I contratti*, 2011, 1, 15 ss.; C. CARBONE, *Essenzialità del termine, restituzione delle prestazioni eseguite e autonomia della clausola penale dalla domanda di risoluzione per inadempimento* (Nota a Cass., sez. II, 15 ottobre 2007, n. 21587, Casolla c. Guardascione), in *Vita not.*, 2008, 122; M. PROTO, *Indici di essenzialità del termine stabilito per l'adempimento* (Nota a Cass., sez. II, 17 marzo 2005, n. 5797, Saltalamacchia c. Ferrara) in *Studium iuris*, 2006, 847; P. CANTE, *Termine essenziale* (Nota a Cass., sez. II, 18 giugno 1999, n. 6086, Pinciaroli c. Ferrucci), in *Vita not.*, 1999, 1203.

Giurisprudenza: Cass. 14 febbraio 2013, n. 3710, in *Guida al diritto,* 2013, 20, 60 ss.; Cass. 25 ottobre 2010, n. 21838, in *Vita not.,* 2011, 366 ss.; Cass. 27 ottobre 2003, n. 16096, in *Repertorio Foro it.*, 2003, voce *Contratto in genere*, [1740], n. 551; Cass. 18 giugno 1999, n. 6086, in *Repertorio del Foro it.*, 1999, voce *Contratto in genere* [1740], n. 544; Cass. 10 maggio 1996, n. 4421, in *Foro it.*, 1996, I, 2001; in *Riv. dir. privato*, 1996, 318; Cass. 27 febbraio 1996, n. 1537, in *Repertorio del Foro it.*, 1996, voce *Contratto in genere* [1740], n. 431.

GLI ELEMENTI DEL CONTRATTO
CONTRATTI DEL CONSUMATORE

Tra moglie e marito...

La società edile *Centauro costruzioni s.r.l.* vince un importante appalto in un paese straniero, ove non ha mai operato in precedenza.

La *Centauro costruzioni s.r.l.* chiede informazioni alla *Nuove cucine s.p.a.* circa modelli e prezzi di complementi di arredamento e cucine prodotti dalla *Nuove cucine s.p.a.*, precisando che intende destinarli ai nuovi alloggi da costruire a favore dei propri dipendenti destinati a lavorare nel paese straniero.

Successivamente, i legali rappresentanti delle due società si incontrano per definire i termini di fornitura e di pagamento dei complementi di arredamento. La *Centauro costruzioni s.r.l.* esprime la propria intenzione di pagare i complementi di arredamento e le cucine in un arco di tempo pari a 36 mesi, a scadenze trimestrali, in linea con il corrispettivo che dovrebbe ricevere per i lavori che si accinge ad eseguire. La *Nuove cucine s.p.a.* si dice – in linea di principio – d'accordo, chiede tuttavia che venga prestata idonea garanzia.

Di lì a poco la *Centauro costruzioni s.r.l.* presenta Ginevra, casalinga, moglie dell'amministratore della *Centauro costruzioni s.r.l.*, la quale si dichiara disposta a prestare fideiussione. La *Nuove cucine s.p.a.* accetta, rassicurata dall'ingente patrimonio immobiliare di cui Ginevra è titolare. Il contratto di vendita viene sottoscritto su un modulo predisposto dalla *Nuove cucine s.p.a.*

Successivamente al versamento dell'anticipo concordato e alla consegna dei complementi di arredamento, sorgono contestazioni circa quanto fornito, posto che la *Centauro costruzioni s.r.l.* ritiene che essi siano affetti da «gravi vizi». La *Centauro costruzioni s.r.l.* minaccia di non pagare le rate dovute, a meno che la *Nuove cucine s.p.a.* non si dichiari disposta a sostituire i complementi di arredamento asseritamente viziati. La *Nuove cucine s.p.a.* risponde in maniera interlocutoria.

Dopo qualche mese, la *Centauro costruzioni s.r.l.*, a seguito della congiuntura sfavorevole e del mancato pagamento del committente, viene sottoposta a procedura concorsuale. La *Nuove cucine s.p.a.* si rivolge a Ginevra, chiedendo l'integrale pagamento di quanto dovuto. Ginevra eccepisce che i complementi di arredamento consegnati erano affetti da «gravi vizi».

La *Nuove cucine s.p.a.* obietta che, tra le clausole sottoscritte dalla *Centauro costruzioni s.r.l.*, vi è anche la clausola *solve et repete*. Afferma, dunque, che un rifiuto della *Centauro costruzioni s.r.l.* e, di conseguenza, di Ginevra di pagare il corrispettivo convenuto sarebbe illegittimo.

Ginevra afferma che la clausola *de qua* deve ritenersi «illegittima» in quanto vessatoria.

Chi ha ragione?

[Alessandro P. Scarso, professore associato di Diritto privato]

Quesiti di primo livello:

1) La normativa delle clausole vessatorie può essere applicata anche in assenza della predisposizione unilaterale del contratto?

2) Il «significativo squilibrio dei diritti e degli obblighi derivanti dal contratto» di cui all'art. 1469 bis c.c. deve essere valutato con riferimento alla singola clausola ovvero considerando il contenuto negoziale nel suo complesso?

3) L'eventuale commento analitico, da parte del professionista, del testo contrattuale unilateralmente predisposto prima della sottoscrizione del consumatore ha implicazioni giuridiche sul piano della disciplina di cui agli artt. 1469 bis ss. c.c.?

Quesiti di secondo livello:

1) La normativa delle clausole vessatorie può essere applicata al professionista «debole»?

2) Ai fini dell'applicabilità della normativa delle clausole vessatorie assume rilievo la qualificazione soggettiva del debitore principale o quella del fideiussore?

3) L'eventuale dichiarazione – non veritiera – del contraente di stipulare il contratto al di fuori dell'esercizio della propria attività professionale o imprenditoriale assume rilievo?

Manuale: Cap. 18, sub 7; Cap. 20, sub 6; Cap. 23, sub 2.

Bibliografia: A. DELOGU, *Leggendo il Codice del consumo alla ricerca della nozione di consumatore*, in *Contratto e impr. - Europa*, 2006, 87 ss., in part. 96 ss.; A.P. SCARSO, *Il contraente debole*, Torino, 2006, 149 ss.; R. SACCO, in *Trattato Sacco*, I, 3 ed., Torino, 2004, 384 ss.; V. ROPPO, *Il contratto*, in *Trattato Iudica-Zatti*, Milano, 2001, 911-914; C.M. BIANCA, *Il contratto*, in *Id.*, *Diritto Civile*, III, Milano, 2000, 376 ss. e 394 ss.; G. IUDICA, *Clausole abusive e razionalità del mercato*, in *Commentario al capo XIV* bis *del codice civile: dei contratti del consumatore* a cura di C.M. Bianca-F.D. Busnelli, in *Nuove leggi civ. comm.*, Padova, 1999, 49 ss.; P. SCHLESINGER, *L'autonomia privata ed i suoi limiti*, in *Giur. it.*, 1999, I, 231 ss.

Giurisprudenza: Cass., 5 giugno 2007, n. 13083, in *Obbligazioni e contratti*, 2008, 28 ss.; C. cost., 22 novembre 2002, n. 469, in *Resp. civ. prev.*, 2003, 668; Cass., 25 luglio 2001, n. 10127, in *Giust. civ.*, 2002, I, 685 ss.; in *Contratti*, 2002, 338 ss.; in *Gius.*, 2001, 2599;

Cass., 11 gennaio 2001, n. 314, in *Foro it.*, 2001, I, 1589, in *Corriere giur.*, 2001, 891, in *Giust. civ.*, 2001, I, 2149; Trib. Roma, 20 ottobre 1999, in *Zeitschrift für Europäisches Privatrecht (ZEuP)*, 2001, 379 ss., in *Foro it.*, 2000, I, 645 ss., in *Contratti*, 2000, 442 ss., in *Giust. civ.*, 2000, I, 2117 ss.

LA CAUSA DEL CONTRATTO

Il gran premio di Formula 1 annullato.

Franco, Fabio e Marta, studenti al primo anno del corso Clea della Bocconi, sono appassionati di automobilismo, tifosi della Ferrari e non perdono mai in televisione le gare del gran premio di Formula uno.

Il loro sogno è vedere «dal vivo» un gran premio, ma gli impegni di studio non hanno consentito fino ad ora la realizzazione del loro più grande desiderio.

Quest'anno il gran premio di Monza è in programma per fine settembre.

In quel periodo non vi sono esami e le lezioni sono ancora all'inizio.

Quale migliore occasione, pensano i tre amici, per recarsi a Monza ed assistere al gran premio?

Nelle immediate adiacenze dell'autodromo di Monza abita anche un conoscente di Fabio, tale Romolo che, interpellato, si dichiara disponibile a dare loro in locazione, per la giornata della gara, l'attico di sua proprietà da cui, affacciandosi dal balcone, è possibile vedere dall'alto tutto il rettilineo d'arrivo e due curve della pista.

Chiede, però, la somma di Euro 500, giustificando tale importo con la possibilità di risparmiare i soldi per il biglietto di ingresso all'autodromo e con la magnifica visuale che si gode dall'appartamento sulla pista.

Dopo averci pensato su, i tre amici accettano l'offerta di Romolo e gli consegnano un'assegno con l'importo concordato.

Si avvicina il giorno del gran premio e la domenica mattina i tre amici si trasferiscono a Monza, nell'appartamento preso in locazione, portando tre grandi bandiere rosse con sopra il marchio del Cavallino, pensando di sventolarle durante tutto il gran premio.

Erano contenti ed entusiasti perché il loro desiderio si stava avverando.

Alle ore 14 circa, un'ora prima dell'inizio del gran premio, si scatena un improvviso nubifragio che si protrae per diverse ore e allaga tutta la pista e costringe gli organizzatori ad annullare il gran premio.

I tre amici, sconsolati, ritornano a Milano e pensano di chiedere in restituzione i soldi pagati per la locazione giornaliera dell'appartamento.
[Domenico Chindemi, magistrato]

Quesiti di primo livello:

1) È possibile chiedere la risoluzione del contratto di locazione dell'appartamento a seguito dell'annullamento del gran premio?

Quesiti di secondo livello:

1) Qual è la differenza tra la causa del contratto ed i motivi?
2) Vi possono essere dei casi in cui i motivi del contratto hanno rilevanza?

Manuale: Cap. 20, sub 7.

Bibliografia: BIANCA, *Il contratto*, Diritto civile, III, Milano; DIENER, *Il contratto in generale*, Milano, 2002; V. ROPPO, *Il contratto*, in *Trattato di diritto privato*, (a cura di) G. Iudica e P. Zatti, Milano, 2001, 361 ss.; L. BIGLIAZZI GERI - U. BRECCIA - F.D. BUSNELLI - U. NATOLI, *Diritto civile*, Torino, 1996, 717 ss.; C. BELFIORE, *Considerazioni su un negozio senza causa*, in *Giurisprudenza di merito*, 2003 fasc. 5 parte 1, pag. 887-890.

Giurisprudenza: Cass., 15 settembre 1999, n. 9840, in *Rep. Foro it.*, 1999, voce *Contratto in genere*, n. 414; Cass., 18 agosto 1998, n. 7832, in *Rep. Foro it.*, 1998, voce *Contratto in genere*, n. 475.

L'EFFICACIA DEL CONTRATTO

Una questione di centimetri.

Mario, volendo arredare le camere da letto, visita un negozio della Brianza e, pressato dall'insistenza del negoziante, si induce ad acquistare dei mobili presenti nell'esposizione, sottoscrivendo un apposito modulo d'ordine ove sono indicati i pezzi prescelti e il relativo prezzo. Nel modulo, predisposto a stampa dal venditore, viene inserita la seguente clausola a penna: «rilevare misure camera e cameretta», con l'intesa che un incaricato del venditore si sarebbe recato nell'abitazione di Mario per verificare le effettive dimensioni delle camere da letto.

Allorché le misure vengono rilevate, ci si accorge però che esse sono notevolmente inferiori a quelle ipotizzate al momento di conclusione del contratto, così da non consentire una conveniente sistemazione dei mobili acquistati.

Mario si rifiuta pertanto di pagare, mentre il venditore pone all'incasso le cambiali che l'acquirente gli aveva rilasciato al momento dell'ordine, facendo presente che l'altra parte ha rifiutato qualunque altra soluzione alternativa adatta alla sua abitazione.

Il caso viene esaminato prima da un giudice singolo e poi, in sede di impugnazione, da un collegio di giudici.
[Flavio Lapertosa, magistrato]

Quesiti di primo livello:

1) Tenendo presente che nel contratto era anche previsto il pagamento di una somma a carico del compratore nel caso di recesso, qual è la soluzione più corretta?

Quesiti di secondo livello:

1) Quali regole fondamentali vanno tenute in considerazione nella stipulazione e nell'esecuzione di un contratto?

Manuale: Cap. 20, sub 3 e 4; Cap. 21, sub 4.1; Cap. 23, sub 6.

Bibliografia: V. PIETROBON, voce *Presupposizione (dir. civ.)*, in *Enciclopedia giur. Treccani*, XXIV, 1991, 1 ss.

Giurisprudenza: Cass., 24 marzo 1998, n. 3083, in *Giur. it.*, 1999, I, 1, 511; Cass., 14 gennaio 1998, n. 295, in *Riv. giur. lav.*, 1999, II, 340; Cass., 18 settembre 1991, n. 9749, in *Nuova giur. civ. comm.*, 1992, I, 451.

L'EFFICACIA DEL CONTRATTO
CONTRATTO PER PERSONA DA NOMINARE

Il tempo stringe.

Elisabetta, mandataria senza rappresentanza di Stefano, acquista per conto di questi un fondo da Ottaviano con un contratto per persona da nominare, allo scopo di far conseguire la proprietà di detto fondo a Stefano. Nel regolamento negoziale Elisabetta ed Ottaviano si accordano per fissare come termine per la electio personae il momento della stipula dell'atto pubblico di compravendita del fondo, stabilendo che tale stipula non debba avvenire prima di trenta giorni. Appena stipulato il contratto per persona da nominare, Elisabetta viene subito assalita da un dubbio che non le lascia tregua, ossia, non è del tutto sicura che il termine concordato possa sostituire quello legale di tre giorni.
[Laura Morlotti, lecturer di Diritto privato]

Quesiti di primo livello:

1) I dubbi di Elisabetta sono fondati?
2) Può Elisabetta trovarsi vincolata in prima persona se non nomina Stefano entro tre giorni?
3) Cosa dispongono gli artt. 1402 e 1405 c.c.?

Quesiti di secondo livello:

1) La futura stipula dell'atto pubblico, da farsi non prima di tot giorni, può essere considerata quale termine idoneo a derogare quello di tre giorni fissato dalla legge?
2) Quali sono gli elementi che caratterizzano un termine?
3) Quando si parla di certus an et quando, che cosa s'intende?

Manuale: Cap. 21, sub 5; Cap. 20, sub 11.

Bibliografia: R. DE MATTEIS, *Il contratto per persona da nominare*, in *Contr. Impr.*, 1993, 534.

Giurisprudenza: : Cass. civ., 20.06.2011, n. 13537, in *Repertorio*, 2011, voce Contratto in genere, n. 460; Cass. civ., 18.07.2002, n. 10403, in *Repertorio* 2002, voce *Contratto in genere, n. 461;* Cass. civ., 26-05-2000, n. 6952, in *Fallimento*, 2001, 311; Cass. civ., 12-04-1999, n. 3576, in *Repertorio* 1999, *Contratto in genere,* n. 500; Cass. civ, 10-02-1993, n. 1682, in *Repertorio* 1993, *Contratto in genere*, n. 396.

L'EFFICACIA DEL CONTRATTO PROCURA E MANDATO

Tizio, proprietario di un immobile, conclude con Caio un contratto di mandato *in rem propriam* (come tale irrevocabile ai sensi dell'art. 1723, 2° co., c.c.) con il quale lo incarica di vendere l'immobile medesimo, conferendogli altresì la relativa procura. Qualche tempo dopo, Tizio revoca la procura a vendere conferita a Caio. Ciononostante quest'ultimo, agendo in qualità di rappresentante di Tizio, aliena l'immobile a Sempronio.

Tizio agisce in giudizio chiedendo la dichiarazione d'inefficacia del contratto di compravendita stipulato da Caio in mancanza del potere di rappresentanza, cessato a causa dell'intervenuta revoca della procura a vendere.

Caio, dal canto suo, eccepisce la piena validità ed efficacia del contratto da lui concluso. Sostiene infatti Caio che, essendo il mandato conferitogli da Tizio *in rem propriam*, anche la procura a questo inerente doveva ritenersi irrevocabile *ex* art. 1723, 2° co., c.c., per cui la revoca effettuata da Tizio non aveva determinato l'estinzione del potere rappresentativo.
[Alessandra Salomoni, Ricercatrice di Diritto privato]

Quesiti di primo livello:

1) È efficace il contratto di compravendita stipulato da Caio in qualità di rappresentante di Tizio? In particolare, è revocabile la procura rilasciata da Tizio in relazione ad un contratto di mandato irrevocabile in quanto conferito anche nell'interesse del mandatario Caio?

Quesiti di secondo livello:

1) Quale rapporto intercorre tra procura e mandato?
2) Qual è la sorte del contratto posto in essere dal rappresentante senza potere?
3) In quali ipotesi il mandato è irrevocabile? E la procura?

Manuale: Cap. 21, sub 7; Cap. 26, sub 3.

Bibliografia: A. LUMINOSO, *Rappresentanza e mandato a confronto*, in *Riv. dir. civ.*, 2012, 741 ss.; M. MAGRI, *La rappresentanza nel contratto*, Padova, 2007; G. STELLA, *La rappresentanza*, in *Trattato del contratto* diretto da Roppo, I, Milano, 2006; A. SALO-

MONI, *La rappresentanza volontaria, in Il diritto privato nella giurisprudenza* a cura di Cendon, IX, Torino, 2000.

Giurisprudenza: Cass., 11 febbraio 1998, n. 1388, in *Giur. it.,* 1999, I, 24; Cass., 26 giugno 1997, n. 5715, in *Contratti,* 1997, 618; Cass., 4 dicembre 1996, n. 10819, in *Studium juris*, 1997, 315.

L'EFFICACIA DEL CONTRATTO
RAPPRESENTANZA APPARENTE

Tizio opera quale agente con rappresentanza presso un'agenzia di Catania della società X, con sede in Milano. Successivamente, la società X revoca la procura a Tizio e provvede ad iscrivere tale modifica nel registro delle imprese. Ai clienti dell'agenzia di Catania detta revoca non viene comunicata, sicché Sempronio, all'oscuro dell'avvenuta revoca, stipula con Tizio, come aveva già fatto altre volte in passato, una convenzione per l'acquisto di certificati del tesoro europei. Sempronio riceve conferma dell'operazione da parte della società X, la quale, tuttavia, alla scadenza dell'investimento, oppone alle richieste di Sempronio la mancanza di alcun rapporto tra la società medesima e Tizio.

Sempronio cita allora in giudizio la società X chiedendo la restituzione delle somme da lui versate a Tizio quale prezzo per la sottoscrizione dei certificati del tesoro europeo di eguale valore.
[Alessandra Salomoni, Ricercatrice di Diritto privato]

Quesiti di primo livello:

1) La situazione di apparenza del rapporto rappresentativo, idonea ad obbligare il falso rappresentato per le obbligazioni assunte dal rappresentante apparente, può essere invocata da Sempronio nei confronti della società X? In particolare, è scusabile l'errore di Sempronio per aver confidato nella permanenza del potere di rappresentanza in capo a Tizio?

Quesiti di secondo livello:

1) Quali sono le condizioni necessarie affinché l'apparente rappresentato sia tenuto a far fronte agli obblighi assunti in suo nome dallo pseudo-rappresentante?

2) Quali differenze intercorrono tra la figura del rappresentante senza potere e quella del rappresentante apparente?

Manuale: Cap. 21, sub 7.

Bibliografia: M. TAMMARO, *Apparenza del diritto e contratto concluso dal* falsus procurator, in *Obbl. e contr.*, 2012, 191 ss.; A. ANGIULI, *Rappresentanza apparente tra tutela dell'affidamento del terzo e colpa del rappresentato*, in *Contratti*, 2011, 237 ss.; F. PA-

ROLA, *La rappresentanza apparente*, in *Obbl. e contr.*, 2005, 246 ss.; G. CASSANO, *L'apparenza del diritto tra dottrina e giurisprudenza: la rappresentanza apparente*, in *Contratti*, 2003, 72 ss.

Giurisprudenza: Cass., 22 luglio 2010, n. 17243, in *Contratti*, 2011, 235 ss.; Cass., 28 agosto 2007, n. 18191, in *Giust. civ.*, 2008, I, 382; Cass., 12 gennaio 2006, n. 408, in *Giust. civ.*, 2006, I, 1490; Cass., 13 dicembre 2004, n. 23199, in *Corr. giur.*, 2006, 81; Cass., 30 dicembre 1997, n. 13099, in *Danno e resp.*, 1998, 456.

L'EFFICACIA DEL CONTRATTO
UNA PERICOLOSA OMONIMIA

Il dott. Mario Rossi, giovane brillante e intraprendente, è amministratore delegato e legale rappresentante della «Gamma», importante industria del settore tessile, con un fatturato di oltre 15 miliardi l'anno.

Purtroppo anche nella famiglia del dott. Rossi vi è una pecora nera: è il cugino, figlio del fratello del padre, che porta lo stesso nome.

Pur essendo un giovane intelligente, non ha mai voluto studiare, ha conseguito appena la licenza media, è amante delle belle auto e delle belle donne, ed ha sempre vissuto di espedienti.

Avendo visto nella vetrina di un concessionario della «Porsche» il nuovo modello della nota marca, dal prezzo di oltre Euro 80.000 e non avendo i soldi per comprarla, si presenta presso il concessionario, qualificandosi per il cugino e dichiarando di volere comprare la Porsche per esigenze aziendali di rappresentanza della società Gamma.

Concordato il prezzo, esibito al rappresentante il documento di riconoscimento del cugino, di cui era venuto in possesso, pagava l'autovettura, staccando un assegno sottoscritto con la propria firma, imitando quella del cugino, su un libretto di assegni della «Gamma», sottratto da un cassetto dell'abitazione del cugino, ove si era recato in visita con la scusa di vedere una partita dell'Inter su Tele +.

Il concessionario incassa l'assegno, intesta l'autovettura al vero dott. Rossi e la consegna, credendo trattarsi del vero dott. Rossi, al cugino, che la sera stessa, si reca con Sonia, una modella conosciuta da poco, a Montecarlo per un fantastico fine settimana, con la «sua» nuova fiammante «Porsche».

Dopo qualche giorno, pervenuto nella sede della «Gamma» l'estratto conto dell'esborso relativo all'autovettura, il vero dott. Rossi rimane sbalordito.

Si chiede se sarà possibile annullare il contratto di acquisto della «Porsche» e recuperare la somma pagata per l'acquisto della vettura.
[Domenico Chindemi, magistrato]

Quesiti di primo livello:

1) Può il vero dott. Rossi chiedere l'annullamento o l'inefficacia del contratto di vendita della «Porsche»?

2) Quali saranno le conseguenze di natura patrimoniale nei confronti del cugino del dott. Rossi?

Quesiti di secondo livello:

1) Quali sono gli effetti del contratto concluso dal «falsus procurator»?
2) Qual è la differenza tra eccesso di potere e difetto di potere?
3) Quali conseguenze sono imputabili al rappresentante senza potere?

Manuale: Cap. 21, sub 7.

Bibliografia: CAVONE F., *La rappresentanza apparente e i negozi formali*, in *Corriere giur.*, 2002, 485; PARDOLESI P., *La responsabilità del* falsus procurator*: opportunità perduta nell'ambito dell'interesse negativo?*, in *Foro it.*, 2001, I, 1658; DI GREGORIO V., *Note in materia di risarcimento del danno da parte del* falsus procurator, in *Nuova giur. civ.*, 1998, I, 756; GUERINONI E., *Il diritto al risarcimento verso il* falsus procurator*: presupposti e prescrizione, Contratti*, 1998, 561

Giurisprudenza: Cass., 7 febbraio 2008, n. 2860; Cass., 28 agosto 2007, n. 18191; Cass., 29 settembre 2000, n. 12969; Cass., 8 febbraio 2007, n. 2725; Cass., 27 novembre 2006, n. 25126; Cass., 30 agosto 2004, n. 17389.

L'EFFICACIA DEL CONTRATTO
CONTRATTO CON SE STESSO

La signora Zappoli, proprietaria di un immobile, incarica, con procura speciale, il signor Berti di vendere l'immobile in questione «a chicchessia, per il prezzo che riterrà opportuno con espressa facoltà... di contrarre con se medesimo».

Un anno dopo la signora Zappoli vende, essa stessa, l'immobile ad una società immobiliare.

Successivamente, il signor Berti, avvalendosi della procura conferitagli dalla signora Zappoli, vende l'immobile a se medesimo e alla moglie.

La signora Zappoli, allora, chiede l'annullamento *ex* art. 1395 c.c. del contratto di compravendita concluso dal signor Berti.

[Alessandra Salomoni, Ricercatrice di Diritto privato]

Quesiti di primo livello:

1) È annullabile il contratto di compravendita concluso dal signor Berti? In particolare, sussistono nel caso specifico i requisiti di validità del contratto con se stesso richiesti dall'art. 1395 c.c.?

2) Chi è legittimato a proporre l'azione di annullamento?

Quesiti di secondo livello:

1) Che rapporto intercorre tra la fattispecie del conflitto di interessi disciplinata all'art. 1394 c.c. e quella del contratto con se stesso regolata dall'art. 1395 c.c.

2) Quali sono le condizioni necessarie per ottenere una pronuncia di annullamento del contratto ai sensi dell'art. 1394 c.c.

Manuale: Cap. 21, sub 7; Cap. 22, sub 6.

Bibliografia: V. DE LORENZI, *La rappresentanza*, in *Il codice civile. Commentario* fondato da Schlesinger, Milano, 2012; G. GABRIELLI, *Il conflitto di interessi autorizzato*, in *Contr. impr.*, 2007, 98 ss.; D. MAFFEIS, *Conflitto di interessi nel contratto e rimedi*, Milano, 2002; L. FRANCARIO, *Il conflitto di interessi nella rappresentanza*, in *Tratt. dir. priv.* diretto da Bessone, *Il contratto in generale*, VI, Torino, 2000, 78 ss.

Giurisprudenza: Cass., 15 marzo 2012, n. 4143, in *Giust. civ.*, 2012, I, 905; Cass., 21 marzo 2011, n. 6398, in *Giust. civ.*, 2013, I, 491; Cass., 15 maggio 2009, n. 11321, in *Guida al dir.*, 2009, 29, 29; Cass., 24 ottobre 2002, n. 14982, in *Contratti*, 2003, 456; Cass., 22 aprile 1997, n. 3471, in *Studium juris*, 1997, 841.

LA RESCISSIONE DEL CONTRATTO

Una barca in mezzo al mare.

In una splendida giornata di agosto Fabio e la fidanzata Simona, in vacanza all'Isola d'Elba, decidono di fare una gita in barca e, dopo avere noleggiato una barca a remi, si dirigono verso il largo.

La costa di allontana sempre più fino a scomparite dall'orizzonte, quando, improvvisamente, si spezza un remo e i due, anche per l'improvviso aumento del vento e dell'altezza delle onde, non riescono più a governare la barca.

Un peschereccio che stava rientrando a riva li avvista e si avvicina; il comandante si dice disponibile a trainare la barca con i passeggeri a riva ma richiede 2.000,00 di compenso.

I due fidanzati sono indecisi, ritenendo eccessivo tale importo, ma date le circostanze, accettano e vengono trainati a riva dal peschereccio.
[Domenico Chindemi, magistrato]

Quesiti di primo livello:

1) È valido il contratto stipulato da Fabio e Simona col comandante del peschereccio?

2) Fabio e Simona devono pagare l'intero importo concordato?

Quesiti di secondo livello:

1) Quando è possibile richiedere la rescissione del contratto?

2) Quali sono i presupposti della rescissione per lesione e del contratto concluso in stato di pericolo?

3) Può essere evitata l'azione di rescissione?

Manuale: Cap. 22, sub 2 e 8.

Bibliografia: BIANCA, *Il contratto*, Diritto civile, III, Milano; DIENER, *Il contratto in generale*, Milano, 2002; C. CHESSA, *Il potere giudiziale di ristabilire l'equità contrattuale nelle transazioni commerciali*, in *Rivista di diritto civile*, 2006, fasc. 4, parte 2, pag. 439; F. GIANNELLI-M.G. MAGLIO, *Il negozio invalido ed il negozio compromesso, con riguardo alla inesistenza, alla nullità, all'annullabilità ed alla rescissione*, in *Archivio ci-*

vile, 1999, 1999, fasc. 1, parte 2, 3; E. MINERVINI, *La rescissione del contratto*, in *Rassegna di diritto civile*, 1997, fasc. 4, parte 1, 764.

Giurisprudenza: Cass., 6 marzo 2007, n. 5133; Cass., 15 febbraio 2007, n. 3388; Cass., 7 dicembre 2005, n. 26970; Cass., 23 settembre 2004, n. 19138, in *Foro italiano*, 2005, fasc. 2, parte 1, 397.

IL DIVIETO DI PATTO COMMISSORIO

Un vero amico.

Paolo è un accanito giocatore che ha perso al gioco tutto, eccetto la propria preziosa macchina; disperato chiede all'amico Mario, ricco imprenditore, un prestito di Euro 70.000,00.

Mario è disposto ad aiutare l'amico concedendogli il prestito richiesto, tuttavia, conoscendo bene il vizio di Paolo, vorrebbe avere una qualche forma di garanzia.

Mario si rivolge, allora, all'avvocato Faciloni per un parere.

«La soluzione è semplice!» – suggerisce l'avvocato Faciloni a Mario – «Paolo ti vende la sua auto e tu gli consegni il denaro che ha bisogno. Contemporaneamente si fa un altro contratto con il quale ti impegni a rivendere la macchina a Paolo non appena lui ti restituirà i soldi prestati».

[Matteo Ronchi, dottore di ricerca in diritto privato comparato]

Quesiti di primo livello:

1) Gli interessi di Paolo e Mario sono meritevoli di tutela da parte dell'ordinamento?

2) Quali altri interessi meritevoli di tutela potrebbero risultare in contrasto con l'operazione suggerita dall'avvocato Faciloni?

3) È lecita l'operazione suggerita dall'avvocato Faciloni?

Quesiti di secondo livello:

1) Che cos'è il divieto di patto commissorio?

2) Esistono nell'ordinamento strumenti alternativi ai quali Paolo e Mario potrebbero fare ricorso per soddisfare i loro interessi?

Manuale: Cap. 22, sub 3; Cap. 24, sub 2.

Bibliografia: A. DOLMETTA, *Lease-back e patto commissorio: un rapporto complesso*, in *Giur. comm.*, 2002, fasc. 3, pt. 1, pp. 306-317; A. CANDIAN, *Appunti dubbiosi sulla «ratio» del divieto di patto commissorio*, Nota a Cass. civ., Sez. II, 29 agosto 1998, n.

8624, in *Foro it.*, 1999, fasc. 1, pt. 1, pp. 175-184; U. CARNEVALI, voce *Patto commissorio*, in *Enciclopedia del diritto*, Milano, 1982, 499.

Giurisprudenza: Cass., 20 luglio 2001, n. 9900, in *Giust. civ.*, 2001, 1432, App. Milano, 7 giugno 2002, *Foro pad.* 2002, I, 363.

NULLITÀ DEL CONTRATTO

Carta canta!

Alan, noto imprenditore della zona di Brindisi, decide di espandere la propria attività al turismo d'affari, mettendo a disposizione di uomini facoltosi dell'est europeo un servizio di *taxi-boat* di lusso, dotati di tutti i comfort e, in particolare, di motori tali da consentire ai clienti di raggiungere le coste italiane senza dover perdere tempo con le lungaggini delle formalità burocratiche, soprattutto doganali. A tal fine Alan si reca da Totò, un suo vecchio amico di infanzia, specializzato nell'allestimento e vendita di imbarcazioni fuoribordo. "Capisci Totò? Questo è il *business* del futuro. Il mondo è globalizzato, la gente si muove, il tempo è denaro". Basta che tu, anziché vendermi il solito motoscafo, ne modifichi gli interni e, soprattutto, la potenza del motore, *et voilà*, il gioco è fatto. Cliente soddisfatto, successo garantito".

Totò, inizialmente perplesso, decide di accettare la proposta dell'amico. "In fondo, non è niente di che: un doppio fondo qui, una modifica lì, qualche cavallo in più nel motore ... chi mai potrebbe accorgersene?". I due quindi stipulano il relativo contratto e Totò apporta le modifiche richieste in cambio di un corrispettivo maggiorato del 15% ("E non potrà dire che non gli ho fatto un prezzo da amico!").

Il giorno convenuto per la consegna dell'imbarcazione, però, uno sconsolato Alan comunica all'amico di non poter più dare esecuzione al contratto a causa di qualche difficoltà finanziaria sopravvenuta, che lo ha indotto a decidere di trasferirsi in Moldavia perché "quello sì che non è un paese per vecchi". "Ma come? E io ora come faccio? Mica posso rivendere il fuoribordo in quelle condizioni. Chi mai vorrebbe acquistarlo con quelle modifiche?" replica Totò. Di fronte al persistente diniego di Alan, Totò, sempre più determinato a far valere le proprie ragioni, esclama: "Ah, ma non finisce qui. Ora metto tutto nelle mani dell'avvocato e piuttosto ti faccio causa: carta canta!".
[Laura Franciosi, Ricercatore]

Quesiti di primo livello:

1) ***È legittima la pretesa di Totò?***
2) ***Cosa si intende per contrarietà del contratto all'ordine pubblico?***
3) ***Qual è la disciplina della nullità parziale?***

Quesiti di secondo livello:

1) Che differenza intercorre tra invalidità e inefficacia del contratto?
2) Quali sono le conseguenze giuridiche di un contratto nullo per contrarietà al buon costume?
3) Cosa si intende per "nullità virtuale"?

Manuale: Cap. 22, sub 3; Cap. 25, sub 1.

Bibliografia: PERLINGIERI, *Il diritto civile nella legalità costituzionale nel sistema delle fonti italo comunitario,* Napoli, 2008; CARUSI, *La disciplina della causa*, in Gabrielli (a cura di), *I contratti in generale*, I, 2^ ed., in *Tratt. Rescigno-Gabrielli*, Torino, 2006; IRTI, *Introduzione allo studio del diritto privato,* Milano, 2003; ROPPO, *Il contratto*, in *Tratt. Iudica, Zatti*, Milano, 2001; BIANCA, *Il contratto,* Milano, 2000; Carresi, *Il contratto,* in *Tratt. Cicu, Messineo*, XXI, 2, Milano, 1987; DE NOVA, *Il contratto contrario a norme imperative,* in *RCDP*, 1985; SACCO, *Nullità e annullabilità, in Digesto civ.,* XII, Torino, 1995.

Giurisprudenza: cfr. Cass. 8682/2013; Cass. 6969/2013; Cass. 1039/2011; Cass. 25222/2010; Cass. 14085/2010; C. 11375/2010; Cass. 16130/2009; Cass. 15093/2009; Cass. 20428/2008; Cass. 23674/2008; Cass. S.U., 4806/2005; Cass. 14816/2005; Cass. 6623/2004; Cass. S.U., 10603/1993.

VALIDITÀ E INVALIDITÀ DEL CONTRATTO

La larvata intimidazione del mafioso.

Carlo Puleo, mentre sta per concludere la trattativa per la vendita, al prezzo di 100 mila lire al mq., di un terreno di sua proprietà, esteso circa 7 ettari e posto in una zona di Palermo destinata a edilizia residenziale, viene avvicinato da Antonino Corleone, noto capomafia della borgata di Resuttana, che con larvata intimidazione gli impone la vendita a suo favore e a prezzo dimezzato, costringendolo a sottoscrivere, senza alcuna assistenza legale, una scrittura di vendita definitiva nella quale risultava acquirente l'assessore di una locale amministrazione, presentato solo al momento della conclusione del contratto.

Dopo qualche tempo, nel corso di un'energica azione condotta dalle Autorità contro la mafia, il Corleone rimane ucciso.

Cessato così lo stato di pericolo, il Puleo si rivolge al Tribunale di Palermo, chiedendo che venisse annullata la vendita del terreno in precedenza stipulata.
[Salvatore Di Blasi, magistrato]

Quesiti di primo livello:

1) La prova della violenza morale può essere data sulla base di elementi tecnici?

2) Il collegamento logico degli indizi di violenza può indurre, sul piano probatorio, una loro valutazione tale da incidere sul concetto stesso di violenza?

Quesiti di secondo livello:

1) Quali sono i requisiti caratterizzanti e rilevanti per la sussistenza della minaccia che costituisce violenza morale?

2) L'abuso politico, esercitato da chi detiene un potere, può essere riconosciuto come un caso di violenza morale?

Manuale: Cap. 22, sub 2 e 5.

Bibliografia: C.M. Bianca, *Diritto civile, Il contratto*, Milano, 1999, 603 ss. e 620 ss.; V. Roppo, *Il contratto*, in *Trattato di diritto privato*, (a cura di) G. Iudica e P. Zatti, Milano, 2001, 758 e 825 ss.

Giurisprudenza: Trib. Palermo, 7 marzo 1972, in *Giur. it.*, 1974, I, 2, 986.

ADEMPIMENTO E INADEMPIMENTO DELL'OBBLIGAZIONE

Un inadempimento «in buona fede».

Massimo, di professione autotrasportatore «in proprio», conclude un contratto con una società produttrice di mobili dell'hinterland milanese avente ad oggetto il trasporto di diversi containers di merce sino a un porto dell'Italia meridionale da dove gli stessi saranno imbarcati alla volta di un paese dell'Africa mediterranea.

Il contratto riceve regolare esecuzione sino al quinto viaggio.

Massimo si appresta per la sesta volta a ridiscendere la penisola con il consueto carico di mobili.

Quando mancano soltanto duecento chilometri a destinazione, Massimo è preso da sudorazione e da forti dolori addominali.

La temperatura cresce e in breve Massimo non è più in condizioni di guidare né di proseguire il viaggio.

In preda a grande agitazione, decide di fermarsi presso un autogrill che ha nel frattempo raggiunto per chiedere aiuto.

Seguito dal secondo autista che viaggia con lui, dopo aver parcheggiato il mezzo nell'area riservata ai veicoli da trasporto, entra nel locale ristoro, dove a mezzo telefono, richiede l'intervento di un medico.

Quel giorno la buona sorte ha deciso di voltare le spalle al nostro camionista, mettendolo fuori combattimento non solo con un'inattesa colica renale (di cui in precedenza egli non aveva mai sofferto) ma anche facendo sì che la sua strada si incrociasse con quella dei «soliti ignoti» di cui le autostrade pullulano non meno che le città. Nella mezz'ora necessaria per entrare nell'autogrill, chiedere un soccorso medico, tentare di lenire i dolori, prima che il secondo autista lasci Massimo e risalga sul TIR per proseguire da solo il viaggio, qualcuno ha pensato di darsi da fare sostituendosi, non richiesto, al nostro trasportatore.

Ma i mobili non arriveranno mai al cliente africano...

Nel trambusto seguito alla sosta, mentre Massimo, afflitto dai dolori invocava un medico, né lui né il secondo autista avevano pensato di inserire l'antifurto di cui l'automezzo era dotato prima di abbandonarlo nell'area di parcheggio.

Ora la salute di Massimo è di nuovo buona, ma la sua committente (che tra gli organi di cui, come persona giuridica, è dotata, non annovera il cuore), reclama i danni per la perdita del carico.

Riuscirà il nostro trasportatore a scampare agli effetti della ferrea legge che regola la responsabilità per inadempimento?

[Ersilio Secchi, magistrato]

Quesiti di primo livello:

1) Massimo è responsabile nei confronti del committente per la perdita del carico?

2) Quali ragioni può addurre il mobilificio per pretendere il risarcimento?

Quesiti di secondo livello:

1) Cosa si intende giuridicamente per adempimento e inadempimento?

2) A quali condizioni l'inadempimento è giustificato?

Manuale: Cap. 17, sub 9; Cap. 23, sub 4.

Bibliografia: R. SACCO, *Risoluzione per impossibilità sopravvenuta*, in *Digesto civ.*, Torino, 1998, vol. XVIII, 53; L. CABELLA PISU, *L'impossibilità della prestazione e la «sfera» del creditore nei contratti a prestazioni corrispettive*, in *Contratto e impr.*, 1998, 547.

Giurisprudenza: Cass., 30 gennaio 1995, n. 1097, in *Giur. it.*, 1996, I, 1, 403; Cass., 28 gennaio 1995, n. 1037, in *Rep. Foro it.*, 1995, voce *Contratto in genere*, n. 512; Corte d'Appello di Milano, 11 novembre 1994, in *Foro pad.*, 1995, I, 47.

INADEMPIMENTO CONTRATTUALE E CAPARRA

La vita è fatta di scelte.

Tizio stipulava un contratto preliminare per la vendita del suo appartamento in Milano, Corso Italia 1. Caio, promissario acquirente, versava alla firma del contratto l'importo di Euro 100.000,00 a titolo di caparra confirmatoria. Scaduto il termine fissato per la firma dell'atto pubblico senza che Caio comunicasse il notaio incaricato, il promittente venditore decideva di inviare a Caio, a mezzo di lettera raccomandata, una diffida ad adempiere, invitandolo a concludere il contratto definitivo entro quindici giorni, con l'espresso avvertimento che in difetto il contratto preliminare si sarebbe reputato risolto.

Decorso inutilmente il termine, Tizio agiva in giudizio per far accertare la legittimità dell'intervenuta risoluzione e chiedendo di trattenere la caparra a titolo di risarcimento del danno.
[Roberto Panetta, avvocato]

Quesiti di primo livello:

1) L'inadempimento di Caio giustifica il recesso o la risoluzione del contratto?
2) Tizio può recedere dal contratto e trattenere la caparra a titolo di risarcimento del danno?
3) Tizio può chiedere la risoluzione del contratto per inadempimento e il risarcimento del danno? In caso affermativo, può trattenere la caparra a titolo di risarcimento?

Quesiti di secondo livello:

1) Quale tipo di inadempimento giustifica il recesso e la risoluzione del contratto?
2) Qual è la funzione della caparra in sede di inadempimento contrattuale?
3) Qual è il rapporto tra la domanda di recesso e la domanda di risoluzione?

Manuale: Cap. 23, sub 2, 3.

Bibliografia: GUERRINI, *I diritti che la caparra confirmatoria attribuisce alla parte fede-*

le sopravvivono, dunque, alla risoluzione di diritto, in *La Nuova Giurisprudenza Civile Commentata,* 2012, 9, 695; DELLACASA, *Caparra confirmatoria, risarcimento ed altri rimedi: come stabilizzare la giurisprudenza,* in *La Nuova Giurisprudenza Civile Commentata,* 2012, 9, 580; PASSARELLA, *Caparra confirmatoria e recesso in caso di inadempimento: presupposti di legittimità e rapporti con la risoluzione,* in *I Contratti,* 2012, 7, 563; GALASSO, *Recesso, risoluzione del contratto e ritenzione della caparra confirmatoria,* in *La Nuova Giurisprudenza Civile Commentata,* 2011, 9, 826; LUCCHINI GUASTALLA, *Caparra confirmatoria, recesso e risoluzione del contratto,* in *Rivista di diritto civile,* 2009, 3, 327; LUCCHINI GUASTALLA, *Risoluzione del contratto e irrinunciabilità dell'effetto risolutorio,* in *Responsabilità civile e previdenza,* 2009, 5, 1089; BELLANTE, *La caparra,* Milano, 2008; PAROLA, *La caparra confirmatoria*, in *Obbligazioni e Contratti*, 2006, 634; MICHINELLI, *La caparra confirmatoria nella risoluzione del contratto* (Nota a *Cass. Sez. I, 11 gennaio 2001, n. 319)* in *Notariato,* 2001, 561; BALZARETTI, *Caparra confirmatoria, recesso e risoluzione,* in *I Contratti,* 1994, 249; TRIMARCHI, voce *Caparra*, in *Enc. Dir.*, VI, Milano, 1960, 195.

Giurisprudenza: Cass. Civ. Sez. III, 28 febbraio 2012, n. 2999, in *La Nuova Giurisprudenza Civile Commentata,* 2012, 9, 695; Cass. Civ. Sez. VI, 13 gennaio 2012, n. 409, in *Contratti*, 2012, 7, 563; Cass. Civ. Sez. II, 22 febbraio 2011, n. 4278 in *La Nuova Giurisprudenza Civile Commentata,* 2011, 9, 826; Cass. Sez. Un., 14 gennaio 2009, n. 553, in *Responsabilità civile e previdenza,* 2009, 5, 1089; Cass. Sez. III, 16 maggio 2006, n. 11356, in *Mass. Giur. It.,* 2006; Cass. 7 settembre 2000, n. 11784, in *Mass. Giur. It.,* 2000 e in *Foro padano*, 2001, 47.

CAPARRA CONFIRMATORIA E ASSEGNO

Una macchina per due.

Tazio, appassionato di autovetture d'epoca, dopo aver cercato per mesi uno dei pezzi mancanti della sua collezione ha finalmente individuato in un'autorimessa di Torino una lancia Flavia rossa fiammante del 1967.

Dopo averla provata e dopo una lunga negoziazione con il Sig. Krumiro, proprietario dell'autosalone, decide di acquistarla per un prezzo di 42.000 euro.

Poiché i sedili sono molto usurati il Sig. Krumiro offre di sostituirli quelli presenti sull'autovettura con altri originali. Tazio ringrazia, prima di lasciare l'autosalone, consegna a titolo di caparra confirmatoria un assegno bancario di 10.000 Euro ad un assistente del Sig. Krumiro, accordandosi per il ritiro dell'autovettura di li a un mese.

L'assegno viene diligentemente riposto dall'assistente in un cassetto della scrivania dell'autosalone, dove rimane per giorni senza che nessuno si curi di incassarlo.

Quindici giorni dopo si presenta nell'autosalone il sig. Mohammed Ben Sulayemun, ricco sceicco arabo del Qatar che, dato uno sguardo alla Lancia Flavia se ne innamora e offre al Sig. Krumiro 60.000 Euro in contanti.

Il Sig. Krumiro tentenna un po', accennandogli il fatto che l'autovettura è stata promessa ad un cliente. Quando lo sceicco però tira fuori 100.000 Euro in contanti, Krumiro non resiste e decide di vendergliela seduta stante.

Il giorno dopo Krumiro chiama Tazio gli comunica che l'autovettura non è più disponibile e lo invita a ritirare l'assegno che, a suo dire, in buona fede non è mai stato incassato.

Tazio va su tutte le furie e si rivolge ad un legale per ottenere ristoro del pregiudizio subito.
[Carlo Rossi Chauvenet, Avvocato]

Quesiti di primo livello:

1) È valido il contratto concluso tra Krumiro e lo sceicco? Perché?

2) È rilevante il fatto che l'assegno non sia stato incassato ai fini della validità della caparra?

3) Tazio può vantare nei confronti di Krumiro diritti ulteriori rispetto alla semplice restituzione dell'assegno?

Quesiti di secondo livello:

1) Quale è la differenza tra caparra confirmatoria e caparra penitenziale?
2) Tazio ha diritto di chiedere l'esecuzione coattiva del contratto concluso con Krumiro?
3) Ove Tazio chieda la risoluzione del contratto, Tazio potrà trattenere la caparra?

Manuale: Cap. 23, sub 3; Cap. 21, sub 2, Cap. 29, sub 23.

Bibliografia: LUCCHINI GUASTALLA, *Caparra confirmatoria, recesso e risoluzione del contratto*, in *Riv. dir. civ.*, 2009, II, 327; AMATO, *La consegna di assegno bancario nel preliminare di vendita: "acconto" o "caparra"*?, in *Giur. It.*, 1996, 12 e segg. Cfr., inoltre, BORDOLLI, *Preliminare di vendita e somme anticipate dal promissario acquirente, in Immobili e proprietà*, 2012, 87, GALGANO, *Degli effetti del contratto, (art. 1375-1405), sub art. 1385*, in *Comm. Scialoja-Branca*, a cura di Galgano, Bologna-Roma 1993, p. 171 ss., in particolare alla p. 172; BORRELLO, voce *Caparra confirmatoria, in Il diritto-Enc. giur.*, Milano 2007, vol. II, p. 717 ss., in particolare alle pp. 718-719; DE NOVA, voce *Caparra*, in *Dig. IV*, disc. priv. (sez. civ.), vol. II, Torino 1988, p. 240 ss., in particolare alla p. 241, il quale ritiene che il ritardo, di regola, non sia sufficiente.

Giurisprudenza: Cassazione civile, II Sezione, 9 agosto 2011, n. 17127 in *Giur. It.*, 2012, 2039; Cass., Sez. un., 18 dicembre 2007, n. 26617, in *De Jure;* Cass., Sez. un., 4 giugno 2010, n. 13658, in *De Jure.*

LO SCIOGLIMENTO DEL CONTRATTO

Un impegno troppo oneroso.

Giovanni e Paolo, il 1° gennaio del 2002, stipulano un contratto preliminare con cui Giovanni si impegna a vendere a Paolo un appartamento, in un edificio in corso di costruzione, per la somma di Euro 250.000.

Paolo versa contestualmente alla stipula del preliminare Euro 25.000 e si impegna a pagare i rimanenti Euro 225.000 il 1° gennaio 2004, termine previsto per il completamento della costruzione e la stipula del definitivo, senza alcuna previsione di adeguamento o di maggiorazione.

Successivamente alla conclusione del contratto preliminare, e in particolare proprio nel biennio al termine del quale Paolo avrebbe dovuto pagare il rimanente importo di Euro 225.000, si verifica un aumento eccezionale e imprevedibile del tasso di inflazione, nella misura di oltre il 50%.

Giovanni si accorge ben presto che la svalutazione monetaria diminuisce il valore intrinseco del prezzo ancora dovuto da Paolo, in rapporto ai costi di costruzione e della mano d'opera, determinando uno squilibrio fra il valore della prestazione e quello della controprestazione.

Pertanto Giovanni, promittente venditore, circa un mese prima della data prevista per la conclusione del definitivo, chiede la risoluzione del contratto preliminare per eccessiva onerosità sopravvenuta in relazione alla svalutazione monetaria determinatasi dopo la conclusione del contratto medesimo. Paolo al fine di evitare la risoluzione offre di modificare equamente le condizioni del contratto, proponendo di raddoppiare il prezzo stabilito inizialmente.
[Giovanni Stella, Professore di Diritto privato)

Quesiti di primo livello:

1) Nel caso in esame, si verifica la condizione prevista dall'art. 1467, comma 1°, cod. civ. secondo cui la risoluzione per eccessiva onerosità si applica ai contratti ad esecuzione continuata o periodica ovvero a esecuzione differita?

2) Ai fini della risoluzione del contratto per eccessiva onerosità, si deve verificare un aggravamento della prestazione dovuta, come testualmente prescrive l'art. 1467, comma 1°, cod. civ., oppure può rilevare anche la perdita di valore della prestazione che si attende dall'altro contraente?

3) L'aumento del tasso d'inflazione (nella specie, accertato nella misura di oltre il 50% nell'arco di un biennio), verificatosi dopo la conclusione del pre-

liminare di vendita di un appartamento in un edificio da costruire, costituisce evento straordinario ed imprevedibile ai fini della risoluzione del contratto per eccessiva onerosità?

4) Nel caso di specie è applicabile l'art. 1467, comma 3°, cod. civ., secondo cui «La parte contro la quale è domandata la risoluzione può evitarla offrendo di modificare equamente le condizioni del contratto»?

Quesiti di secondo livello:

1) Quando l'aumento del valore della moneta in un dato periodo di riferimento può farsi rientrare nell'alea normale del contratto?

2) L'imprevedibilità e straordinarietà dell'avvenimento di cui all'art. 1467, comma 1°, cod. civ. deve riguardare l'evento in se stesso o può riguardare anche la sua entità (si pensi, appunto, al fenomeno dell'inflazione)?

3) Se l'integrale pagamento del prezzo ha avuto luogo al momento della conclusione di un contratto preliminare, può essere chiesta la risoluzione di tale contratto per eccessiva onerosità sopravvenuta invocando la svalutazione monetaria successiva a tale momento?

4) Ipotizzando che, con riferimento al caso descritto, il costruttore sia in ritardo nella costruzione dell'edificio e sia quindi costituito in mora, l'eccessiva onerosità della prestazione, sopravvenuta durante la mora del costruttore medesimo, legittimerebbe quest'ultimo a chiedere la risoluzione del contratto ai sensi dell'art. 1467 c.c.?

Manuale: Cap. 23, sub 5.

Bibliografia: R. MANGANO, *Prestiti in Ecu e risoluzione per eccessiva onerosità sopravvenuta*, in *Banca, borsa, ecc.*, 1997, II, 476; G. ACCARDO, *L'istituto della risoluzione per eccessiva onerosità sopravvenuta della prestazione nei più recenti orientamenti giurisprudenziali*, in *Nuova giur. civ. comm.*, 1996, II, 1; F. BONELLI, *Risoluzione per eccessiva onerosità sopravvenuta*, in *Dir. comm. internaz.*, 1988, 1.

Giurisprudenza: Cass., 13 febbraio 1995, n. 1559, in *Foro it.*, 1995, I, 2897 e in *Corriere giur.*, 1995, 585; Cass., 4 novembre 1980, n. 5901, in *Foro it.*, 1981, I, 1343; Trib. Napoli, 6 maggio 1981, in *Vita not.*, 1982, 80.

LO SCIOGLIMENTO DEL CONTRATTO

Il ritardatario cronico.

Francesco, dovendo trasferirsi a Milano per motivi di studio, prende in locazione un appartamento arredato di proprietà di Eugenio, un vecchio amico di famiglia. Francesco ed il suo padrone di casa si accordano per un canone annuo di 8.000 euro, da pagare in quattro rate trimestrali. All'atto della stipulazione del contratto di locazione, Eugenio chiede ed ottiene di inserire nel contratto una clausola con la quale si prevede che, in caso di ritardo nel pagamento anche di un solo canone periodico, «il contratto di locazione si intenderà risolto».

Francesco è sempre a corto di denaro e, fin dalla prima scadenza, non riesce a pagare puntualmente i canoni periodici ad Eugenio; Francesco, tuttavia, non ignora i suoi impegni contrattuali e, pur con qualche difficoltà, versa comunque ad Eugenio le somme dovute, sebbene con un ritardo costantemente compreso tra trentacinque ed i quarantacinque giorni.

Eugenio, dopo aver sopportato in silenzio per quasi due anni il ritardo cronico con il quale Francesco gli ha pagato le somme dovute, si spazientisce ed agisce in giudizio, affermando l'avvenuta risoluzione del contratto e chiedendo, di conseguenza, che Francesco lasci immediatamente liberi i locali di sua proprietà. [Emanuele Lucchini Guastalla, Professore di Diritto privato]

Quesiti di primo livello:

1) Come va qualificata la clausola inserita nel contratto di locazione su esplicita richiesta di Eugenio?

2) Come potrebbe essere valutato il paziente comportamento di Eugenio rispetto ai ritardi nei pagamenti di Francesco?

Quesiti di secondo livello:

1) La pazienza con la quale Eugenio ha sopportato i ritardi di Francesco può pregiudicare l'operatività della clausola inserita nel contratto di locazione?

2) È legittimo che Eugenio, ormai stanco del comportamento di Francesco, abbia agito in giudizio senza aver prima richiamato quest'ultimo (in via stragiudiziale) alla stretta osservanza delle scadenze previste nel contratto?

Manuale: Cap. 16, sub 4; Cap. 19, sub 4; Cap. 23, sub 2.

Bibliografia: SCARPA A., *Lo scioglimento della locazione per effetto di clausola risolutiva espressa nell'ambito del procedimento per convalida di sfratto*, in *Giur. mer.*, 2007, 978; M. PALADINI, *Clausola risolutiva espressa e nuova disciplina delle locazioni di immobili a uso abitativo (l. n. 431 del 1998)*, in *Arch. locazioni*, 1999, 23; M. GRONDONA, *La clausola risolutiva espressa*, Milano, 1998; C. TURCO, *L'imputabilità e l'importanza dell'inadempimento nella clausola risolutiva*, Torino, 1997; G. IUDICA, *Risoluzione per inadempimento*, in *Riv. dir. civ.*, 1991, II, 745; S. TRIFIRÒ, *Clausola risolutiva espressa*, in *Quadrimestre*, 1989, 685; M. COSTANZA, voce *Clausola risolutiva espressa*, in *Enc. giur. Treccani*, vol. VI, Roma, 1988, 1 ss.

Giurisprudenza: Cass., 14 novembre 2006, n. 24207, in *Foro it. Mass.*, 2006, 1953; Cass., 9 febbraio 1998, n. 1316, in *Foro it.*, 1998, I, 3599; Cass., 8 gennaio 1991, n. 90, in *Rass. equo canone*, 1991, 351 e in *Arch. locazioni*, 1992, 336; Cass., 18 giugno 1997, n. 5455, in *Rep. Foro it.*, 1997, voce *Contratto in genere*, n. 514; Trib. Modena, 15 giugno 2006, in *Giur. mer.*, 2007, 978.; App. Napoli, 10 aprile 2001, in *Arch. locazioni*, 2001, 685.

LO SCIOGLIMENTO DEL CONTRATTO

Un debitore molto zelante.

L'impresa agricola «Pascoli d'oro» conclude un contratto con la «Mangimi gustosi s.r.l.» in forza del quale quest'ultima società si impegna a venderle e consegnarle, entro tre settimane, 100 quintali di mangime per animali. Prima della consegna interviene un provvedimento delle competenti autorità sanitarie che vieta la produzione, la commercializzazione e l'uso del mangime oggetto del contratto stipulato tra le parti.

La «Mangimi gustosi s.r.l.» comunica all'impresa agricola «Pascoli d'oro» di avere già prodotto e stoccato nei propri magazzini i 100 quintali di mangime e di essere pronta a consegnarlo puntualmente nonostante il divieto dell'autorità.

Il giorno seguente un camion della «Mangimi gustosi s.r.l.» si presenta ai cancelli dell'impresa agricola «Pascoli d'oro» con il carico di mangime. Quest'ultima rifiuta di ricevere la merce affermando che il mangime sarebbe comunque inutilizzabile, stante il divieto imposto dalle autorità.

La «Mangimi gustosi s.r.l.», ritenendo che l'adempimento della propria prestazione sia stato reso impossibile unicamente dalla condotta della «Pascoli d'oro», scrive a quest'ultima affermando di aver ugualmente diritto al pagamento del prezzo a suo tempo pattuito per i 100 quintali di mangime.
[Emanuele Lucchini Guastalla, Professore di Diritto privato]

Quesiti di primo livello:

1) Quale situazione determina il provvedimento delle autorità sanitarie?

2) È legittima la condotta della «Mangimi gustosi s.r.l.»?

3) Quali conseguenze produce il provvedimento delle autorità sanitarie sul rapporto contrattuale?

4) Le conseguenze sarebbero identiche nel caso in cui il divieto imposto dalle autorità sanitarie venisse revocato dopo pochi giorni?

Quesiti di secondo livello:

1) È legittimo il rifiuto a ricevere la merce, opposto dalla «Pascoli d'oro» alla «Mangimi gustosi s.r.l.»?

2) È legittima la richiesta di pagamento del prezzo avanzata dalla «Mangimi gustosi s.r.l.»?

3) La situazione muterebbe se, revocato il provvedimento delle autorità sanitarie dopo pochi giorni, la «Mangimi gustosi s.r.l.» offrisse nuovamente la consegna della merce alla «Pascoli d'oro»?

Manuale: Cap. 23, sub 4.

Bibliografia: F. DELFINI, *Dell'impossibilità sopravvenuta (art. 1463-1466)*, in *Commentario al codice civile* diretto da Busnelli, Giuffrè, Milano, 2003; L. CABELLA PISU, *Dell'impossibilità sopravvenuta (art. 1463-1466)*, in *Commentario del codice civile* Scialoja-Branca, a cura di Galgano - libro IV, Delle obbligazioni, Zanichelli-Foro italiano, Bologna-Roma, 2002; R. SACCO, voce *Risoluzione per impossibilità sopravvenuta*, in *Digesto civ.*, Utet, Torino, 1998, vol. XVIII, 53; O. CAGNASSO, voce *Impossibilità sopravvenuta della prestazione (diritto civile)*, in *Enc. giur. Treccani*, vol. XVI, Roma, 1989; B. IANNOLO, *La risoluzione del contratto per impossibilità sopravvenuta*, in *Nuova giur. civ. comm.*, 1987, II, 82.

Giurisprudenza: Cass., 24 aprile 1982, n. 2548, in *Riv. dir. comm.*, 1983, II, 391.

VALIDITÀ E INVALIDITÀ DEL CONTRATTO

Una norma sostanziale al traguardo.

Il Comune di Gravina di Puglia dona un suolo di considerevole estensione all'Ente economico fibre tessili con l'onere, per quest'ultimo, di destinare l'area ceduta esclusivamente alla immediata costruzione di un linificio, allo scopo di potere impiegare forze lavorative e ridurre conseguentemente la disoccupazione locale.

L'atto prevede la risoluzione della donazione per inadempimento dell'onere e, non avendolo il donatario adempiuto, il Comune chiede al giudice la risoluzione del contratto a norma dell'art. 793, ult. comma, c.c.

Il Tribunale adito rileva però la nullità del contratto di donazione per vizio di forma, per essere stato rogato non da un notaio, ma dal segretario comunale al di fuori dei poteri conferitigli dalla legge.

[Salvatore Di Blasi, magistrato]

Quesiti di primo livello:

1) Può il giudice di merito, sussistendo il presupposto dell'inadempimento per la risoluzione del contratto, pronunciare la nullità di questo per difetto di un elemento essenziale?

2) Il principio processualistico* ne eat iudex ultra petita partium *(principio della corrispondenza tra il chiesto e il pronunciato) può limitare la rilevabilità d'ufficio di una nullità sostanziale del contratto?

Quesiti di secondo livello:

1) La domanda di risoluzione per inadempimento riguarda il contratto come fatto storico ovvero il rapporto o la serie di rapporti che da questo derivano?

2) La domanda di risoluzione è anch'essa domanda di applicazione del contratto?

Manuale: Cap. 22, sub 3 e 7; Cap. 23, sub 2.

Bibliografia: R. SACCO, *Le invalidità*, in *Trattato di Diritto privato*, diretto da P. Rescigno, Torino, X, 469 ss.; R. SACCO, *Le risoluzioni per inadempimento*, in *Trattato di dirit-*

to privato, diretto da P. Rescigno, X, 509 ss.; A. PALAZZO, voce *Donazione*, in *Novissimo Digesto, Sez. Privatistiche*, Torino, VII, 137 ss.; R. SACCO, voce *Risoluzione per inadempimento*, in *Trattato di Diritto privato*, diretto da P. Rescigno, XVIII, 56 ss.; U. CARNEVALI, voce *Le donazioni*, in *Trattato di Diritto privato*, diretto da P. Rescigno, VI, 433 ss.; R. SACCO, voce *Nullità e annullabilità*, in *Trattato di diritto privato*, diretto da P. Rescigno, XII, 293 ss.; V. ROPPO, *Il contratto*, in *Trattato di diritto privato*, (a cura di) G. Iudica e P. Zatti, Milano, 2001, 733 ss. e 953 ss.

Giurisprudenza: Cass., 11 marzo 1988, n. 2389, in *Foro it.*, 1989, I, 1936.

COMPRAVENDITA E ALIUD PRO ALIO

Una brutta sorpresa.

Gino, giovane impiegato appena assunto, decide di festeggiare la nuova occupazione acquistando finalmente un'automobile tutta per lui. Lo stipendio non è molto alto e quindi Gino decide di rivolgersi al mercato dell'usato.

Sfogliando diverse riviste specializzate in annunci, Gino scopre che, proprio a pochi chilometri dalla sua abitazione, si trova un rinomato ed ampio salone di vendita di automobili di seconda mano.

Gino, dopo avere raccolto tra amici e conoscenti informazioni sul salone, decide di rivolgersi con fiducia al venditore, dal quale si reca, con tutta la famiglia, il sabato pomeriggio. Il giovane viene subito attratto da una familiare Volkswagen apparentemente in ottime condizioni e offerta a buon prezzo. Gino decide di completare l'acquisto e, dopo una settimana, ritira il veicolo.

Un paio di mesi dopo, Gino decide di fare un viaggio con moglie e figlio. Durante il tragitto, Gino viene fermato dai Carabinieri per un controllo di routine. La pattuglia inserisce i dati della carta di circolazione al terminale e scopre che il motore applicato all'auto non era originale e proveniva da un altro mezzo, precedentemente rubato. I militari non possono fare altro che sequestrare l'automobile.

Gino, distrutto dall'accaduto, si precipita a reclamare dal commerciante di auto, il quale giura di essere stato all'oscuro di tutto. I documenti di provenienza del veicolo erano a posto e quindi neppure lui poteva sapere che la Volkswagen era stata oggetto di un'operazione di riciclaggio.

[Giuseppe Gennari, giudice in Milano]

Quesiti di primo livello:

1) Quali sono gli obblighi del venditore verso il compratore?
2) Che differenza c'è tra vizi della cosa e mancanza delle qualità promesse?
3) Quali sono i rimedi a disposizione del compratore ?

Quesiti di secondo livello:

1) Le parti possono convenzionalmente escludere le garanzie previste per la compravendita?

2) Che regole si applicano nel caso in cui la vendita venga conclusa tra un professionista e un consumatore?

Manuale: Cap. 24, sub 2.

Bibliografia: A. LUMINOSO, *La compravendita*, Torino, 2007; A. GENOVESE, *Vendita di aliud pro alio*, in *I contratti*, 2005, 283; C. ROMEO, *Uso particolare del bene e responsabilità del venditore*, in *I Contratti*, 655; R. FADDA, *Garanzia per vizi della cosa venduta*, in *Codice della vendita*, a cura di Buonocore e Luminoso, Milano, 2004; M. G. FALZONE, Garanzia per vizi, in AA.VV. *La vendita* (a cura di M. BIN), Padova, 1996.

Giurisprudenza: Cass., 4.5.2005, n. 9227; Cass., 1.7.2008, n. 17995, in questa Obbligazioni e Contratti, 2008, 937; Cass., 10.7.2008, n. 18859; Cass., 5.3.2007, n. 5066; Cass., 22.11.2006, n. 24786; Cass., 30.3.2006, n. 7561; Cass., 25.2.2005, n. 4085.

LE GARANZIE. VENDITA DI BENI DI CONSUMO

Un telefonino con troppi difetti.

Filippo, ormai prossimo alla laurea in Giurisprudenza, vince un premio come migliore studente dell'anno e, con una piccola parte del denaro che gli è stato consegnato, decide di acquistare un nuovo telefono cellulare.

Si reca presso il negozio di telefonia «Parole al vento» ed acquista un telefono cellulare di alta gamma, dotato delle più moderne funzioni.

A distanza di tre settimane dall'acquisto il telefono cellulare di Filippo comincia a non funzionare bene: si spegne da solo anche con la batteria carica, lo schermo LCD si oscura, l'altoparlante non mantiene un volume costante.

Filippo si reca immediatamente dal negoziante e gli espone i problemi che riguardano l'apparecchio da poco acquistato. Il negoziante gli dice di «non poter fare nulla per lui», informandolo che, una volta che siano trascorsi più di quindici giorni dalla consegna, per qualsiasi malfunzionamento dell'apparecchio è necessario rivolgersi al produttore. A conforto della correttezza del proprio agire, il negoziante mostra a Filippo un cartello esposto sopra al bancone del negozio ed in posizione ben visibile ove si legge che «*Per qualsiasi guasto o difetto il negozio risponde entro 15 gg. dalla consegna. Dopo tale termine i sigg. clienti sono pregati di rivolgersi ai centri assistenza del produttore*».

Filippo contesta la tesi esposta dal negoziante e lo informa di aver bisogno di un telefono cellulare in piena efficienza entro quindici giorni, posto che deve partire per uno *stage* all'estero. Il negoziante fa «orecchie da mercante» e Filippo si rivolge a un amico avvocato, chiedendogli di aiutarlo nella vicenda.
[E. Lucchini Guastalla, professore di Diritto privato]

Quesiti di primo livello:

1) Come va qualificato il contratto di acquisto del telefono cellulare stipulato da Filippo?
2) È legittima la condotta del negoziante?

Quesiti di secondo livello:

1) Il cartello esposto dal negoziante può in qualche modo pregiudicare la situazione di Filippo?

2) Che cosa può domandare Filippo al negoziante per la tutela dei suoi diritti?

3) Il fatto che Filippo debba partire per l'estero in tempi brevi può avere qualche influenza sugli strumenti di tutela azionabili a protezione dei suoi diritti?

Manuale: Cap. 24, sub 2; Cap. 43, sub 2.

Bibliografia: CORSO, *Vendita di beni di consumo* (art. 1519 *bis*-1519 *nonies*), in *Comm. Scialoja-Branca*, Bologna-Roma, 2005; M. BIN-A. LUMINOSO, *Le garanzie dei beni di consumo*, in *Trattato di diritto commerciale e di diritto pubblico dell'economia*, diretto da Galgano, XXXI, Padova, 2003; A. ZACCARIA-G. DE CRISTOFARO, *La vendita dei beni di consumo-Commento agli artt. 1519* bis-*1519* nonies *c.c. introdotti con il d.lgs. 2 febbraio 2002 n. 24 in attribuzione alla direttiva 1999/44/Ce*, Padova, 2002; P. SCHLESINGER, *Le garanzie nella vendita di beni di consumo*, in *Corriere giur.*, 2002, 561; G. ALPA-G. DE NOVA, *L'acquisto di beni di consumo-D.lgs. 2 febbraio 2002, n. 24*, Milano, 2002.

Giurisprudenza: Giudice di pace Bari, 16 maggio 2005, in *Obbligazioni e contratti*, 2007, 513.

LE GARANZIE. GARANZIA DEI BENI MOBILI

Un sogno nel cassetto.

Tizietto, diciassettenne, decide di realizzare il proprio sogno nel cassetto acquistando la moto che una rinomata ditta costruttrice vende soltanto tramite il proprio sito Internet.

Egli, studiati i dettagli, le immagini fotografiche, le caratteristiche, decide di procedere all'acquisto di un esemplare usato. Appena ricevuta la moto, Tizietto si precipita ad effettuare la prova su strada, in cui egli realizza che, a causa di un difetto tecnico, la moto non possiede le qualità pubblicizzate e presentate come campione sul sito Internet. Egli tuttavia decide – in forza dell'entusiasmo – di verificare ulteriormente le prestazioni del proprio acquisto.

Trascorso un mese da quel giorno e dopo svariate prove su strada, Tizietto scrive alla casa produttrice segnalando le vere e proprie difformità che ammette di aver riscontrato sin dal giorno della consegna, chiedendone quantomeno la riparazione a carico della casa produttrice.

In assenza di riscontro, Tizietto, deluso, decide di portare la moto dal proprio concessionario di fiducia: lungo il tragitto tuttavia ha un incidente provocato dal difetto tecnico della moto, a seguito del quale riporta lesioni gravissime alla gamba destra, di cui i medici stimano una prognosi riservata.

Il legale di Tizietto, immediatamente incaricato dai genitori, contatta la casa produttrice della moto chiedendo risarcimento per danni a fronte dell'accaduto. La casa produttrice respinge le richieste del legale di Tizietto sostenendo che nessuna pretesa poteva essere avanzata a) sul piano contrattuale, posto che Tizietto avrebbe dovuto denunciare il vizio entro 8 giorni dalla scoperta (essendo – in difetto – decaduto da qualsivoglia pretesa), b) sul piano extracontrattuale, per assenza di illeceità del fatto, c) sul piano morale, per non essere il fatto accaduto concretamente previsto come reato.
[Nicola Canessa, avvocato in Milano]

Quesiti di primo livello:

1) In cosa consiste e come si articola nel nostro ordinamento il diritto di garanzia?

2) Quali norme regolano la compravendita della moto di cui è causa?

3) In cosa si concretano le novità legislative inerenti i beni di consumo?

4) In presenza di quali requisiti si può chiedere il risarcimento del danno extracontrattuale?

5) A quale categoria appartiene il danno c.d. esistenziale?

Quesiti di secondo livello:

1) Quali richieste, oltre a quelle svolte, Tizietto avrebbe potuto avanzare nei confronti della casa produttrice al tempo della lettera di contestazione?

2) In presenza di quali requisiti si può chiedere risarcimento del danno c.d. esistenziale?

Manuale: Cap. 24, sub 2; Cap. 30, sub 9, 10, 11.

Bibliografia: BORDON, nota a Trib. Bologna, 27 gennaio 2005, in *D&G-Dir. e Giust.*, 2005, fasc. 13, 42 ss.; RISPOLI, nota a Cass. civ., Sez. III, 27 ottobre 2004, n. 20814, in *D&G-Dir. e Giust.*, 2004, fasc. 44, 24 ss.

Giurisprudenza: Cass. civ., Sez. I, 5 giugno 2007, n. 13180, in *Giust. civ. Mass.*, 2007, 6; Giudice di pace Bari, 8 marzo 2006, in *Obbligazioni e contratti*, 2007, 6 511; Giudice di pace Salerno, 27 giugno 2006, n. 2564, in *Corriere del merito*, 2006, 10 1157 nota MUSIO; Trib. Bologna, 27 gennaio 2005, in *D&G-Dir e Giust.*, 2005, fasc. 13, 42; Cass. civ., Sez. III, 14 dicembre 2004, n. 23298, in *Giust. civ. Mass.*, 2004, fasc. 12; Cass, civ., Sez. III, 27 ottobre 2004, n. 20814, in *D&G-Dir e Giust.*, 2004, fasc. 44, 24.

LE GARANZIE. VENDITA DI BENI DI CONSUMO

6 ore di duro lavoro, signora mia.

Lucia, desiderosa di acquistare un'automobile per poter adempiere alle proprie incombenze quotidiane, quali fare la spesa, andare in palestra e portare i bambini all'asilo, si reca in vari concessionari della città per informarsi sui modelli e sui costi di alcune autovetture.

Alla fine l'alternativa cade tra la macchina della casa Mickey e quella della Mouse: dopo un'ulteriore visita ad entrambi i concessionari Lucia si risolve ad acquistare l'automobile della Mouse perché il venditore, un tipo simpatico che le ricorda vagamente suo nonno Gigi, la rincuora dicendole che, in ossequio al motto della Mouse «il cliente innanzitutto!», la casa venditrice si impegna a fornire all'acquirente una «vettura di cortesia» nel caso la macchina presenti dei problemi.

Dopo pochi giorni dalla consegna, il bagagliaio della Mouse rosso fiammante comincia a non chiudersi bene e a tale inconveniente se ne aggiungono altri ad esso collegati: a causa della difettosa chiusura, l'antifurto di cui è dotata l'autovettura suona ogni cinque minuti e la luce del vano posteriore rimane sempre accesa con il rischio di scaricare la batteria del motore. Lucia, a quel punto, si reca dal concessionario facendogli presente la situazione ed il venditore, prontamente, mette a disposizione l'autovettura sostitutiva, nell'attesa che il tecnico intervenga su quella di Lucia. Recatasi dal concessionario per ritirare la propria autovettura dopo un paio di giorni, Lucia si vede presentare dal venditore – che nel frattempo aveva perso quella sua aria simpatica e più che suo nonno Gigi ora le ricordava quello scorbutico di suo zio Giuseppe – una fattura salatissima, di importo pari a Euro 500. Di fronte alla richiesta di spiegazioni, il venditore fa presente a Lucia che sul concessionario gravava l'obbligo, effettivamente assolto, di mettere a disposizione del cliente un'autovettura sostitutiva, ma che tale garanzia non esimeva l'acquirente dal corrispondere il giusto compenso per il lavoro di riparazione svolto, nonché per il reperimento del pezzo di ricambio, nel caso di specie la serratura del bagagliaio. «6 ore di duro lavoro, signora mia!» esclamava il venditore con aria afflitta.
[Laura Franciosi, ricercatore]

Quesiti di primo livello:

1) Da quali disposizioni normative è disciplinato il presente contratto?

2) Alla luce di tali disposizioni, la pretesa del venditore ad essere pagato è fondata?

3) Qualora Lucia, anziché stipulare un contratto di compravendita, avesse optato per un contratto di leasing, avrebbe potuto comunque fruire della tutela accordata da tali norme?

Quesiti di secondo livello:

1) Quali sono i requisiti soggettivi per l'applicazione delle norme sulle garanzie nella vendita di beni di consumo? E quelli oggettivi?

2) Cosa si intende per «garanzia convenzionale»? Come viene disciplinata tale garanzia?

3) Qual è la nozione di «difetto di conformità»?

Manuale: Cap. 24, sub 2.

Bibliografia: V. CUFFARO, *Codice del Consumo*, III ed., Milano, 2012; E. NAVARRETTA - A. ORESTANO, *Commentario del Codice civile - Dei Contratti in generale*, Vol. IV, Torino, 2011; E. LOMBARDI, *Garanzia e responsabilità nella vendita di beni di consumo*, Milano, 2010; M.C. BIANCA, *La vendita dei beni di consumo*, Padova, 2006; M. BIN - A. LUMINOSO, *Le garanzie nella vendita dei beni di consumo*, Padova, 2003; G. DE NOVA, *La recezione della direttiva sulle garanzie nella vendita di beni di consumo: vincoli, ambito di applicazione, difetto di conformità*, in *Studi in onore di P. Schlesinger*, Milano, 2004, tomo III, 1733 ss.; V. MARICONDA, *«Conformità del contratto» dei beni di consumo e onere della prova*, *ibidem*, 1769 ss.

Giurisprudenza: Cass., 18 ottobre 2011, n. 21527; Cass., 26 marzo 2009, n. 7372; Cass., 18 gennaio 2007, n. 1092; Trib. Milano, 24 gennaio 2007, n. 876 in *I contratti*, 2007, fasc. 7, 659-665 con nota di C. Romeo; Corte di Giustizia delle Comunità Europee, 19 febbraio 2004, causa C-310/03; Corte di Giustizia delle Comunità Europee, 19 febbraio 2004, causa C-312/03, entrambe in *Foro it.*, 2004, fasc. 4, IV, 180-182, con nota di A. Palmieri.

IL CONTRATTO DI CONCESSIONE DI VENDITA

La crisi di un marchio.

La società A è concessionaria di automobili per la casa costruttrice B.

La concessionaria A consegue, durante i primi tre anni del rapporto, ottimi risultati di vendita, addirittura superiori agli obiettivi fissati da B. A decide, quindi, con il consenso di B, di acquistare una nuova sede, di maggiori dimensioni e più prestigiosa. Per far fronte al notevole investimento, A è costretta a stipulare un contratto di mutuo.

Successivamente, tuttavia, le vendite calano notevolmente, nonostante il mercato dell'auto non subisca, nel suo andamento generale, delle flessioni. A vede così ridotto il proprio volume d'affari in misura tale da non riuscire più ad onorare le rate del mutuo.

A, poco dopo, fallisce.

Il fallimento della società A reputa che la responsabilità della situazione di insolvenza sia da addebitare ad un accertato calo d'apprezzamento del marchio riconducibile ad una diminuita qualità dei prodotti di B.

[Lorenzo Bertino, dottore in giurisprudenza]

Quesiti di primo livello:

1) Può il fallimento della società A ottenere il risarcimento del danno a titolo di inadempimento del contratto di concessione di vendita?

2) Più precisamente, quale sarebbe l'obbligazione tipica del contratto di concessione di vendita che si potrebbe assumere inadempiuta?

Quesiti di secondo livello:

1) Quale è la disciplina applicabile al contratto di concessione di vendita in tema di risoluzione del contratto per inadempimento?

2) Potrebbe il fallimento della società A ottenere la risoluzione del contratto per inadempimento? Perché?

Manuale: Cap. 23, sub 2; Cap. 24, sub 3.

Bibliografia: O. CAGNASSO, voce *Concessione di vendita*, in *Dig. disc. priv. - sez. comm.*, III, Torino, 1988; G. DE NOVA, *I nuovi contratti*, Torino, 1994; M. BALDI e A.

VENEZIA, *Il contratto di agenzia, la concessione di vendita e il franchising*, Milano, 2001; M. CARTELLA, *Concessione di vendita - Franchising*, in *Enc. dir.*, I, Milano, 1997, 327 ss.

Giurisprudenza: Cass., 22 febbraio 1999, in *I contratti*, 1999, 782 ss.

IL CONTRATTO DI LEASING

Un'auto rubata.

Franco è informatore medico-scientifico. Il suo lavoro consiste nel fare visita ai medici nei loro studi e ambulatori presentando i farmaci prodotti dalla OMEGA, l'azienda farmaceutica per cui lavora, in termini di principio attivo, patologie curate, vantaggi per quanto concerne le modalità di trattamento del disturbo, nonché per quanto concerne la somministrazione ecc. La sua area di competenza è Milano e il suo *hinterland*, ma anche la Lombardia e le regioni del nord-est. Di solito si muove in macchina per avere il massimo della flessibilità rispetto agli orari. Solo in città a volte opta per il mezzo pubblico che comunque gli consente di raggiungere bene, senza intoppi e senza il problema del parcheggio, le zone in cui è solito recarsi. Per viaggiare sicuro e in modo più confortevole durante le sue trasferte fuori città, ha deciso di cambiare la sua vecchia Ford Sierra, non più tanto affidabile perché ormai ha quasi dieci anni. Non avendo la disponibilità immediata della somma necessaria per l'acquisto di un'auto nuova, decide di ricorrere al leasing che consente anche un risparmio fiscale, con possibilità di detrazione dalle tasse del 50% dei canoni pagati. Si reca presso una concessionaria e sceglie la sua nuova auto, una fiammante Mercedes 500. Nel frattempo il concessionario, per «risparmiare tempo», invita Franco a recarsi presso la finanziaria Omega per mettere a punto le operazioni di finanziamento. Lo riceve Luisa, una funzionaria dinamica ed esperta. In breve tempo viene raggiunto dai due l'accordo sull'importo totale del contratto (36 canoni + prezzo d'opzione) e, avendo già concordato con la concessionaria il prezzo di acquisto del veicolo, Franco sottoscrive il contratto di leasing e il verbale di consegna dell'auto pagando subito il primo canone. Egli sottoscrive anche, con un agente suo amico, il contratto di assicurazione per la responsabilità civile, il furto e l'incendio dell'auto. Dopo circa un mese Franco si reca per lavoro a Roma e lascia in deposito la sua nuova auto in un garage a pagamento nei pressi della OMEGA, la cui sede è in un quartiere periferico di Roma (Magliana). Si intrattiene più di un'ora con il direttore generale che si dimostra particolarmente contento del volume di affari concluso da Franco e gli propone un contratto da capo area, con un incremento economico annuo di oltre il 30%. Felice per la promozione ottenuta, telefona a Alessia, la sua ragazza, invitandola a cena a Milano, dove conta di arrivare in serata.

Recatosi al parcheggio, ha tuttavia la sgradevole sorpresa di non trovare più la vettura.

[Domenico Chindemi, magistrato]

Quesiti di primo livello:

1) Quali sono gli effetti del furto dell'auto sul contratto di leasing?
2) Franco deve continuare a pagare i canoni?
3) La compagnia assicuratrice dell'auto per il rischio furto a chi deve pagare l'indennizzo?
4) Vi è responsabilità del garage per il furto dell'auto?

Quesiti di secondo livello:

1) Qual è la disciplina applicabile al contratto di leasing, in mancanza di espressa regolamentazione contrattuale? a) locazione; b) vendita a rate; c) mutuo.
2) In caso di risoluzione del contratto di leasing è applicabile l'art. 1526 c.c., con obbligo per il concedente di restituzione all'utilizzatore dei canoni pagati salvo trattenere l'equo indennizzo?
3) In quali casi può essere esclusa la responsabilità del Garage per le auto ricevute in custodia?

Manuale: Cap. 19, sub 5; Cap. 25, sub 3; Cap. 26, sub 7; Cap. 41, sub 2.

Bibliografia: N. VISALLI, *La problematica del leasing finanziario come tipo contrattuale*, in *Rivista di diritto civile*, 2000, fasc. 5, pt. 2, 643; D. CHINDEMI, *L'art. 1526 cod. civ. non è applicabile al contratto di leasing*, in *Nuova giur. civ. comm.*, 1995, 728; A. GALASSO - G. GALASSO, *Il deposito*, in *Digesto civ.*, Torino, 1989, 253; S. CALIGIURI, *Furto della cosa depositata e responsabilità del custode*, in *Giur. merito*, 1996, 68-70. 20743 del 26/10/2004.

Giurisprudenza: Cass., 28 agosto 2007, n. 18195; Cass., 14 novembre 2006, n. 24214, in *Giust. Civ.*, 2007, fasc. 7,-8 parte 1, 1641; Cass., 30 luglio 2004, n. 14605, in *Giust. Civ.*, 2005, fasc. 6, parte 1, 1566; Cass., 26 ottobre 2004, n. 20743.

IL CONTRATTO DI FRANCHISING

L'affidamento del terzo nella identità tra franchisee e franchisor.

La società A è franchisee di automobili della casa costruttrice B: A espone nei suoi locali il marchio e la denominazione della società B.

Nel contratto di franchising B ha inserito una clausola di riserva della proprietà: tutte le automobili sono di proprietà di B sino a quando A non paghi il prezzo a B.

Un signore C si reca presso la sede di A per acquistare un'automobile. Stipula così un contratto di compravendita con A di una autovettura il cui prezzo non è ancora stato corrisposto da A a B.

C ottiene il possesso dell'autoveicolo, ma non anche la carta di circolazione, necessaria per l'immatricolazione e la circolazione dell'automobile.

Il signore C chiede, pertanto, alla società B la carta di circolazione in suo possesso, affermando, tra l'altro, di aver creduto di contrarre con la casa B.

B si oppone e rifiuta la consegna della carta di circolazione.
[Lorenzo Bertino, dottore in Giurisprudenza]

Quesiti di primo livello:

1) Premesso che un'automobile non ancora immatricolata è qualificabile come bene mobile non registrato, il signore C ha acquistato la proprietà dell'automobile? Ed in caso di risposta positiva, il suo acquisto è a titolo originario o derivativo?

2) Il rifiuto della società B di consegnare la carta di circolazione è legittimo?

Quesiti di secondo livello:

1) Atteso che tramite il contratto di franchising si realizza una stretta integrazione tra la società madre e il rivenditore, tale da poter ingenerare nei terzi la convinzione di contrarre con un unico soggetto, è possibile che C agisca a titolo contrattuale nei confronti di B?

2) Ed in caso di risposta negativa sub 1, potrà C ottenere il risarcimento in forma specifica ex *art. 2058 cod. civ. (consegna della carta di circolazione) a titolo di responsabilità extracontrattuale di B?*

Manuale: Cap. 14, sub 5; Cap. 24, sub 5; Cap. 30, sub 10.

Bibliografia: ZANELLI, *Il contratto di franchising*, in *Trattato di diritto privato*, diretto da Rescigno, vol. 11, *Obbligazioni e contratti*, tomo III, Torino, 1984, 57 ss.; A. FRIGNANI,*Factoring, leasing, franchising, venture capital, concorrenza*, Torino, 1987, 4 ss.; M. BALDI e A. VENEZIA, *Il contratto di agenzia, la concessione di vendita e il franchising*, Milano, 2001, 119 ss; G. DE NOVA, *Il franchising*, Milano, 2004; F. BORTOLOTTI, *Il contratto di franchising*, Padova, 2004; A. FRIGNANI, *Franchising*, Torino, 2004.

Giurisprudenza: Tribunale di Crema, 23 novembre 1994, in *I contratti*, 1996, 52 ss.

IL CONTRATTO DI BARTERING

Telemilano International, emittente televisiva di recente creazione ed una nota fabbrica di detersivi, la Blanca Spa, concludono un contratto (c.d. contratto di «*bartering*») mediante il quale quest'ultima si impegna a produrre ed a consegnare «chiavi in mano» all'emittente televisiva un programma di quiz a premi con all'interno spazi pubblicitari funzionali al marketing della Blanca s.p.a. medesima, in cambio di uno spazio televisivo nelle trasmissioni di quest'ultima.

Non operando nel settore pubblicitario, la Blanca s.p.a. decide di concludere un contratto per la produzione degli spot con la società *Black s.r.l.*.

Alcuni giorni prima della messa in onda del programma a quiz, l'agenzia di pubblicità comunica alla fabbrica di detersivi di non essere in grado di consegnare gli spot pubblicitari.

A questo punto la Blanca comunica il proprio inadempimento all'emittente televisiva, la quale a sua volta si rifiuta di eseguire la propria prestazione con la società medesima, ritenendosi libera di negoziare con altre aziende.

Tuttavia Telemilano International si rivolge ad un legale al fine di verificare la correttezza giuridica della propria decisione.
[Roberto Campagnolo, avvocato in Milano]

Quesiti di primo livello:

1) Quali analogie e differenze esistono con il contratto di permuta* ex *art. 1552 cod. civ.?

2) Quali analogie e differenze esistono con il contratto atipico di sponsorizzazione?

Quesiti di secondo livello:

1) Da quali norme è disciplinato il contratto di bartering?

2) È possibile applicare l'*exceptio inadimpleti contractus *ex* art. 1460 c.c. *al contratto di bartering? Quali differenze emergono in relazione alla risoluzione del contratto?

Manuale: Cap. 19, sub 8.

Bibliografia: DI RENZO VALENTINA, CASARIN GIOVANNI, *Pubblicità e sponsorizzazione nel mondo dello sport*, in *Enti non profit*, 2009, 5, 35; LIPARI NICCOLO, PIETRO RESCI-

GNO *Diritto Civile* - Volume III - Tomo III - *Contratti*, in particolare LUIGI SALAMONE, *Il contratto di bartering*, pag. 804, Giuffrè Editore, 2009; GASTONE COTTINO, ORESTE CAGNASSO, *I contratti Commerciali*, Sezione: *I contratti di produzione di beni e servizi*, Cedam, 2009; GIUSEPPE CASSANO, *I singoli contratti*, Sezione: Parte IV - Capitolo XIX - *Il Bartering*, Cedam, 2010; ALBERTO M. GAMBINO, *Trattato di diritto Commerciale, I contratti di pubblicità e di sponsorizzazione*, Sezione: *I contratti di Bartering*, pag. 44, Giappichelli Editore, 2012.

Giurisprudenza: Cass. civ. Sez. I, 11/08/2009, n. 18218 (rv. 609424); Cons. Stato Sez. VI, 15/12/2010, n. 8933; Cass. civ. Sez. V, 27/07/2011, n. 16437; Cass. civ. Sez. V, 27/04/2012, n. 6548.

MUTUO E CONTRATTO DI GIOCO

Se gioca d'azzardo alle Bahamas ne risponde con il suo patrimonio in Italia?

Figlio d'arte, Fausto è uno chef che, confidando nelle proprie doti professionali, ha contratto debiti consistenti per riaprire il ristorante che il padre gli aveva lasciato in eredità.

L'iniziativa è stata un clamoroso insuccesso e Fausto si è visto costretto a chiudere repentinamente il ristorante. Pur essendone rimasto proprietario, rischiava di perderne la proprietà, non essendo in grado di rimborsare il mutuo contratto per la ristrutturazione e la messa a norma del locale. Decide così di accettare l'offerta di gestire due ristoranti su una nave da crociera; il compenso è elevato e gli consentirà di estinguere i debiti nell'arco di quattro anni.

Tuttavia, già nel corso della prima traversata oceanica, si persuade che trascorrere quattro anni, all'insegna dei sacrifici e del risparmio, è troppo per uno come lui. E poiché la nave resterà ormeggiata al porto di Nassau (Bahamas) per qualche giorno, decide che si affiderà alla dea bendata, giocando d'azzardo al casinò.

La sera stessa dell'arrivo in porto Fausto si reca al casinò, da cui ottiene un prestito di 100.000 dollari, per ricevere le *fiches* da utilizzare nel gioco d'azzardo. Non è per nulla preoccupato dell'ulteriore indebitamento personale, in quanto è convinto che se anche la fortuna gli dovesse voltare le spalle, trattandosi di un debito di gioco non dovrebbe rimborsarlo. In caso di debito da gioco d'azzardo, infatti, il creditore non ha diritto di agire, ai sensi dell'art. 1933 c.c., per il relativo pagamento. Come poteva essere prevedibile, nel corso della notte Fausto ha perso tutto al gioco. Rientrato alla nave, espone il proprio caso ad un anziano passeggero, un magistrato in pensione, il quale gli manifesta una forte perplessità in merito all'applicazione dell'art. 1933 c.c. al caso di specie. Nei giorni seguenti, Fausto avrà notizia che il casinò lo ha convenuto in giudizio davanti al Tribunale delle Bahamas per ottenere una sentenza di condanna alla restituzione della somma mutuata.
[Prof. Avv. Andrea Mora]

Quesiti di primo livello:

1) Il mutuo concesso da una casa da gioco a singoli giocatori, allo scopo di consentirne la partecipazione o la continuazione del gioco, in caso di gioco

proibito, deve considerarsi nullo? Nel qual caso sarà opponibile al mutuante l'eccezione di cui all'art. 1933 c.c.?

2) In un mutuo contratto a causa di gioco, alla qualifica della nullità del contratto di gioco per contrarietà alla legge discende anche la nullità del mutuo?

3) Una sentenza di condanna di un cittadino italiano da parte di un tribunale di uno stato in cui è lecito il gioco di azzardo può essere dichiarata efficace anche all'interno dello Stato Italiano?

Quesiti di secondo livello:

1) Qual è la distinzione tra gioco autorizzato e gioco proibito nell'ordinamento italiano e quali sono le conseguenze giuridiche dei pagamenti effettuati nei due casi?

Manuale: Cap. 1, sub 8 e Cap. 25, sub 6.

Bibliografia: BALESTRA, *Il giuoco e la scommessa nella categoria dei contratti aleatorii*, in *Riv. trim. dir. proc. civ.*, 2011, 665; VALSECCHI, *Il giuoco e la scommessa. La transazione*, in *Tratt.dir.civ.comm*, a cura di Cicu e Messineo, Milano, 1986.

Giurisprudenza: Cass. civ., 27 settembre 2012, n. 16511, in *Giust. civ.*, 2012, I, 2263.

IL CONTRATTO DI APPALTO DI SERVIZI

La Sig.ra Candida ha lavorato alle dipendenze dell'Impresa Puliscotutto s.r.l. come addetta alle pulizie, svolgendo la sua attività lavorativa nei locali della Società Cintel Corona s.r.l.

Il rapporto tra Cintel Corona e Puliscotutto è regolato da un contratto di appalto di servizi.

Dopo tre anni, Cintel Corona, scontenta del servizio, decide di risolvere il contratto e di provvedere direttamente allo svolgimento dell'attività di pulizia, impiegando - a tal fine - proprio personale.

Senonchè, decorsi 12 mesi dalla cessazione dell'appalto, Cintel Corona si vede recapitare una raccomandata da parte della Sig.ra Candida nella quale la stessa rivendica nei confronti dell'impresa Puliscotutto e, in via solidale, nei confronti di Cintel Corona il pagamento di differenze retributive in relazione al periodo di esecuzione del contratto di appalto di servizi.

Cintel Corona allarmata si rivolge a un avvocato per capire se ha qualche responsabilità nei confronti della Sig.ra Candida, non avendo avuto alcun rapporto con quest'ultima e avendo integralmente pagato all'Impresa Puliscotutto il corrispettivo pattuito per l'appalto.

[Valentina Pomares, avvocato in Milano]

Quesiti di primo livello:

1) Può la Sig.ra Candida agire nei confronti di Cintel Corona per ottenere il pagamento delle retribuzioni per il lavoro straordinario svolto e mai pagato dall'Impresa Puliscotutto?

2) Può Cintel Corona difendersi dimostrando di avere pagato integralmente il corrispettivo dell'appalto?

Quesiti di secondo livello:

1) Quali sono le norme che regolano l'appalto di servizi?

2) Quali sono le responsabilità in capo al committente, all'appaltatore e al subappaltatore nei confronti dei dipendenti impiegati nell'appalto?

Manuale: Cap. 26.

Bibliografia: Carullo A., Iudica G., *Commentario breve alla legislazione sugli appalti pubblici e privati*, Padova, 2012; Maresca A., *Somministrazione di lavoro e appalti di servizi*, Milano, 2009; Brignone A., *La responsabilità solidale nelle esternalizzazioni. La garanzia dei crediti nell'appalto, nel trasferimento di azienda e nella somministrazione*, Milano, 2012.

Giurisprudenza: Tribunale di Milano, 9 marzo 2013 n. 1228, *Riv. It. Dir. Lav.* 2012, 3, II, 601; Tribunale di Roma, 26 gennaio 2012 n. 4046, *Riv. It. Dir. lav.* 2012, 3, II, 600; Tribunale di Milano, 27 ottobre 2009, *D.L. Riv. Critica Dir. Lav.* 2009, 4, 1019.

IL CONTRATTO DI BROKERAGGIO

La Alfa s.p.a. concede il locazione alla Beta s.r.l. l'immobile sito in Parma alla via Roma n. 30.

Il bene viene utlizzato dalla Beta s.r.l. per lo svolgimento di un'attività di brokeraggio.

Poco prima della scadenza del termine finale della locazione, la Alfa s.p.a. intima sfratto per finita locazione alla società conduttrice. La Beta s.r.l., rilasciato l'immobile, conviene in giudizio la Alfa s.p.a. per ottenere il pagamento dell'indennità di avviamento *ex* art. 34 della L. 27 luglio 1979, n. 392. La società locatrice resiste in giudizio rilevando che l'attività di broker è da qualificarsi come professione intellettuale e, in quanto tale, non consente al conduttore di acquisire il diritto all'indennità per la perdita dell'avviamento.

[Lorenzo Bertino, dottorando di ricerca]

Quesiti di primo livello:

1) Quali sono le attività tipiche che contraddistinguono il rapporto giuridico di brokeraggio?

2) Il contratto di brokeraggio può essere qualificato come: a) contratto d'opera intellettuale; b) contratto di mediazione; c) contratto d'opera o di appalto? Per quali motivi?

Quesiti di secondo livello:

1) L'esercizio di un'attività intellettuale è compatibile con l'esercizio di un'attività imprenditoriale?

2) L'attività di broker è qualificabile come attività professionale o imprenditoriale?

Manuale: Cap. 26, sub 1 e 6.

Bibliografia: E. PEDICINI, voce *Broker di assicurazioni*, in *Enciclopedia del diritto*, Milano, 2001, V, 205 ss.; E. GIACOBBE, *Brokeraggio e tipo contrattuale*, Milano, 1999; A LUMINOSO, *La mediazione*, in *Trattato di diritto civile e commerciale Cicu - Messineo*, Milano, XXXI, 3, 1993, 158.

Giurisprudenza: Cass., 6 maggio 2003, n. 6874.

L'AUTONOMIA CONTRATTUALE
I CONTRATTI TIPICI

L'appalto.

Gigi, privato benefattore, vuole realizzare un centro polivalente, che porti il suo nome, per l'assistenza, la cura e lo svago degli anziani residenti nel Comune di Bardolino e non autosufficienti economicamente. Trattandosi di un'opera complessa, che richiede una pluralità di apporti, Gigi affida la costruzione dell'edificio alla impresa A, il progetto edilizio al noto architetto B, mentre per la fornitura di materiali, attrezzature, macchinari e arredi si rivolge a varie imprese specializzate C, D, E e F. Infine, per una preventiva indagine di fattibilità del programma e di valutazione dei costi, si rivolge allo studio professionale G, che gli suggerisce anche il ricorso a fonti integrative di finanziamento, poi ottenuto dalla Banca H.

Gigi, peraltro, potrebbe anche richiedere, con un solo contratto, alla società multinazionale I, che dispone al proprio interno di tutte le strutture tecniche ed economiche necessarie per la realizzazione dell'opera, di svolgere la pluralità di prestazioni che altrimenti deve richiedere ai vari soggetti sopra indicati mediante una pluralità di contratti separati.
[Flavio Lapertosa, magistrato]

Quesiti di primo livello:

1) Quali tipi di contratto stipula Gigi nella prima ipotesi?
2) Quale contratto viene stipulato nella seconda ipotesi? E quali sono le esigenze economiche che la giustificano ?

Quesiti di secondo livello:

1) Qual è la differenza tra contratti tipici e atipici?
2) In quali limiti è consentito ai privati di creare nuove figure contrattuali?

Manuale: Cap. 19, sub 7; Cap. 26, sub 1.

Bibliografia: D. RUBINO - G. IUDICA, *Dell'appalto - artt. 1655-1677*, in *Commentario del*

Codice civile Scialoja-Branca, Bologna-Roma, 1992, 356 ss.; F. LAPERTOSA, *L'Engineering*, Milano, 1993, 26 ss. e 158 ss.

Giurisprudenza: Cass., 25 luglio 1984, n. 4436, in *Foro it.*, 1985, I, 495; Cass., 10 giugno 1994, n. 5648, in *Nuova giur. civ. comm.*, 1995, I, 599.

IL CONTRATTO DI TRANSAZIONE

Il Sig. Malandrino, dirigente della società farmaceutica Tachipirona s.p.a., viene licenziato dalla società a causa di una riorganizzazione che ha comportato il venir meno della sua posizione di lavoro.

Il Sig. Malandrino impugna il licenziamento contestando l'esistenza della riorganizzazione e dunque la giustificatezza del licenziamento. La Società, al fine di evitare l'alea di un giudizio, decide di concludere con il Sig. Malandrino una transazione generale novativa a fronte della quale si impegna a versare al Sig. Malandrino l'importo di euro 300.000,00. Nella transazione le parti dichiarano espressamente di rinunciare reciprocamente a qualunque pretesa connessa al rapporto di lavoro intercorso e alla sua cessazione.

Dopo avere concluso la transazione, la Società scopre tristemente che il Sig. Malandrino, durante il rapporto di lavoro, ha falsificato le proprie note spese ottenendo dalla Società rimborsi per importi non dovuti per un totale di ben euro 300.000,00.

La Società sospende dunque il pagamento di quanto pattuito nella transazione.

A questo punto il Sig. Malandrino agisce in giudizio e chiede al Tribunale che gli venga riconosciuto l'importo stabilito nella transazione. La Società resiste in giudizio chiedendo l'annullamento della transazione e, in via riconvenzionale, chiede a sua volta che il Sig. Malandrino restituisca quanto indebitamente percepito a titolo di rimborso spese.
[Valentina Pomares, avvocato in Milano]

Quesiti di primo livello:

1) Può la Società Tachipirona S.p.A. chiedere l'annullamento della transazione generale novativa?

2) Il Sig. Malandrino ha diritto a ottenere il pagamento della somma di euro 300.000,00 stabilita nel contratto di transazione?

3) Nella fattispecie sopra descritta qual è la parte contrattualmente più debole?

Quesiti di secondo livello:

1) Quali sono le differenze fra transazione generale e transazione novativa?
2) Quali sono i casi di annullamento della transazione?

Manuale: Cap. 27.

Bibliografia: FRANZONI M., *La transazione*, Padova, 2001, p. 366; VALSECCHI E., in Cicu - Messineo, *Trattato di diritto civile e commerciale*, Milano, 1986, vol. XXXVII, tomo II, p. 411; SANTORO PASSARELLI, *La transazione*, , Napoli, 1986, p. 182 in CENDON P., *Commentario al Codice Civile, artt. 1882 - 1983, Assicurazione, Giuoco e scommessa, Fideiussione, Transazione, Cessione dei Beni*, Milano, 2010, p. 1266.

Giurisprudenza: Cass., 28 febbraio 2006, n. 4455, in Giust. civ. Mass. 2006 f. 2; Cass., 12 gennaio 2006, n. 421; Cass. 3 aprile 2003 n. 5138; Cass., 1 aprile 1960, n. 734; Cass. 9 maggio 1958, n. 1537.

LE PROMESSE UNILATERALI

Perché non ho firmato?

In una allegra giornata d'estate Ambrogio, decide di concedere in usufrutto un appartamento di sua proprietà a Giovanna: immette pertanto l'amica nel possesso del bene e contestualmente redige e sottoscrive una scrittura privata per la concessione dell'usufrutto, invitando l'amica a sottoscrivere l'atto.

Tuttavia un po' per il sopravvenire delle vacanze estive, un po' per sbadataggine Giovanna si dimentica di andare a firmare la scrittura.

Non fa in tempo a passare l'estate che Ambrogio, venuto a conoscenza di circostanze relative alla vita di Giovanna tali da incrinare la propria amicizia nei suoi confronti, decide di richiedere la restituzione dell'appartamento intimandole il rilascio: «Ridammi l'appartamento mia cara! Non hai nessun titolo per continuare ad abitarvi, il contratto non l'hai firmato e la mia sottoscrizione da sola non vale niente!».
[Matteo Ronchi, Avvocato in Milano]

Quesiti di primo livello:

1) Com'è qualificabile la scrittura privata sottoscritta dal solo Ambrogio?
2) In quali casi la promessa unilaterale produce effetti giuridici?

Quesiti di secondo livello:

1) Qual'è la forma prescritta dalla legge per i contratti che costituiscono il diritto di usufrutto?
2) Quali sono i modi di costituzione del diritto di usufrutto?
3) Il diritto di usufrutto può essere costituito per effetto di una promessa unilaterale?

Manuale: Cap. 28, sub 2; Cap. 12, sub 2.

Bibliografia: L. BIGLIAZZI GERI, *Usufrutto, uso e abitazione*, in AA.VV., *Trattato di diritto civile e commerciale diretto da A. Cicu-F. Messineo*, Milano, 1979, pp. 63, ss.; G. PUGLIESE, *Usufrutto, uso e abitazione*, Torino, 1972, pp. 121 ss.; C. COLOMBO, *Negozi unilaterali e costituzione di usufrutto*, in *Contratti*, 2007, fasc. 11, p. 957 ss.

Giurisprudenza: Cass., 30 gennaio 2007, n. 1967, in *Contratti*, 2007, fasc. 11, p. 957 ss.

ATTI E FATTI DIVERSI DAL CONTRATTO
GESTIONE DI AFFARI ALTRUI

Un padre incorreggibile.

Il signor Luigino è «accompagnato» alla signora Lucia, dalla quale ha avuto tre figli naturali.

Il signor Luigino, inizialmente destina i frutti di un determinato immobile all'adempimento dell'obbligo di mantenere, istruire ed educare i propri figli naturali, obbligo che, anzitutto ai sensi dell'art. 30 Cost., grava su ogni genitore; successivamente, tuttavia, egli aliena a terzi l'immobile in parola, non contribuendo più, così, al mantenimento della prole. Da quel momento in poi, sarà la signora Lucia, da sola, a fare fronte, interamente ed integralmente, alle spese di mantenimento, istruzione ed educazione della prole.

Dopo un certo numero di anni, la signora Lucia conviene in giudizio il signor Luigino, per ottenere il rimborso di quella parte di spese, da lei sostenute per prendersi adeguatamente cura della prole, che competeva al signor Luigino medesimo, ed alla quale egli non ha in alcun modo provveduto.

Il signor Luigino resiste in giudizio, affermando come non sia la Signora Lucia che può agire verso di lui, ma, se mai, i soggetti nei confronti dei quali egli era obbligato – *pro quota* – al mantenimento, all'istruzione ed all'educazione, vale a dire i figli.

La questione viene decisa giudizialmente.

[Giovanni Francesco Basini, Professore Ordinario di Istituzioni di Diritto privato]

Quesiti di primo livello:

1) È vero che la signora Lucia non ha diritto di ottenere nulla dal signor Luigino?

2) In caso di risposta negativa, a che cosa ha diritto la signora Lucia?

3) Su quale istituto potrebbe fondarsi la pretesa della signora Lucia?

Quesiti di secondo livello:

1) Quali sono i requisiti della gestione di affari altrui?

2) Può esservi egualmente gestione di affari laddove il **dominus** ***non sia impossibilitato a provvedere di persona all'affare, o, addirittura, vi provveda «negativamente», vale a dire vietando l'attività al gestore?***

Manuale: Cap. 28, sub 3; Cap. 44, sub 10, 11 e 12.

Bibliografia: M. CASELLA, voce *Gestione di affari. I) Diritto civile*, in *Enciclopedia giur. Treccani*, vol. XV, Roma, 1989, 1 ss.

Giurisprudenza: Cass., 5 dicembre 1996, n. 10849, in *Foro it.*, 1997, I, 3337 ss.; Cass., 28 giugno 1994, n. 6215, in *Foro it.*, 1994, I, 3029 ss.; Cass., 12 marzo 1992, n. 3019, in *Foro it.*, 1993, I, 1635.

INDEBITO SOGGETTIVO
ADEMPIMENTO DEL TERZO

Un ripensamento tardivo.

Francesco e Paolo sono amici di vecchia data.

Paolo è in un periodo di difficoltà finanziaria e non è in grado di pagare un debito esigibile di 20.000 Euro che ha verso Michele.

Francesco decide di aiutarlo. Si reca da Michele e paga l'intero debito, sperando che Paolo gli restituirà la somma quando le sue condizioni economiche saranno migliorate.

Trascorse alcune settimane, Francesco si rivolge dall'amico per farsi restituire l'importo pagato a Michele. Paolo, con rammarico, gli comunica che non ha mezzi sufficienti per rifondergli il denaro.

Francesco dice all'amico di non preoccuparsi. Tuttavia anche lui, ora, non naviga in buone acque, e gli farebbe comodo recuperare la somma.

Poiché Paolo non può rimborsarlo, Francesco si rivolge allora a Michele per riottenere quanto a suo tempo pagato.

Michele si oppone alla richiesta.

Francesco insiste. Egli – dice a Michele – ha adempiuto un debito altrui, non un debito proprio; e poiché al momento del pagamento non era debitore, ha diritto a vedersi restituita la somma pagata, trattandosi di un indebito soggettivo.
[Stefano Balbusso, avvocato in Milano]

Quesiti di primo livello:

1) È fondata la richiesta di Francesco nei confronti di Michele?
2) Il pagamento da parte di Francesco costituisce un indebito soggettivo?

Quesiti di secondo livello:

1) Cosa si intende, rispettivamente, per adempimento del terzo e per indebito soggettivo?
2) Come si distinguono le due figure?

Manuale: Capp. 17, sub 3; 28, sub 4.

Bibliografia: P. GALLO, voce *Ripetizione dell'indebito*, in *Dig.* IV ed., *Disc. priv., sez. civ., Agg. VII*, 2012, pp. 880 ss.; C. CAMARDI, *sub* art. 1180, in V. CUFFARO (a cura di), *Delle obbligazioni. artt. 1173-1217*, in *Comm. cod. civ.*, diretto da E. Gabrielli, Torino, 2012, pp. 267 ss.; C.M BIANCA, *Diritto civile*, V, *La responsabilità*, 2ª ed., Milano, 2012, pp. 813 ss.; ID., *Diritto civile*, IV, *L'obbligazione*, Milano, 1993 (rist.), pp. 283 ss.; G. BOZZI, *Comportamento del debitore e attuazione del rapporto obbligatorio*, in *Diritto civile*, diretto da N. Lipari e P. Rescigno, coordinato da A. Zoppini, vol. III, *Obbligazioni*, I, *Il rapporto obbligatorio*, Milano, 2009, pp. 152 ss.; P. SIRENA, *La ripetizione dell'indebito*, in *Diritto civile*, diretto da N. Lipari e P. Rescigno, coordinato da A. Zoppini, vol. III, *Obbligazioni*, I, *Il rapporto obbligatorio*, cit., pp. 491 ss.; C. TURCO, *L'adempimento del terzo*, in *Il codice civile. Commentario*, diretto da P. Schlesinger, Milano, 2002; C.A. CANNATA, *L'adempimento in generale*, in *Tratt. dir. priv.*, diretto da P. Rescigno, 9, *Obbligazioni e contratti*, t. I, 2ª ed., Torino, 1999, pp. 93 ss.; U. BRECCIA, *Il pagamento dell'indebito*, in *Tratt. dir. priv.*, diretto da P. Rescigno, 9, *Obbligazioni e contratti*, t. I, 2ª ed., cit., pp. 909 ss.; ID., *Le obbligazioni*, in *Tratt. dir. priv.*, a cura di G. Iudica e P. Zatti, Milano, 1991, pp. 435 ss.; ID., voce *Indebito (ripetizione dell')*, in *Enc. giur. Treccani*, vol. XVI, 1989; A. DI MAJO, *Dell'adempimento in generale. Artt. 1177-1200*, in *Comm. cod. civ. Scialoja-Branca*, a cura di F. Galgano, Bologna-Roma, 1994, pp. 41 ss.; E. MOSCATI, *Pagamento dell'indebito*, in L. ARU, E. MOSCATI, P. D'ONOFRIO, *Delle obbligazioni. Art. 2028-2042*, in *Comm. cod. civ. Scialoja-Branca*, Bologna-Roma, 1981, pp. 61 ss.

Giurisprudenza: Cass., sez. un., 29 aprile 2009, n. 9946, in *Obbl. e contr.*, 2009, p. 254, con nota di L. FOLLIERI, *L'adempimento del terzo al vaglio delle Sezioni Unite*; in *Riv. dir. proc.*, 2010, p. 958, con nota di M. GRADI, *La «ragionevole durata del processo» e i «risultati di semplificazione»: la pretesa inapplicabilità dell'art. 353 c.p.c. al giudizio di cassazione*; in *Vita not.*, 2009, p. 924, con nota redazionale; Cass., sez. lav., 7 luglio 2004, n. 12509, in *Rep. Foro it.*, 2004, voce *Previdenza sociale*, n. 556; Cass., sez. lav., 3 dicembre 2002, n. 17120, in *Rep. Foro it.*, 2002, voce *Indebito*, n. 5; Cass., 22 febbraio 1995, n. 1981, in *Rep. Foro it.*, 1995, voce cit., n. 19; Cass., 5 gennaio 1995, n. 195, *ivi*, 1995, voce cit., n. 18; Cass., 28 novembre 1981, n. 634, *ivi*, 1981, voce cit., n. 12.

ATTI E FATTI DIVERSI DAL CONTRATTO
PROMESSA AL PUBBLICO

Una tragica sparizione.

In una sera buia e tempestosa, la signora Gianna, alla guida della propria autovettura, si allontanò da Rocca Cannuccia, piccolo abitato di montagna, e scomparve. Le immediate ricerche, avviate nei territori circostanti, ma ostacolate dall'abbondante nevicata che proprio in quella notte interessò la zona montagnosa, condussero, dopo due settimane, al ritrovamento dell'auto della donna, parcheggiata e chiusa a chiave. La signora Gianna, tuttavia, non fu ritrovata, nonostante la prosecuzione delle ricerche a largo raggio, e con notevole dispiegamento di mezzi. Né miglior esito ebbe un primo appello, rivolto dalle pagine di un quotidiano locale, dal signor Stefano Carlo, marito della signora Gianna, ai cacciatori della zona di Rocca Cannuccia, che venivano invitati a segnalare qualsiasi utile traccia, non escludendosi che la donna potesse essere stata travolta da una tempesta di neve, sulle montagne circostanti il luogo di ritrovamento dell'auto.

Dopo più di un anno dalla scomparsa della donna, e senza che fossero, nel frattempo, emersi nuovi elementi sulla vicenda, il signor Stefano Carlo fece diffondere dalla stampa nazionale e dalla televisione un appello del seguente tenore:

«È passato ormai un anno dalla misteriosa scomparsa di mia moglie Gianna nelle montagne sopra Rocca Cannuccia. La famiglia di mia moglie ed io abbiamo sofferto l'angoscia e le false speranze di un anno di incertezza. Nonostante le ripetute ricerche ed inchieste dei carabinieri e malgrado l'aiuto generoso di volontari e di persone del luogo, questa tragica sparizione rimane un mistero. Cosa può essere accaduto? I fatti, come appaiono oggi, sono che ad una certa ora della sera di sabato 29 novembre 1980 l'autovettura nella quale viaggiava mia moglie fu lasciata chiusa, in località Monte di Magdala. Nevicò pesantemente quella notte e passarono circa due settimane e mezzo prima che si scoprisse la macchina. Ci sono prove che mia moglie trascorse del tempo in una casa vuota, a poca distanza da dove lasciò la macchina. Qui finisce ogni traccia. La borsetta di mia moglie ed il suo contenuto, di cui gran parte è identificabile, non è mai stata trovata. Era una borsa grande, di pelle marrone chiaro, che deve avere contenuto il suo passaporto, a nome Gianna Maggio, assegni di viaggio, il suo libretto di assegni, la patente di guida, biglietti aerei, ed un metro a nastro di acciaio. Alla luce di questi fatti ormai noti, sicuramente devono esserci persone che possono sollevarci dall'angoscia e dall'incertezza di non sapere la verità. È questa sparizione il frutto di un orribile delitto? O esiste un'altra spiegazione? Io offro fino a cento milioni di lire per qualsiasi informazione che conduca alla soluzione del mistero, e fino a duecentocinquanta milioni di lire per qualsiasi informazione che conduca al ritrovamento di mia moglie viva. È tutto quello che posseggo e che ho potuto mettere insieme per questo appello e supplico chiunque possa aiutarmi di farsi avanti. Se potete aiutarmi, vi prego di prendere contatto con il mio rappresentante, avvocato Gennaro Gennaro, tel. *********, o di scrivergli al seguente indirizzo: casella postale n. ****, Roma».

Pochi giorni dopo la pubblicazione dell'appello, il signor Mimmo, nel corso di una battuta di caccia al cinghiale nel territorio di Rocca Cannuccia, ebbe ad imbattersi casualmente in quelli che risultarono, poi, essere i resti mortali della signora scomparsa. Dopo avere informato le autorità di polizia, il signor Mimmo inviò, tempestivamente, un telegramma al signor Stefano Carlo invitandolo a mettersi in contatto con il proprio avvocato per ottemperare all'obbligo scaturente dalla promessa di ricompensa.

Il signor Stefano Carlo affermò di nulla dovere, o, al massimo, di dovere una ricompensa di dieci milioni. Il signor Mimmo, invece, pretendeva una ricompensa, e ne pretendeva una pari a cento milioni.

Il caso venne, così, sottoposto all'Autorità Giudiziaria.

[Giovanni Francesco Basini, Professore Ordinario di Istituzioni di Diritto privato]

Quesiti di primo livello:

1) Il ritrovamento come accaduto, rappresenta una «informazione che conduce alla soluzione del mistero» come previsto nella promessa?

2) In caso di risposta affermativa, è dovuta una ricompensa dal signor Stefano Carlo al signor Mimmo?

3) A quanto ammonterebbe questa eventuale ricompensa?

Quesiti di secondo livello:

1) Come può essere qualificato, giuridicamente, l'appello del signor Stefano Carlo?

2) Quali regole interpretative possono essere applicate alle promesse unilaterali?

3) Può il giudice determinare l'ammontare della ricompensa?

4) Se sì, in base a quali criteri e perché?

Manuale: Cap. 19, sub 5, 6, 7, 8; Cap. 21, sub 4; Cap. 28, sub 2.

Bibliografia: G. SBISÀ, voce *Promessa al pubblico*, in *Digesto*, IV ed., *Disc. priv., Sez. civ.*, vol. XV, Torino, 1997, 363 ss.

Giurisprudenza: App. Ancona, 28 febbraio 1986, in *Foro it.*, 1987, I, 1277 ss. Cfr., inoltre, Cass., 12 novembre 1993, n. 11158, in *Not. giur. lav.*, 1994, 320; Cass., 4 marzo 1991, n. 2674, in *Foro it.*, 1991, I, 3148; App. Milano, 18 giugno 1991, in *Arch. civ.*, 1992, 812.

CAPACITÀ DI SUCCEDERE. PAGAMENTO DELL'INDEBITO

Il tarlo del gioco.

Alberto, giovane avvocato con un debole per il gioco d'azzardo, vive costantemente in bolletta ed è solito far fronte ai suoi numerosi debiti grazie all'aiuto finanziario di alcuni generosi amici e dei propri genitori.

Un giorno Alberto conosce Clara, giovane donna di ottima famiglia e dal cospicuo patrimonio personale, la quale s'innamora perdutamente di lui. Vedendo in essa la via d'uscita dai problemi economici che lo attanagliano, Alberto si fidanza con la donna, che accetta di buon grado di fornirgli il danaro necessario a saldare i debiti di gioco insoluti, dietro la promessa che mai più egli metterà piede in una sala da gioco.

Pagati i creditori, Alberto sembra iniziare una nuova vita e, in breve tempo, i due convolano a nozze. Sull'onda dell'entusiasmo per i primi, esaltanti mesi di vita coniugale, Clara – che da sempre vive nel presentimento di una morte violenta e precoce – decide di fare testamento in favore del marito, al quale comunica di averlo nominato erede universale.

Già da qualche tempo, peraltro, il tarlo del gioco ha ripreso a erodere la serenità di Alberto, il quale, non resistendo al richiamo del tavolo verde, accumula in poco tempo nuovi e più ingenti debiti. Disperato per la situazione finanziaria in cui versa, assillato da creditori minacciosi e dilaniato dal rimorso per non aver tenuto fede alla promessa fatta a Clara, cui egli non osa chiedere altro danaro, Alberto si decide a compiere il passo più grave. Si accorda quindi con J., professionista del crimine, affinché uccida la giovane dietro una lauta ricompensa da corrispondersi dopo il delitto.

Alberto eredita, così, la fortuna della povera Clara e si affretta a saldare tanto i propri debiti di gioco quanto il conto dell'infallibile sicario. I genitori della vittima e le autorità inquirenti, tuttavia, iniziano ben presto a sospettare del giovane vedovo.

[Matteo Mattioni, dottorando di ricerca]

Quesiti di primo livello:

1) I creditori di Alberto, pagati da quest'ultimo prima e dopo il matrimonio, possono essere tenuti a restituire quanto hanno da lui ricevuto? Perché?

2) È valido il contratto concluso da Alberto con il sicario? Quanto pagato dal primo al secondo può essere chiesto indietro?

3) A quali condizioni Alberto potrebbe essere privato dell'eredità di Clara?

Quesiti di secondo livello:

1) Il fatto che Alberto non abbia eseguito materialmente il delitto ha qualche influenza sulla stabilità del suo acquisto ereditario?
2) I debiti di gioco sono obbligazioni naturali?
3) Qual è il fondamento della regola "in pari causa turpitudinis melior est condicio possidentis"?

Manuale: Cap. 28, sub 4; cap. 45, sub 5.

Bibliografia: D. RICCIO, in G. DI GIANDOMENICO-D. RICCIO, *Il contratti aleatori*, in *Tratt. dir. priv.*, dir. da M. Bessone, Torino, 2005, 121 ss.; M. PARADISO, *I contratti di gioco e scommessa*, Milano, 2003; E. BRIGANTI, *La disciplina dei debiti di gioco*, in *Riv. not.*, 1994, 251; E. MOSCATI, *Gioco e scommessa*, in *Dig.* 4ª ed., *Disc. priv.*, *sez. civ.*, IX, Torino, 1993, 11; A. ALBANESE, *Immoralità, illiceità e* soluti retentio, in *Corr. giur.*, 2005, 865; D. CARUSI, *Prestazione (immoralità della)*, in *Enc. giur.*, XXIV, Roma, 2003; U. SALVESTRONI, *Della capacità di succedere. Dell'indegnità*, 2ª ed., in *Il Codice Civile. Commentario*, fond. da P. Schlesinger, dir. da F.D. Busnelli, Milano, 2012; R. OMODEI SALÈ, *Indegnità a succedere*, in *Dig.* 4ª ed., *Disc. priv.*, *sez. civ.*, *agg.*, III, 2, Torino, 2007, 681; E. MOSCATI, *Questioni vecchie e nuove in tema di capacità di succedere e di indegnità*, in *Familia*, 2006, 39; C. RUPERTO, *Indegnità a succedere*, in *Enc. giur.*, XVI, Roma, 1989.

Giurisprudenza: Cass., 5 marzo 2009, n. 5402, in *Riv. not.*, 2010, 216; Cass., 29 marzo 2006, n. 7266, in *Giust. civ.*, 2007, I, 939; Cass., 16 febbraio 2005, n. 3096, in *Fam. pers. succ.*, 2005, 141.

OBBLIGAZIONI NATURALI

C'eravamo tanto amati...

Renzo e Lucia hanno convissuto da fidanzati per 15 anni.

Nel periodo di convivenza, Renzo, muratore di professione, ha costruito sopra un terreno della fidanzata, acquistando di tasca propria i materiali e lavorando durante tutto il suo tempo libero, una villetta nella quale la coppia si era trasferita con l'intenzione di trascorrervi insieme il resto dei loro giorni.

Tuttavia le cose non andarono come previsto: terminata la relazione tra i due Lucia cacciò Renzo dall'abitazione.

Dopo qualche giorno dalla separazione Renzo andò a trovare Lucia intimandole di rimborsargli quanto da lui speso, in denaro e lavoro, per la costruzione della casa.

«Nemmeno per sogno!» – rispose Lucia – «Tu hai costruito questa casa quando ci amavamo, per assicurarmi un futuro sicuro e dignitoso e senza chiedere nulla in cambio da me. Non puoi pretendere nulla, adesso, soltanto perché non ci amiamo più!»
[Matteo Ronchi, dottore in giurisprudenza]

Quesiti di primo livello:

1) È moralmente giustificabile la posizione di Lucia?
2) La pretesa di Renzo è giuridicamente fondata?

Quesiti di secondo livello:

1) Quali sono le fonti delle obbligazioni diverse dal contratto?
2) Che cosa sono le obbligazioni naturali?
3) Su quali norme potrebbero trovare rispettivamente fondamento le pretese di Renzo e di Lucia?

Manuale: Cap. 28, sub 4.

Bibliografia: G. FERRANDO, *Le contribuzioni tra conviventi fra obbligazione naturale e contratto*, in *Famiglia e Diritto*, 2003, fasc. 6, 598-604; G. STELLA RICHTER, *La donazione nella famiglia di fatto*, in *Rivista di diritto civile*, 2003, fasc. 2, pt. 2, 143-161.

Giurisprudenza: Cass. civ., Sez. II, 13 marzo 2003, n. 3713 in *Giur. It.*, 2004, 530, con nota di P. DIGREGORIO «Convivenza more uxorio e accessione: nuovi spunti di riflessione».

TRASMISSIBILITÀ DELL'OBBLIGAZIONE

A far del bene, talvolta, ci si rimette.

Mario e Marco, quali eredi di Federica, citavano in giudizio Roberto dinanzi al Tribunale di Milano, assumendo che quest'ultimo deteneva, senza titolo, un immobile caduto nella successione ereditaria della loro dante causa. Mario e Marco chiedevano, pertanto, la condanna di Roberto al rilascio del predetto bene e al risarcimento dei danni.

Nel costituirsi, Roberto contestava la fondatezza della domanda, negando di detenere l'immobile in questione. Roberto, inoltre, affermava di aver ospitato Federica per diversi anni e di aver provveduto al mantenimento di quest'ultima per tutto il tempo. Roberto deduceva, altresì, la promessa di Federica, mai formalizzata, alla remunerazione di quanto stesse facendo per lei. Per tali ragioni, Roberto chiedeva la condanna di Mario e Marco al pagamento di quanto dovuto per le prestazioni erogate in favore di Federica.
[Roberto Panetta, avvocato]

Quesiti di primo livello:

1) Che natura può avere l'obbligazione assunta da Federica?
2) L'obbligazione assunta da Federica nei confronti di Roberto può essere trasmessa a Mario e Marco? In quali casi?

Quesiti di secondo livello:

1) Qual è la differenza tra obbligazione giuridica e obbligazione naturale?
2) Quale tipo di obbligazione può essere trasmessa agli eredi?
3) Un'obbligazione naturale può essere trasformata in un'obbligazione giuridica per effetto di una promessa di pagamento?

Manuale: Cap. 16, 17, 28, sub 2, 4, 5.

Bibliografia: MANIGLIO, *L'intrasmissibilità mortis causa dell'obbligazione naturale,* in *Rivista del notariato,* 2012, 1, 108; BALESTRA, *Le obbligazioni naturali nel pensiero di Michele Giorgianni,* in *Rivista trimestrale di diritto e procedura civile,* 2008, 389 ss.; BALESTRA, *Le obbligazioni naturali,* in *Tratt. Cicu e Messineo,* continuato da Schlesinger, Milano, 2004; FERRANDO, *Le contribuzioni tra conviventi fra obbligazione naturale e contratto,* in *Famiglia e Diritto*, 2003, 6, 598; STELLA RICHTER, *La donazione nella famiglia di fatto*, in *Rivista di diritto civile*, 2003, 2, 2, 143; OPPO, *La prestazione in adempimento di un dovere non giuridico (cinquant'anni dopo),* in *Rivista di diritto civile*, 1997, I, 515; NIVARRA, *Obbligazione naturale,* in *D. disc. priv., sez. civ.,* XII, Torino, 1995, 366 ss.; BONILINI, *Il mantenimento post mortem del coniuge e del convivente more uxorio,* in *Rivista di diritto civile,* 1993, 2, I, 242; PERLINGIERI, *Le vicende dell'obbligazione naturale,* in *Rivista di diritto civile*, 1969, I, 385 ss.

Giurisprudenza: Cass. Civ. Sez. II, 12 luglio 2011, n. 15301, in *Rivista del notariato,* 2012, 1, 106; Cass. Civ. Sez. III, 31 marzo 2010, n. 7787, in *Red. Giust. Civ. Mass.,* 2010, 3; Cass. Civ. Sez. III, 20 gennaio 2006, n. 1101, in *Giust. Civ.,* 2007, I, 478; Cass. Civ. Sez. III, 29 novembre 1986, n. 7064, in *Foro it.,* 1987, 1.

INDEBITO OGGETTIVO

Come fare shopping a spese del figlio.

Francesco si reca a casa di Stefano per saldare il debito di 5000 euro che ha nei suoi confronti. Non trovandolo, poiché si trova a Londra per uno *stage*, e non volendogli far perdere alcun giorno di interesse, intesta un assegno di analogo importo alla mamma di Stefano.

Al suo rientro, Stefano chiede a Francesco di estinguere l'obbligazione, ma Francesco gli eccepisce di aver già corrisposto a sua mamma l'importo dovuto.

Stefano replica che la mamma, a sua insaputa, dopo aver incassato la somma, l'ha spesa per far shopping in Monte Napoleone.

[Laura Morlotti, lecturer di Diritto privato]

Quesiti di primo livello:

1) Francesco può considerarsi liberato nei confronti di Stefano?

Quesiti di secondo livello:

1) **Ex** ***art. 1188 c.c., la mamma di Stefano può considerarsi legittimata a ricevere il pagamento?***

2) Nel caso in esame si può individuare una delle ipotesi previste dall'art. 1188 c.c. ultimo comma?

3) L'art. 2033 c.c. cosa dispone per i casi in cui si esegua un pagamento non dovuto?

Manuale: Cap. 28, sub 4.

Bibliografia: DI MAJO, *Adempimento in generale*, in *Comm. Scialoja-Branca, sub artt. 1177-1200*, Bologna-Roma, 1994, 234; C.M. BIANCA, *Indicazioni di pagamento*, in *Encicl. Giur. Treccani,* Roma, vol. XVI, 1988; M. GRAZIADEI, *Ratifica*, in *Digesto civ.*, XVI, Torino, 1997.

Giurisprudenza: Cass. civ., 13 settembre 2012, n. 15339, in *Repertorio*, 2012, voce Obbligazioni in genere, n. 70; Cass., 3 settembre 2005, n. 17742, in *Repertorio*, 2005, voce *Obbligazioni in genere*, n. 34; Cass. Civ., 7 marzo 1997, n. 2093, in *Mass.*, 1997; Trib. Bologna, 13 ottobre 1989, in *Dir. Famiglia*, 1990, 1253.

PRESTAZIONI CONTRARIE AL BUON COSTUME E RIPETIZIONE DELL'INDEBITO

Il millantatore di professione.

Lucia, dopo aver perso il marito, riesce a trovare un lavoro part-time in un bar del centro in modo tale da poter stare con il suo bambino quando rientra da scuola.

Il suo reddito non le consente più di pagare l'affitto, pertanto, è costretta a lasciare la sua adorata casa e, in attesa di una sistemazione più confacente alle sue possibilità economiche, chiede ad un'amica di ospitarla.

Nel frattempo inizia a presentare una domanda per l'assegnazione di una casa popolare, ma viene sempre scavalcata nella graduatoria da famiglie che hanno molti più figli di lei.

Una mattina, mentre serve al bar i soliti cappuccini viene attirata dai discorsi di un signore distinto, un certo Davide, che si vanta con un amico di frequentare le stanze del potere, di avere delle amicizie negli ambienti giusti, quelli che contano.

Lucia si avvicina timidamente a questo Signore e, dopo essersi scusata per aver sentito involontariamente i suoi discorsi, gli racconta brevemente la sua storia e gli chiede se per caso è in grado, grazie alle sue amicizie, di privilegiarla nell'assegnazione di una casa popolare.

Davide le fissa un appuntamento per il giorno dopo nel suo ufficio e, a fronte del versamento di 2000 euro, le garantisce di trovarle una casa popolare.

Decidono quindi di mettere nero su bianco l'accordo raggiunto e stipulano un patto scritto in base al quale, in caso di mancato raggiungimento dello scopo oggetto del contratto, Davide le avrebbe restituito quanto versato.

Passano i mesi, ma Lucia non riceve nessuna notizia in merito all'assegnazione della casa popolare e, quindi, chiede a Davide la restituzione dei soldi visto che, a quanto pare, non è in grado di aiutarla.
[Laura Morlotti, lecturer di Diritto privato]

Quesiti di primo livello:

1) ***Può Lucia pretendere la restituzione delle somme versate a Davide?***
2) ***Il contratto stipulato tra Lucia e Davide è conforme alla morale corrente?***

Quesiti di secondo livello:

1) ***Cosa dispone l'art. 2035 a proposito dei contratti immorali?***

2) In quali altri casi non è ammessa la ripetizione della prestazione non dovuta?

Manuale: Cap. 28, sub 4.

Bibliografia: SACCO, DE NOVA, *Il contratto*, in *Trattato di diritto civile*, Torino, 1993, 76 ss.; CARUSI, *Contratto illecito e soluti retentio: l'art. 2035 cod. civ. tra vecchie e nuove immoralità*, Jovene, 1995, 44; ID., *Le obbligazioni nascenti dalla legge*, nel *Trattato di diritto civile del Cons. Naz. Notariato*, III, Esi, 2004, 324.

Giurisprudenza: Cass. 21 aprile 2010, n 9441, in *La Nuova Giurisprudenza Civile Commentata*, 2010, 1154; Cass. civ., 04 giugno 2001, n. 7523, in *Repertorio*, 2002, voce *Contratto in genere*, n. 472.

I TITOLI DI CREDITO

I contanti sono contanti?

Tizio è uno stimato professionista al quale si rivolgono Caio, Sempronio e Livia per ottenere una consulenza in merito ad una vicenda che li vede coinvolti e la cui soluzione sembra tutt'altro che scontata.

Tizio sottopone all'attenzione dei tre una soluzione che soddisfa tutti, senza dar luogo a critiche da parte di alcuno.

A titolo di corrispettivo della consulenza prestata viene pattuito un compenso in denaro che Caio, Sempronio e Livia si obbligano a corrispondere a Tizio attraverso un pagamento in contanti.

Senonché, in luogo del pagamento in contanti, i tre obbligati effettuano un pagamento con assegni circolari, inviati a mezzo lettera raccomandata all'indirizzo di Mevio, rappresentante di Tizio con capacità di quietanzare.

Delle tre lettere raccomandate che gli vengono recapitate, Mevio rifiuta di ricevere quella di Livia e trattiene presso di sé quelle di Caio e Sempronio senza, peraltro, verificarne il contenuto.

Tizio agisce in giudizio contro Caio, Sempronio e Livia per ottenere il pagamento di quanto dovutogli, sostenendo che l'adempimento effettuato a mezzo di assegni circolari spediti per posta non è estintivo del debito, in quanto l'oggetto non è corrispondente a quello dedotto in obbligazione, e che il pagamento, per essere liberatorio, deve essere fatto al creditore.

[Francesco Caputo Nassetti, Professore a contratto di Diritto privato]

Quesiti di primo livello:

1) Si può ritenere che Caio, Sempronio e Livia abbiano eseguito esattamente la prestazione da essi dovuta (artt. 1176, 1218 e 1277, 1 comma, c.c.) o abbiano piuttosto effettuato una **datio in solutum** *(art. 1197 c.c.)?*

2) L'adempimento eseguito presso il domicilio di Mevio comporta l'estinzione dell'obbligazione di pagamento (art. 1182)?

3) Nel dare esecuzione al rapporto obbligatorio, debitori e creditore adottano comportamenti conformi alle regole della correttezza e della buona fede (art. 1175 c.c.)?

Quesiti di secondo livello:

1) Illustrare le differenze sostanziali di cui si avvale la dottrina per distin-

guere i «titoli di credito in senso stretto» dai «titoli di credito in senso ampio». In quale delle due categorie anzidette possono essere ricompresi gli assegni circolari?

2) Quali sono i requisiti caratterizzanti la figura dell'assegno circolare e la disciplina propria di esso?

Manuale: Cap. 16, sub 4; Cap. 17, sub 1, 2 e 3; Cap. 29, sub 7, 24 e 25.

Bibliografia: C.M. BIANCA, *Dell'inadempimento delle obbligazioni - artt. 1218-1229*, in *Commentario del Codice civile Scialoja-Branca*, Bologna-Roma, 1979, 229-230; M.E. POGGI, *L'assegno circolare come mezzo di pagamento*, in *Riv. dir. comm.*, 1983, I, 105 ss.

Giurisprudenza: Cass., 10 febbraio 1998, n. 1351, in *Foro it.*, 1998, I, 1914 e in *Banca, borsa, ecc.*, 297 ss.; Cass., 13 giugno 1980, n. 3771, in *Giur. it.*, 1981, I, 94; Cass., 21 giugno 1958, n. 2190, in *Giust. civ.*, 1959, I, 165 ss.

I TITOLI DI CREDITO

A volte un «grazie» soltanto non basta!

Caio, per un caso fortuito, smarrisce il suo libretto di deposito a risparmio al portatore e non riesce a ritrovarlo.

Tizio, altrettanto fortuitamente, ritrova il libretto e, per il tramite della banca emittente, lo riconsegna al legittimo titolare, Caio.

Caio, intanto, dopo lo smarrimento, chiede ed ottiene il «fermo» – con effetto provvisorio e temporaneo – del libretto di deposito da parte dell'istituto emittente e, quindi, in ragione di ciò, il libretto viene reso non più utilizzabile economicamente in quanto non si può più compiere validamente alcuna operazione sullo stesso (art. 6, L. 30.7.1951 n. 948).

In particolare, l'art. 6 della legge sopra citata stabilisce che, dopo la denuncia di smarrimento di un libretto di risparmio al portatore, l'Istituto emittente deve apporre l'annotazione di fermo nei propri registri e sospendere ogni operazione che fosse richiesta sul libretto stesso.

Tuttavia, qualora, come nel caso in esame, decorrano venticinque giorni dalla denuncia, senza che alla richiesta di fermo abbia fatto seguito la procedura di ammortamento, viene meno l'effetto sospensivo del fermo e la banca è pienamente legittimata a dar corso alle operazioni richieste sul libretto.

Tizio, non vedendosi riconosciuto altro che un ringraziamento da parte di Caio, chiede, allora, al Tribunale che gli sia attribuito il premio spettante al ritrovatore, in misura proporzionale al valore commerciale del libretto e cioè di un ventesimo della somma portata dal medesimo (art. 930, commi 1° e 2°, c.c.).

Caio, a sua volta, resiste alla domanda di Tizio sostenendo che, essendo il libretto diventato non più economicamente utilizzabile a seguito del fermo apposto dalla banca, Tizio avrà diritto soltanto, ai sensi del comma 3° dell'art. 930 c.c., ad un compenso determinato dal giudice secondo il suo prudente apprezzamento.

[Francesco Caputo Nassetti, Professore a contratto di Diritto privato]

Quesiti di primo livello:

1) Tizio avrà diritto ad un compenso proporzionale al valore economico del libretto (art. 930 comma 1° c.c.) o piuttosto ad un compenso rimesso all'equo apprezzamento del giudice (art. 930 comma 3° c.c.)? Perché?

2) Il libretto di deposito a risparmio al portatore ha natura di titolo di credito? Perché?

3) Caio è legittimato all'esercizio dei diritti incorporati nel libretto di deposito a risparmio? Perché?

Quesiti di secondo livello:

1) Quali sono le principali caratteristiche dei titoli di credito ed in che cosa consistono?
2) In quali casi si fa luogo alla procedura di ammortamento e quali effetti produce?
3) Qual è il regime di circolazione dei titoli di credito al portatore?

Manuale: Cap. 29, sub 1, 2, 3, 4, 6 e 9.

Bibliografia: G.F. CAMPOBASSO, *I depositi bancari*, in *Banca, borsa, ecc.*, 1988, I, 163.

Giurisprudenza: Cass., 3 febbraio 1998, n. 1048, in *Banca e borsa, ecc.*, 432 ss.; Cass., 19 luglio 1996, n. 6504, in *Vita notarile*, 1996, 1360 e in *Studium iuris*, 1996, 1176; Cass., 14 aprile 1992, n. 4542, in *Fallimento*, 1992, 993.

FATTI ILLECITI E RESPONSABILITÀ

Una pausa movimentata.

Carla, apprezzata cardiologa dell'Ospedale Y, come ogni giorno si trova nel bar dell'Ospedale situato nel sotterraneo, in compagnia di Marco e Laura, suoi colleghi, per la consueta pausa caffè di metà mattinata.

Mentre sta chiacchierando tranquillamente viene assalita, senza alcun motivo da un paziente corpulento, che con un pugno le provoca una frattura scomposta del setto nasale.

L'aggressore viene, quindi, immobilizzato dagli altri avventori e dopo alcuni accertamenti – visto che non è in grado di fornire le proprie generalità – la *security* dell'Ospedale scopre che è un degente del reparto di psichiatria, affetto da una grave psicosi cronica e noto per essere stato protagonista di numerosi episodi violenti nei confronti di medici ed infermieri, avvenuti durante i ricoveri precedenti. Si scopre, inoltre, che per tali intemperanze al paziente in questione era stato interdetto l'ingresso al bar.

Carla decide, quindi, di convenire davanti al Giudice l'aggressore e l'Ospedale chiedendone la condanna solidale o alternativa al risarcimento dei danni subìti, a seguito delle lesioni personali causatele dal primo convenuto.
[Daniela Barbierato, Redazione rivista *Responsabilità civile e previdenza*]

Quesiti di primo livello:

1) Il Giudice condannerà l'aggressore al risarcimento del danno?

2) Il soggetto responsabile è l'Ospedale?

3) Se l'aggressore colto da* raptus *è un degente di un altro reparto, chi è il responsabile?

Quesiti di secondo livello:

1) Che cosa si intende per risarcimento del danno?

Manuale: Cap. 30, sub 6, 8, 10.

Bibliografia: G. BELLI, *Sorveglianza degli incapaci e responsabilità del custode*, in Resp. civ., 2011, 848 e ss.; M. FRANZONI, *L'illecito,* in *Trattato della responsabilità civile,* (diretto da) M. FRANZONI, Milano, 2010, 601 e ss.; A. VENCHIARUTTI, *Responsabilità per danni cagionati dall'infermo di mente*; in *Nuova giur. civ. comm.*, 2009, I, 61 e ss.; P.G. MONATERI, *La responsabilità civile,* Torino, 2006, 377 e ss.; C. SALVI, *La responsabilità civile*, in *Trattato di diritto privato*, (a cura di) G. IUDICA e P. ZATTI, Milano, 2005, 128 e ss.; M. COMPORTI, *Fatti illeciti: le responsabilità presunte (art. 2044- 2048),* Milano, 2002, 162 e ss.

Giurisprudenza: Cass. civ., 30 marzo 2011, n. 7247, in *Resp. civ. prev.,* 2011, 2250 e ss.; Cass. civ., 10 novembre 2010, n. 22818, in *CED Cassazione civile*; Cass. civ., 20 giugno 2008, n. 16803, in *Giur. it.,* 2009, 864 e ss.; Cass. civ., 19 ottobre 2007, n. 21972, in *Nuova giur. civ. comm.,* 2008, I, 506 e ss.; Cass. civ., 16 giugno 2005, n. 12965, in Giust. civ., I, 72 e ss.

FATTI ILLECITI E RESPONSABILITÀ

Un cavaliere sfortunato.

Alessandro, giovane professionista «di belle speranze», volendo trascorrere piacevolmente quel poco di tempo libero che la propria attività gli consente, spinto dall'esempio di alcuni amici, si decide a frequentare con loro un centro ippico nei dintorni della città in cui vive.

All'inizio si tratta di poco più di un pretesto per passare qualche ora in campagna, al di fuori dei consueti orizzonti urbani e stringere nuove amicizie.

Poi l'esempio e degli amici e degli altri frequentatori, il fascino dei cavalli, il naturale desiderio di competizione, lo inducono ad apprendere i rudimenti della «nobile arte».

Si affida pertanto alle cure di un istruttore che gli insegna a montare, quindi a condurre il cavallo all'aperto, per percorsi progressivamente più lunghi e accidentati, al passo e al trotto.

Alessandro si diverte e si appassiona sino a impegnarsi in itinerari con modeste difficoltà da esso superate con buona padronanza.

Tutto procede per il meglio fino al giorno in cui Alessandro, in occasione del salto di un ostacolo già effettuato in precedenza sotto gli occhi dell'istruttore, viene tradito dal suo cavallo prediletto.

La caduta non è fortunatamente rovinosa, ma il cavaliere rimedia una lussazione alla spalla e contusioni alle ginocchia che gli imporranno una forzata inattività per un paio di settimane.

Di propria responsabilità il centro ippico non vuole sentire parlare: Alessandro ha fatto tutto da solo, l'animale era idoneo all'addestramento, l'allievo, reduce da una ventina di lezioni, si era mostrato in condizioni di affrontare quel tipo di percorso.

Ma Alessandro la pensa diversamente e si rivolge a un amico avvocato...

[Ersilio Secchi, magistrato]

Quesiti di primo livello:

1) Il centro ippico è responsabile dell'infortunio occorso ad Alessandro?

2) È individuabile una corresponsabilità dell'infortunato nella determinazione del fatto dannoso?

Quesiti di secondo livello:

1) Nel caso in cui debba ritenersi la responsabilità del centro ippico, troverà applicazione la norma base di cui all'art. 2043 c.c. o si sarà in presenza di una ipotesi di responsabilità aggravata?

2) Nell'attività del gestore di una struttura destinata all'esercizio dell'equitazione può essere ravvisabile un'attività pericolosa ai sensi dell'art. 2050 c.c.?

Manuale: Cap. 30, sub 3, 4, 5, 6 e 7.

Bibliografia: C. SALVI, voce *Responsabilità extracontrattuale (dir. vig.)*, in *Enciclopedia del diritto*, vol. XXXIX, 1988, 1099.

Giurisprudenza: Cass., 4 dicembre 1998, n. 12307, in *Foro it.*, 1999, I, 1938 ss.; Cass., 24 settembre 1998, n. 9581, in *Arch. civ.*, 1998, 1213.

FATTI ILLECITI E RESPONSABILITÀ

Attenzione: pavimento bagnato!

Il signor Mario è un arzillo pensionato con la passione della pesca.

Tanti anni di esposizione all'umido di fiumi e torrenti e le numerose primavere che si porta addosso hanno lasciato il segno. Da qualche settimana un persistente dolore all'articolazione del braccio gli è indesiderato compagno.

Decide così di recarsi presso una struttura poliambulatoriale della propria città al fine di sottoporre l'arto a un controllo radiografico e individuare la terapia adeguata alla eliminazione del disturbo.

Alle 8,30, sbrigate le incombenze burocratiche, il signor Mario è in sala d'attesa.

La chiamata del radiologo non sarà però immediata.

Prima di lui altri quattro pazienti hanno prenotato la visita.

Mario sfoglia svogliatamente una rivista. Si guarda attorno. Nel corridoio dell'ambulatorio, addetti alle pulizie stanno lavando il pavimento di una sala attigua.

L'uomo, un po' nervoso, cammina su e giù per il corridoio.

Ora la sala è vuota. Mario ne osserva il pavimento ancora bagnato e decide di entrarvi. Cammina con prudenza, d'altronde nessuno lo trattiene.

La percorre per l'intera sua estensione sino a una grande finestra che la delimita sul fondo e che dà su di un piccolo giardino.

Nella sala c'è una macchina distributrice di gettoni, Mario pensa che potrebbero tornargli utili.

Ritorna all'ingresso, poi ancora alla finestra. Si dirige verso la macchina, le è vicino, ma all'improvviso un passo traditore gli fa perdere l'equilibrio. Le scarpe scivolano sul pavimento bagnato. Istintivamente le mani di Mario si aggrappano alla gettoniera, in cerca di sostegno. Ma la macchina si sbilancia e rovina addosso allo sfortunato Mario che, a questo punto, non potrà più sperare in una radiografia e in una semplice terapia antireumatica per risolvere i propri guai!
[Ersilio Secchi, magistrato]

Quesiti di primo livello:

1) A chi deve essere attribuita la responsabilità per la caduta e il conseguente infortunio di Mario?

2) Se esiste un responsabile dell'evento dannoso diverso da Mario a quale titolo potrebbe essere chiamato a risarcire il danno?

Quesiti di secondo livello:

1) In che modo l'eventuale responsabile del danno potrebbe liberarsi del correlativo obbligo risarcitorio?
2) Su quale degli elementi costitutivi del fatto illecito opera il caso fortuito?

Manuale: Cap. 30, sub 3, 4, 5, 6 e 7.

Bibliografia: P. LAGHEZZA, *La cassazione, la caduta e il danno*, in *Danno e resp.*, 1999, 415.

Giurisprudenza: Cass., 21 ottobre 1998, n. 10434, in *Danno e resp.*, 1999, 415; Cass., 25 maggio 1994, n. 5083, in *Arch. locaz.*, 1994, 774.

RESPONSABILITÀ DA COSE IN CUSTODIA

Danni prodotti dall'immobile locato.

Tiziana é proprietaria di un appartamento ubicato al primo piano di un prestigioso stabile situato nel centro di Milano. A seguito di un incendio sviluppatosi nel negozio sottostante e condotto in locazione da Carla, un'anziana signora molto freddolosa, Tiziana subisce ingenti danni, consistenti principalmente nella distruzione di alcuni arredi antichi. In particolare, gli accertamenti tecnici, effettuati subito dopo aver domato le fiamme e riportati in un verbale dei vigili del fuoco, attribuiscono la causa dell'incendio allo scoppio di una piccola stufa a gas detenuta all'interno del negozio. Paolo, proprietario del locale commerciale dato in locazione a Carla, può considerarsi, in qualità di proprietario, responsabile in relazione alla richiesta di risarcimento danni avanzata da Tiziana?
[Laura Morlotti, lecturer di Diritto privato]

Quesiti di primo livello:

1) ***Nel caso in esame è responsabile Paolo o Carla?***
2) ***Ex art. 2051 c.c., in quali casi è responsabile il proprietario?***
3) ***Quando spetta al conduttore risarcire i danni da cose in custodia?***

Quesiti di secondo livello:

1) ***Che tipo di responsabilità è quella prevista dall'art. 2051 c.c.?***
2) ***Per liberarsi da una simile responsabilità che cosa si deve dimostrare?***

Manuale: Cap. 30, sub 7.

Bibliografia: MONATERI, *La responsabilità civile*, in *Tratt. dir. civ.*, Torino, 1998; SALVI, La responsabilità civile, in *Tratt . Iudica-Zatti*, Milano, 1998; VISINTINI, *Trattato breve della responsabilità civile* , Padova, 1996; FRANZONI, *Dei fatti illeciti* , in *Comm . Scialoja-Branca* , sub artt. 2043-2059, Bologna-Roma, 1993; GERI, *La responsabilità civile da cose in custodia, animali e rovina di edificio* , Milano, 1974; DE CUPIS, *Dei fatti illeciti* , in *Comm . Scialoja-Branca*, sub artt. 2043-2059, Bologna-Roma, 1971; TRIMARCHI, *Rischio e responsabilità oggettiva*, Milano, 1961.

Giurisprudenza: Cass. civ., 13 marzo 2013, n. 6306, in *Repertorio*, 2013, voce Responsabilità civile, n. 15; Cass. civ., 26 maggio 1993, n. 5925, in *Mass.*, 1993; Cass. civ., 28 maggio1992, n. 6443, in *Giust. civ.*, 1993, I, 1915; Cass. civ., 10 marzo1988, n. 2383, in *Nuova Giur. Civ.*, 1988, I, 747; Trib. Monza, 06 ottobre 1983, in *Resp. Civ. e Prev.*, 1984, 112.

FATTI ILLECITI E RESPONSABILITÀ

Una bottiglia «pericolosa».

Come ogni venerdì pomeriggio Giuseppe sta percorrendo l'autostrada per recarsi al mare, quando decide di fermasi presso un'Area di Servizio per acquistare delle bibite fresche, visti gli oltre 30° C di temperatura.

Entra nel centro di ristoro e dopo aver consumato al banco una spremuta prende da un bancone *self-service* una bottiglietta in vetro di acqua minerale naturale di una nota marca da consumare in automobile.

Ma, mentre si sta recando alla cassa per pagare, la bottiglietta gli scoppia in mano provocandogli una vistosa ferita all'altezza del polso destro.

Giuseppe viene, quindi, soccorso dagli addetti del centro di ristoro e accompagnato al più vicino Ospedale, dove i medici gli diagnosticano lesioni tali da compromettere in modo permanente la piena funzionalità del polso.
[Daniela Barbierato, Redazione rivista *Responsabilità civile e previdenza*]

Quesiti di primo livello:

1) Giuseppe ha diritto al risarcimento? E se sì, chi lo deve risarcire?

2) Se la marca della bottiglia risulta di difficile decifrazione, qual è il soggetto responsabile?

Quesiti di secondo livello:

1) Che cosa si intende per responsabilità oggettiva?

2) Che cos'è il danno biologico?

Manuale: Cap. 30, sub 7, sub 9 e sub 10.

Bibliografia: U. CARNEVALI, *Il difetto di progettazione negli autoveicoli,* in *Resp. civ. prev.,* 2011, 2108 e ss.; R. D'ARRIGO, *La responsabilità del fornitore di prodotti difettosi,* in *Resp. civ. prev.,* 2011, 398 e ss.; F. FREDRIZZI, *Responsabilità del produttore nel diritto dell'Unione europea* [aggiornamento-2011], in *Digesto civ.*, Torino, 767 e ss.; G. DE NOVA, *Azione di classe e responsabilità del produttore*, in *Giudice Pace,* 2010, 189 e ss.; G.M. SANTUCCI, *La responsabilità per danno da prodotto difettoso nella recente esperienza italiana*, in *Resp. civ. prev.,* 2010, 987 e ss.; U. CARNEVALI, *Prodotto difettoso e oneri probatori del danneggiato*, in *Resp. civ. prev.,* 2008, 354 e ss.; M. GORGONI, *Re-*

sponsabilità per prodotto difettoso: alla ricerca della (prova della) causa del danno, in *Resp. civ. prev.*, 2007, 1592 e ss.; G. STELLA, *La responsabilità del produttore per danno da prodotto difettoso nel nuovo codice del consumo*, in *Resp. civ. prev.*, 2006, 1598 e ss.; G. PONZANELLI, *Responsabilità oggettiva del produttore e difetto di informazione,* in *Danno e resp.*, 2003, 1001 e ss.

Giurisprudenza: Cass. civ., 31 marzo 2011, n. 7441, in *Mass. Foro it.,* 2011, 279; Trib. Pisa, 16 marzo 2011, in *Resp. civ. prev.*, 2011, 2104 e ss.; Cass. civ., 13 dicembre 2010, n. 25116, in *Nuova giur. civ. comm.*, 2011, I, 586 e ss.; Cass. civ., 1 giugno 2010, n. 13432, in *Resp. civ. prev.*, 2011, 393 e ss.; Cass. civ., 16 gennaio 2009, n. 984, in *Giur. it.*, 2009, 2414 e ss.

FATTI ILLECITI E RESPONSABILITÀ

Una vacanza rovinata.

Una nota agenzia di viaggi riceve da un cliente l'incarico di concludere un contratto di locazione turistica relativo a una villa sul mare in Hydra (Grecia).

Il cliente, noto avvocato penalista di Milano, versa all'agenzia l'intero prezzo per la locazione della lussuosa villa, dove conta di passare una meritata vacanza assieme alla sua famiglia per tutto il mese di agosto.

Resasi indisponibile la villa per fatto sopravvenuto, l'agenzia omette di darne tempestivo avviso al cliente. Quest'ultimo, giunto a destinazione, è costretto a cercarsi un alloggio sostitutivo e, in mancanza di una sistemazione corrispondente a quella prevista e adeguata alle esigenze della sua famiglia, ad interrompere dopo pochi giorni la vacanza, anche per la impossibilità di trovare soluzioni alternative in tutta la Grecia, attesa l'ormai inoltrata stagione estiva.
[Salvatore Di Blasi, magistrato]

Quesiti di primo livello:

1) Il risarcimento per vacanza rovinata comprende anche il danno non patrimoniale subito dal turista, pure essendo la responsabilità relativa di natura contrattuale?

2) Qual è il criterio di liquidazione del danno non patrimoniale?

Quesiti di secondo livello:

1) La Convenzione internazionale relativa al contratto di viaggio (ratificata e resa esecutiva in Italia con la legge 27/12/1977, n. 1084), che all'art. 13 prevede la responsabilità dell'organizzatore di viaggi per qualunque pregiudizio causato al viaggiatore a motivo dell'inadempimento totale o parziale dei suoi obblighi di organizzazione, può applicarsi, in via analogica, dopo l'entrata in vigore in Italia del D.Lgs. n. 111/95 (col quale è stata data attuazione alla direttiva 90/314/CEE), che all'art. 14 si limita a prevedere la responsabilità dell'organizzatore e del venditore di pacchetti turistici, senza fare riferimento al pregiudizio non patrimoniale?

2) Se la risarcibilità del pregiudizio non patrimoniale è ipotesi eccezionale, si può ammettere l'applicazione delle norme che lo prevedono oltre i casi e i tempi in esse considerati?

Manuale: cap. 30, sub 9 e 10.

Bibliografia: C. SALVI, *La responsabilità civile*, in *Trattato di diritto privato*, (a cura di) G. Iudica e P. Zatti, Milano, 1998, 47 ss.; C. SALVI, voce *Danno*, in *Novissimo Digesto, sez. Privatistiche*, Torino, V, 1989, 63 ss.; A. DI MAJO, VOCE *Responsabilità contrattuale*, in *Novissimo Digesto, sez. Privatistiche*, (XVII), Torino, 1998, 25 ss.; G. BENELLI, voce *Responsabilità dell'organizzatore per overbooking alberghiero e risarcimento del danno da vacanza rovinata*, in *Contratti*, 1998, 520 ss.

Giurisprudenza: Trib. Milano, 4 giugno 1998, in *Contratti*, 1999, 39; Trib. Roma, 6 ottobre 1989, in *Resp. civ. prev.*, 1991, 512; Pret. Ivrea, 21 settembre 1998, in *Contratti*, 1999, 565.

FATTI ILLECITI E RESPONSABILITÀ

Una vacanza in camera d'albergo.

Una signora, qualche giorno prima di partire per le vacanze, si reca presso un centro di abbronzatura per preparare la pelle al sol d'agosto ed indossare senza vergogna il suo costume all'ultima moda. Il responsabile del centro di abbronzatura consiglia alla signora una doccia solare senza valutare la foto sensibilità della cute e senza richiedere un certificato medico di idoneità della cliente a sottoporsi a simili sedute abbronzanti.

La donna a metà del trattamento inizia ad avvertire dei fastidi ma, pensando che siano normali, decide di non sospendere la seduta e di portarla a termine.

Appena la macchina si spegne e cessa la ventilazione, la signora avverte dei bruciori intensi e si accorge che i fastidi sentiti durante il trattamento erano già sintomatici dell'ustione riportata, la quale si è ulteriormente aggravata con la prosecuzione della seduta.

Recatasi dal proprio medico le viene diagnosticata un'invalidità permanente del 2% per foto danneggiamento della cute, e le viene rilasciato un certificato di malattia per 35 giorni con raccomandazione di non esporsi al sole.

La signora, dovendo trascorrere l'intera vacanza standosene chiusa nella stanza e nei locali dell'albergo, cita in giudizio il responsabile del centro di abbronzatura per essere ripagata delle spese d'albergo inutilmente sostenute e per ottenere il risarcimento di ogni ulteriore danno.
[Laura Morlotti, lecturer di Diritto privato]

Quesiti di primo livello:

1) Che tipo di responsabilità grava sul gestore del centro di abbronzatura?
2) Che cosa s'intende per concorso di colpa?
3) Che tipo di danni possono essere risarciti?

Quesiti di secondo livello:

1) L'art. 2050 c.c. che cosa dispone?
2) L'art. 1227 c. 2 che cosa dispone?
3) Che cosa s'intende per danno biologico, danno esistenziale e danno patrimoniale?

Manuale: Cap. 30, sub 7, 9, e 10.

Bibliografia: E. NAVARRETTA, *Il danno esistenziale risarcito* ex *art. 2059 c. c. e l'adeguamento della norma alla Costituzione*, in *Resp. civ. e prev.*, 2003, 190; ID., *Art. 2059 e valori costituzionali: dal limite del reato alla soglia della tolleranza*, in *Danno e resp.*, 2002, 856 ss.; G. PONZANELLI, *La forza del sistema bipolare*, in *Critica del danno esistenziale*, Cedam, 2003, 7 ss.

Giurisprudenza: Cass. civ., 16 gennaio 2013, n. 919, in *Repertorio*, 2013, voce Responsabilità civile, n. 2, Cass., 24 novembre 2009, n 24579, in *Repertorio*, 2010, voce *Danni civili*, n. 235; Cass., 31 maggio 2003, n. 8828, in *Resp. civ. e prev.*, 2003, 675 ss; Cass., 19 agosto 2003, n. 12124, in *Repertorio del foro italiano,* 2003, *Danni civili* n.110; Corte cost., 11.7.2003, n 233, in *Resp. civ. e prev.*, 2003; Trib. di Monza, 22 aprile 2003, in *La nuova giurisprudenza civile commentata,* 2003, 853 ss.

DANNI DA VACANZA ROVINATA

Luna di fiele.

Romeo e Giulietta, dopo un periodo di fidanzamento lungo e travagliato a causa dell'opposizione manifestata fin dal principio dalle rispettive famiglie di origine, riescono finalmente a contrarre matrimonio e a partire per il tanto agognato viaggio di nozze, destinazione: Polinesia Francese, Arcipelago delle Isole della Società.

Gli sposi, dopo avere attentamente consultato alcuni cataloghi messi loro a disposizione dall'Agenzia turistica 'Mistral Viaggi' s.r.l., hanno infatti acquistato un pacchetto di viaggio 'tutto compreso' convinti che la splendida cornice e il piacere che potranno trarre dallo svolgimento in comune delle attività escursionistiche e sportive incluse nel pacchetto stesso potranno far loro superare ogni amarezza e rendere indimenticabile un momento senz'altro unico della loro esistenza.

"*Che fortuna! Le caratteristiche di questo pacchetto sembrano fatte apposta per soddisfare le nostre esigenze*" hanno commentato entusiasti dopo avere appreso tutti i dettagli del programma di viaggio che prevede: prima tappa a Rangiroa, con sistemazione in *bungalow overwater* immerso nella mitica Laguna Blu; seconda tappa a Fakarava con immersioni alla *pass* sud di Tumakoua, territorio privilegiato di caccia di molte varietà di pesci pelagici; ultima tappa a Moorea con escursioni guidate alle cime più elevate dell'isola per poter contemplare le due paradisiache baie di Cook e Opunohu.

Romeo, infatti, è un abile *diver* che ha saputo trasmettere anche a Giulietta tutta la sua passione per il mare e per l'esplorazione subacquea; Giulietta, dal canto suo, è un'infaticabile *trekker* e da anni sogna di conquistare la selvaggia vetta delle montagne di origine vulcanica tipiche di quelle latitudini.

Raggiunto, senza troppe difficoltà, il villaggio vacanze sito in Rangiroa, Romeo e Giulietta vengono condotti dall'accompagnatore che li attende *in loco* verso la loro sistemazione, ma essi si avvedono immediatamente che qualcosa non va: dopo averli scortati fin nel cuore di un lussureggiante giardino tropicale egli si arresta di fronte a un *bungalow* sito in prossimità delle cucine della struttura e, con tutta la cortesia di cui è capace, li invita ad entrare augurando loro uno splendido soggiorno!

Romeo reagisce immediatamente: corre alla *reception* per manifestare tutto il suo disappunto per l'errore commesso e pretendere il *bungalow overwater* con affaccio sulla laguna blu che ha acquistato! Dopo una lunga discussione scopre tuttavia che non c'è stato alcun errore, avendo l'Agenzia Mistral viaggi s.r.l.

provveduto alla prenotazione proprio di un *garden bungalow* e che, per cambiare sistemazione, è necessario il versamento di un significativo supplemento di prezzo.

Che fare? Romeo è furente ma non ha dubbi: è disposto a tutto pur di non infrangere il sogno esotico della sua dolce metà, perciò ingoia il rospo e provvede al cambio pensando tra sé e sè: "Mi rifarò a Fakarava dove mi attendono immersioni uniche al mondo!".

Anche la nuova sistemazione tuttavia non soddisfa appieno gli sposi stante la non eccelsa qualità dei servizi alberghieri giudicata senz'altro inferiore a quella promessa, tuttavia, l'incanto dei luoghi e i piaceri della luna di miele riescono a far superare a Romeo e Giulietta ogni inconveniente, ma quando il diavolo ci mette lo zampino…

Appena raggiunta Fakarava, infatti, Romeo apprende da alcuni turisti che le Autorità Locali hanno per ragioni di sicurezza vietato ogni attività di diving a causa dell'insolita aggressività da qualche tempo manifestata da un branco di squali tigre che infesta le acque dell'atollo.

Questo è troppo! Romeo ha dapprima una crisi isterica e poi cade in uno stato di sconforto tale da fargli escludere di poter accompagnare Giulietta nel suo programma di escursioni e da indurre gli sposi a fare rientro anzitempo alla loro abitazione poiché lo scopo di piacere e di riposo del viaggio è stato ormai vanificato!

Giunti in Italia, Romeo e Giulietta si recano immediatamente in Agenzia invocando lo scioglimento del contratto e pretendendo il risarcimento di tutti i danni patrimoniali e non patrimoniali subiti.

L'Agenzia Mistral Viaggi s.r.l si difende dichiarandosi disposta, tutt'al più, a rimborsare gli sposi per la differenza di prezzo sostenuta per poter usufruire del *bungalow overwater*, ma declinando ogni responsabilità circa la mancata effettuazione delle immersioni imputabile a cause di forza maggiore e giudicando affrettata ed eccessiva la loro decisione di interrompere la vacanza.

[Antonella Leonardi, Professore a contratto di Diritto privato]

Quesiti di primo livello:

1) Qual è la causa del contratto di viaggio vacanza 'tutto compreso' (cd 'package')?

2) Le pretese degli sposi sono giuridicamente fondate?

Quesiti di secondo livello:

1) Cosa si intende per 'causa in concreto' e per 'causa in astratto' del contratto?

2) Su quali basi giuridiche trova fondamento la pretesa risarcitoria di Romeo e Giulietta?

3) In particolare, nel caso di specie, quali sono i danni non patrimoniali risarcibili?

Manuale: Cap. 20 , sub 7 e Cap. 30.

Bibliografia: FERRI, *Causa e tipo nella teoria del negozio giuridico*, Milano, 1966; dello stesso illustre Autore, *L'"invisibile" presenza della causa del contratto*, in *Eur. dir. priv.* 2002, 897 ss; *Tradizione e novità nella disciplina del negozio giuridico*, in *Riv. dir. comm.* 1986, I, 127 ss.; *Negozio giuridico* in *Dig. disc. priv. sez. civ. XI*, Torino 1994, *ad vocem*, e da ultimo *Equivoci e verità sul negozio giuridico e la sua causa*, in *Riv. int. fil. dir.*, 2008, 171 ss.; GRAZIUSO, *Il danno da vacanza rovinata tra vecchi orientamenti e nuove prospettive,* in *Resp. civ. e prev.* 2010, 6, 1316; MORANDI, *Il danno da vacanza rovinata*, in *Il danno esistenziale. Una nuova categoria della responsabilità civile*, P. Cendon-P. Ziviz (a cura di), Milano, 2000, 638.

Giurisprudenza: Cass. civ., 08 maggio 2006, n. 10490, in I Contratti 2007, 621 ss; Cass. civ., 24 luglio 2007, n. 16315, in *Nuova giur. civ. comm.* 2008, 542 ss., con commento di NARDI, *Contratto di viaggio "tutto compreso" e irrealizzabilità della sua funzione concreta*; Cass. civ., Cass. 20 dicembre 2007, n. 26958, in *Corr. giur.* 2008, 921, con nota di ROLFI, *Funzione concreta, inutilità della prestazione e causa concreta: la Cassazione e la rielaborazione del concetto di causa del contratto*; Cass. civ., 20 marzo 2012, n. 4372, consultabile all'indirizzo *www.personaedanno.it.*

LE FONTI DELL'OBBLIGAZIONE
RESPONSABILITÀ CONTRATTUALE ED EXTRACONTRATTUALE

Un conducente di tram sfortunato.

Paolo, anni 30, lavora come conducente di tram dell'ATM.

La mattina del 4 novembre, prima di prendere servizio, sul tram n. 29, alle sei del mattino, ha bevuto il solito caffè, acquistato il giornale e letto l'oroscopo del Sagittario, il suo segno zodiacale, che indica di prestare particolare attenzione nella guida...

Sorridendo – «a queste cose ci si crede e non ci si crede...» – si è messo alla guida del tram ed ha iniziato il turno di lavoro. Il tempo è uggioso e sta iniziando a piovere.

Alle otto il tram è già pieno di studenti e lavoratori e si sente, alle spalle del conducente, il vociare di un gruppo di ragazzi che commentano la partita del giorno precedente di Coppa dei campioni del Milan.

Mentre il tram percorre piazza Cinque Giornate, Gino, impiegato di banca, in ritardo per un imprevisto che lo ha sorpreso poco prima di uscire, nel tentativo di raggiungere la fermata situata dopo la piazza, attraversa la strada con passo veloce, parandosi davanti al veicolo.

L'autista, avvedendosi della manovra del giovane, aziona prontamente il sistema frenante ma non riesce ad evitare di investire, sia pure di striscio, il giovane che cade per terra, procurandosi lesioni al torace ed alle braccia.

A seguito della brusca frenata anche Marta, studentessa al secondo anno di ragioneria, che sta recandosi a scuola, cade all'interno del tram e si procura una lussazione alla gamba destra.

Arriva un'ambulanza che trasporta entrambi gli infortunati in ospedale.

Paolo, smarrito e confuso per l'accaduto, pensa che qualche volta gli oroscopi «ci azzeccano».

[Domenico Chindemi, magistrato]

Quesiti di primo livello:

1) Vi è responsabilità del conducente del tram per i due incidenti?

2) Cosa devono fare Gino e Marta per ottenere il risarcimento dei danni?

3) Vi è qualche differenza, sotto il profilo della natura della responsabilità ed ai fini della prova del danno, tra Marta, che si trovava a bordo del tram e Gino, che viene investito dal tram?

4) Quali danni possono chiedere Gino e Marta?

Quesiti di secondo livello:

1) In cosa consiste la responsabilità contrattuale?
2) In cosa consiste la responsabilità extracontrattuale?

Manuale: Cap. 30, sub 11.

Bibliografia: D. CHINDEMI, *I danni alla persona*, Rimini, 2008; D. MESSINETTI, *I nuovi danni. Modernità, complessità della prassi, e pluralismo della nozione giuridica di danno*, in *Riv. crit. dir. priv.*, 2006, 543 ss.; M. FRANZONI, *L'illecito*, in *Trattato della responsabilità civile*, dir. da M. Franzoni, Milano, 2004; A. LEPRE, *Responsabilità aquiliana e contrattuale: un unico modello giurisprudenziale di responsabilità?*, in *Giur. mer.*, 2007, fasc. 11, sez. 6, 3063; C. MARTORANA, *Sul rapporto tra imputabilità e colpa nel settore extracontrattuale e sui suoi riflessi in quello contrattuale*, in *Resp. civ. prev.*, 1994, 359 ss.; M. CALICIOTTI, *La responsabilità del vettore nel trasporto di persone*, in *Il nuovo dir.*, 1999, 587 ss.; F. DI CIOMMO, *Circolazione di veicoli e danni al trasportato: le nuove frontiere della presunzione di responsabilità*, in *Foro it.*, 1998, I, 3111-3115.

Giurisprudenza: Cass., 1 giugno 2006, n. 13130, in *Danno*, 2007, fasc. 3, 291; Cass., 21 gennaio 2000, n. 681, in *Rep. Foro it.*, 2000, voce *Circolazione stradale*, n. 9; Cass., 26 novembre 1998, n. 10629, in *Foro it.*, 1998, I, 3109 e in *Gazzetta giur.*, 1998, fasc. 40, 48 e in *Giust. civ.*, 1998, I, 2716 e in *Guida al dir.*, 1998, fasc. 45, 68.

RESPONSABILITÀ CONTRATTUALE

Carpe diem.

Marta è una studentessa seria, diligente e studiosa, frequenta il terzo anno del Liceo Scientifico della sua città, è dotata di un carattere timido e riservato, a tratti schivo, e per questo motivo si ritrova spesso isolata dal contesto dei compagni più chiassosi e spavaldi che, in realtà, ella avrebbe desiderio di frequentare.

La Scuola di cui la sua classe fa parte ha organizzato la tanto agognata gita scolastica a Roma e Marta pensa che sia finalmente arrivata l'occasione propizia per dedicarsi alle relazioni sociali al fine di meglio inserirsi nel gruppo dei compagni.

Raggiunta la capitale i ragazzi vengono fatti alloggiare in una struttura ricettiva affacciata sulla pubblica via e, subito dopo, coinvolti in un tour della città per poi fare ritorno in hotel per la cena e il pernottamento.

Intorno alle 22.30 i ragazzi vengono invitati dagli accompagnatori a sistemarsi nelle loro stanze e verso le 23.00 gli insegnanti/accompagnatori effettuano una ricognizione completa delle camere al fine di accertarsi che tutti gli alunni siano al sicuro.

Marta, provata dalle fatiche del viaggio, ha già quasi preso sonno quando all'improvviso, intorno alle 23.30, Piero e Antonio, i più anarchici ma anche i più affascinanti tra i suoi compagni, bussano alla sua porta e la invitano a seguirli.

Marta non riesce a credere a questo improvviso interesse nei suoi confronti, è confusa e perplessa, divisa tra la tentazione di unirsi a loro ed entrare finalmente 'a far parte del gruppo' e il desiderio di rimanere fedele alla sua natura, che tenderebbe a trattenerla e a rifuggire ogni incognita. Alla fine, tuttavia, decide di cogliere l'attimo e di alzarsi per seguire i due compagni.

Ed invero, Piero, dopo essersi procurato nel pomeriggio qualche spinello di marijuana ed avere effettuato una rapida ricognizione dell'albergo, aveva notato come dalla camera di Marta l'accesso al solaio di copertura dell'albergo – luogo da lui insindacabilmente giudicato come il più idoneo per fumare lontano da occhi indiscreti - fosse reso particolarmente agevole dalla singolare conformazione del parapetto del balcone, che lo rendeva un comodo appoggio per la salita, anche in considerazione della sua pressochè totale contiguità al solaio stesso e dell'assenza di qualsivoglia protezione e/o segnalazione e/o dispositivo di contenimento che impedisse il passaggio o comunque evidenziasse l'insidiosità della situazione. Coinvolgere Marta nella bravata era un male necessario per poter ottenere i suoi scopi!

Marta intuisce ben presto le intenzioni dei compagni, ma ormai è troppo tardi per tirarsi indietro: Piero apre la finestra, sale sul parapetto del balcone e in un attimo raggiunge il solaio, Antonio lo segue senza esitazioni. Ora tocca a lei, ha il cuore in gola e le gambe tremolanti ciononostante si fa coraggio, si issa sul parapetto e sta per guadagnare il solaio ma, proprio quando le sembra di avercela fatta, perde l'equilibrio e precipita rovinosamente sulla strada sottostante procurandosi un'invalidità permanente.

I genitori di Marta decidono pertanto di agire in giudizio, allo scopo di chiedere il risarcimento dei danni patiti, sia nei confronti della scuola e degli insegnanti accompagnatori sia nei confronti dell'albergatore, lamentando mancanza di controllo e di sorveglianza degli alunni e mancanza di sicurezza della struttura.

I convenuti si difendono eccependo che alle 23.00 gli studenti erano stati tutti adeguatamente controllati dagli accompagnatori essendo peraltro inesigibile e comunque contraria ad ogni principio di riservatezza un'attività di ispezione e vigilanza continua e prolungata soprattutto in quelle frazioni di giornata che gli alunni trascorrono nell'intimità della propria stanza; che comunque i ragazzi erano prossimi alla maggiore età per cui tutti erano «presumibilmente dotati di un senso del pericolo», dovendo l'evento ascriversi alla condotta volontaria dell'infortunata, imprevedibile e inevitabile, estrinsecatasi in un uso improprio ed avventuroso del solaio della struttura ricettiva ospitante.
[Antonella Leonardi, Professore a contratto di Diritto privato]

Quesiti di primo livello:

1) ***La pretesa dei genitori di Marta è giuridicamente fondata?***
2) ***Che natura ha la responsabilità della scuola e degli insegnanti/accompagnatori per le lesioni che Marta si è procurata?***
3) ***Come si ripartisce tra di essi l'onere probatorio?***
4) ***Che natura ha la responsabilità dell'albergatore?***

Quesiti di secondo livello:

1) ***Quali sono le differenze di disciplina tra responsabilità contrattuale e responsabilità aquiliana?***
2) ***Che cosa si intende per responsabilità da contatto sociale?***

Manuale: Cap. 30, sub 7, sub 8, sub 11.

Bibliografia: CARINGELLA, *Manuale di diritto civile*, Volume II, Roma, 2010.

Giurisprudenza: Cass. civ., 17 gennaio - 8 febbraio 2012, n. 1769, consultabile all'indirizzo *www.altalex.com*; Cass. civ., ord. 11 marzo 2011, n. 5910, in *Giust. civ. mass.* 2011, 3, 403; Cass. civ., 19 maggio 2011, n. 11016, in *Guida al dir.* 2011, 25, 55 s.m.; Cass. civ., 26 novembre 2007, n. 24739, in *Vita not.* 2008, 1, 264; Cass. civ., 26 aprile 2010, n. 9906 in *Diritto&Giustizia* 2010 ; Cass. 15 febbraio 2011, n. 3680, in *Giust. civ. mass* 2011, 2, 248; Cass. civ. SSUU 27 giugno 2002, n. 9346, in *Resp. Civ e prev.* 2002, 1012 con nota di Facci.

FATTI ILLECITI E RESPONSABILITÀ
LA RESPONSABILITÀ OGGETTIVA

Lo sgambetto.

Durante l'intervallo, gli alunni della classe II A del Liceo Scientifico Statale del Comune di Zeta, tutti minorenni, si trovano fuori dall'aula a chiacchierare e a commentare la lezione, il compito in classe, piuttosto che lo strafalcione quotidiano del Prof. di Matematica.

Come di consueto, vi è un insegnante incaricato della sorveglianza. A turni di una settimana tutti i docenti si avvicendano nel ruolo di «poliziotto» e «gestore del traffico».

Un alunno, tale Giacomo, volendo fare uno scherzo, fa uno sgambetto al compagno Giovanni che cade a terra e subisce la frattura della clavicola sinistra.
[Flavio Lapertosa, magistrato]

Quesiti di primo livello:

1) Chi risponde delle lesioni riportate da Giovanni e chi ha diritto di pretendere il risarcimento dei danni?

Quesiti di secondo livello:

1) Qual è il fondamento della responsabilità di genitori e insegnanti?
2) Quando un minorenne risponde personalmente dei danni arrecati a terzi?

Manuale: Cap. 30, sub 7.

Bibliografia: M. FRANZONI, *Dei fatti illeciti - artt. 2043-2059*, in *Comm. del Codice civile Scialoja-Branca*, Bologna-Roma, 1993, 347 ss.

Giurisprudenza: Cass., 24 febbraio 1997, n. 1682, in *Danno e resp.*, 1997, 451; Cass., 3 marzo 1995, n. 2643, in *Giust. civ.*, 1995, I, 2097.

FATTI ILLECITI E RESPONSABILITÀ

«Un colpo di scena» in teatro.

Il teatro comunale della città Alfa e quello della città Beta cooperano per realizzare un evento canoro avente ad oggetto la rappresentazione dell'opera «La Sonnambula».

Mentre il teatro comunale della città Alfa mette a disposizione la propria struttura e l'impalco scenico, di cui è proprietario, concedendolo in locazione, per l'occasione, al teatro comunale della città Beta, quest'ultimo, si occupa della materiale installazione dell'impalcatura scenica attraverso proprio personale dipendente e del reperimento degli attori e dei cantanti.

Nel corso della rappresentazione teatrale, Tizia, corista professionale all'uopo ingaggiata unitamente al coro di cui è membro, all'atto di entrare in scena e di prendere posizione, improvvisamente sprofonda nel palcoscenico a causa di un cedimento della pavimentazione di legno che funge da accesso in scena al coro ed è parte integrante del palcoscenico.

Sospesa la rappresentazione teatrale devono intervenire i Vigili del Fuoco per liberare la corista rimasta incastrata nell'impalco scenico, e per prestarle i primi soccorsi.

Tizia, in conseguenza della caduta, subisce lesioni personali che la costringono ad un lungo periodo di immobilità.

La corista, oltre danni di tipo fisico, subisce danni di tipo patrimoniale derivati dalla sua impossibilità ad onorare impegni professionali assunti, per il risarcimento dei quali agisce giudizialmente.

Sulla questione si pronuncia in primo grado il Tribunale e la relativa sentenza viene poi confermata dalla Corte d'Appello.

[Pietro Artioli Bonati, avvocato in Parma]

Quesiti di primo livello:

1) Può Tizia pretendere il ristoro dei danni subiti sulla base della responsabilità extracontrattuale dei soggetti che hanno organizzato l'evento?

2) Qual è la norma, oltre al generale disposto di cui all'art. 2043 c.c., invocabile da Tizia per ottenere il risarcimento dei danni subiti?

Quesiti di secondo livello:

1) Contro quale soggetto può essere invocata detta norma (Teatro Comunale della città Alfa ovvero Teatro Comunale della città Beta)?

Manuale: Cap. 30, sub 3, 5 e 6.

Bibliografia: G. ALPA, *La responsabilità civile*, in *Trattato di diritto civile*, IV, Milano, 1999, 691 ss.

Giurisprudenza: Cass., 18 febbraio 2000, n. 1859, in *Danno e resp.*, 2000, 390; Cass., 14 giugno 1999, n. 5885, in *Giust. civ. Mass.*, 1999, 1377; Cass., 9 ottobre 1991, n. 10599, in *Arch. locazioni*, 1992, 291; Cass., 20 maggio 1998, n. 5031, in *Giur. it.*, 1999, 713; Cass., 3 ottobre 1997, n. 9658, in *Studium Iuris*, 1998, 194.

IMPRENDITORE E IMPRESA

L'hobby del mattone.

Il Professor Bisturi, noto e stimato chirurgo, è proprietario di una ampia area di terreno alla periferia di Milano, ove decide di realizzare un complesso residenziale.

Al riguardo, dopo aver ottenuto la concessione edilizia, egli si reca presso la Banca «Warrant» e la Banca «Swap» riuscendo ad ottenere a prestito da queste gli ingenti capitali occorrenti per il finanziamento della complessa iniziativa economica.

Reperiti così i fondi necessari, egli affida alla società «EdilDomus» la progettazione e l'appalto dei lavori per la realizzazione del suddetto progetto edilizio.

Una volta completata la costruzione dell'edificio, il quale consta di un centinaio di appartamenti, il Professor Bisturi provvede alla commercializzazione, alienando i singoli appartamenti che compongono l'edificio.
[Angelo Busani, notaio in Milano]

Quesiti di primo livello:

1) Nel caso di specie, ricorrono i presupposti per qualificare il Professor Bisturi come imprenditore commerciale?

2) Il Professor Bisturi può essere considerato imprenditore commerciale pur svolgendo proficuamente la sua attività di chirurgo?

Quesiti di secondo livello:

1) Il nostro sistema legislativo riconosce l'impresa come soggetto di diritto?

Manuale: Cap. 31, sub 1.

Bibliografia: G.F. CAMPOBASSO, *Diritto dell'impresa*, I, *Diritto commerciale*, Torino, 2000, 21-46; G. OPPO, voce *Impresa e imprenditore, I) Diritto commerciale*, in *Enciclopedia giur. Treccani*, XVI, Roma, 1989, 1 ss.; F. GALGANO, voci *Imprenditore* e *Imprenditore commerciale*, in *Digesto IV, Sez. comm.*, VII, Torino, 1992, 1 e 16.

Giurisprudenza: Cass., 29 agosto 1997, n. 8193, in *Rep. Foro it.*, 1998, voce *Impresa*, n. 28; Cass., 17 marzo 1997, n. 2321, in *Notariato*, 1998, 46 e in *Giur. it.*, 1998, 1990; Cass., 16 settembre 1983, n. 5589, in *Giur. comm.*, 1985, II, 33; Trib. Roma, 29 aprile 1959, in *Dir. fall.*, 1959, II, 475; App. Napoli, 25 luglio 1953, in *Dir. e giur.*, 1954, 293.

IMPRENDITORE E IMPRESA

Il «fallimento» dell'allevamento.

Il Signor Mangimi, volendo iniziare un'attività di allevamento, decide di acquistare alcuni capi di una pregiata razza di bovini.

L'entusiasmo per la nuova attività spinge però il Signor Mangimi a comprare un numero di bovini ben superiore rispetto a quello del progetto originariamente ipotizzato. Di conseguenza, egli appresta un enorme ed attrezzato capannone idoneo ad ospitare il bestiame, provvede all'assunzione di aiutanti e stipula un contratto con la società «Afta spa» la quale si impegna a fornire periodicamente gli ingenti quantitativi di mangime di cui gli animali necessitano.

Le spese di impianto e il crollo del mercato della carne spingono il signor Mangimi a contrarre nuovi debiti, che egli non riesce poi ad onorare regolarmente, cosicché un fornitore e una banca propongono istanza di fallimento del Signor Mangimi.

[Angelo Busani, notaio in Milano]

Quesiti di primo livello:

1) Supponendo che l'allevamento fosse finalizzato soltanto al commercio dei capi di bestiame (cioè soltanto all'acquisto per la successiva rivendita, senza alcuna attività di allevamento «effettivo»), il Signor Mangimi sarebbe o meno da considerarsi quale imprenditore agricolo?

2) Qual è il criterio per distinguere l'imprenditore agricolo da quello commerciale?

Quesiti di secondo livello:

1) È ammissibile l'istanza di fallimento avanzata verso il signor Mangimi?

2) Quali sono le norme che disciplinano la figura dell'imprenditore agricolo e che lo differenziano dalle corrispondenti norme che disciplinano l'imprenditore commerciale?

Manuale: Cap. 31, sub 2.

Bibliografia: F. GALGANO, *L'imprenditore*, in *Diritto commerciale*, Bologna, 1995, 33-57; M. BIONE, voce *Imprenditore agricolo, I) Diritto privato*, in *Enciclopedia giur. Trec-*

cani, XVI, Roma, 1989, 1 ss.; E. ROMAGNOLI, voce *Impresa agricola*, in *Digesto IV, Sez. Comm.*, VII, Torino, 1992, 76.

Giurisprudenza: Cass., 19 settembre 2000, n. 12410, in *Dir. e pratica delle società*, 2000, fasc. 22, 88; Cass., 23 ottobre 1998, n. 10527, in *Giust. civ.*, 1999, I, 1732 e in *Fallimento*, 1999, 625 e in *Giur. it.*, 1999, 91; Cass. 7 marzo 1992, n. 2767, in *Fallimento*, 1992, 783 e in *Dir. giur. agr.*, 1992, 421 e in *Dir. fall.*, 1993, II, 113; Cass., 13 giugno 1990, n. 5773, in *Giur. agr. it.*, 1990, 533; Cass., 10 gennaio 1989, n. 18, in *Foro it.*, 1989, I, 2859; Cass., 4 novembre 1980, n. 5914, in *Giur. comm.*, 1981, II, 580.

IMPRENDITORE E IMPRESA

La tela di Penelope.

La sig.ra Penelope Filini, imprenditrice individuale specializzata nella produzione e nel commercio di tessuti per arredamento, vende alla Tessitura Tex s.r.l. la propria azienda corrente sotto la ditta "La tela di Penelope Filini". L'azienda comprende, tra gli altri beni, un capannone dove si produce il tessuto ed un adiacente fabbricato utilizzato come magazzino, ufficio e show-room. Il contratto di trasferimento viene regolarmente iscritto nel registro delle imprese.

Dopo un mese, la Tessitura Tex s.r.l. riscontra una serie di problemi.

Il sig. Jacquard, con cui la sig.ra Filini aveva stipulato un contratto pluriennale per la manutenzione dei telai, si rifiuta di recarsi presso il capannone della Tessitura Tex s.r.l.; infatti, egli ha scoperto che il socio di maggioranza della società è l'odiato sig. Valentino Rodolfi, che, qualche anno prima, ha sposato l'ex fidanzata di Jacquard. Pertanto, Jacquard invia alla Tessitura Tex s.r.l. una lettera di recesso, affermando di non aver mai acconsentito alla cessione del contratto stipulato con la sig.ra Filini.

Nel frattempo, la sig.ra Filini inizia ad esercitare un'attività di commercio di prodotti tessili in un negozio situato a circa duecento metri dai fabbricati facenti parte dell'azienda ceduta. L'amministratore unico della Tessitura Tex s.r.l. chiede spiegazioni alla sig.ra Filini, la quale fa notare che nell'atto di vendita dell'azienda non era stato previsto alcun divieto di concorrenza.

Come se non bastasse, la Tessitura Tex s.r.l. non riesce ad incassare un credito inerente all'azienda ceduta. Debitore è il sig. Quattrini, il quale, venuto a conoscenza della cessione dell'azienda, ha comunque deciso di effettuare il pagamento alla sig.ra Filini, sua amica di vecchia data. Ora Quattrini si giustifica sostenendo che il credito era anteriore alla cessione dell'azienda e, quindi, la Tessitura Tex s.r.l. non vanta alcun diritto nei suoi confronti.
[Davide Tessera, avvocato]

Quesiti di primo livello:

1) È efficace il recesso del sig. Jacquard dal contratto?

2) Dal momento che nulla è stato disposto nel contratto di cessione d'azienda, la sig.ra Filini può esercitare attività in concorrenza con la Tessitura Tex s.r.l.?

3) La Tessitura Tex s.r.l. può pretendere il pagamento dal sig. Quattrini anche se questi ha già pagato la sig.ra Filini?

Quesiti di secondo livello:

1) A quali contratti si applica l'art. 2558 c.c.?

2) Ai sensi dell'art. 2558 c.c., il terzo contraente può recedere dal contratto in cui subentra il cessionario d'azienda? Se sì, con quali limitazioni?

3) Qual è la disciplina della cessione d'azienda con riferimento ai crediti aziendali?

4) Qual è la disciplina della cessione d'azienda per quanto concerne i debiti aziendali?

5) In che cosa consiste il divieto di concorrenza previsto a carico di colui che cede l'azienda? Qual è la durata del divieto?

Manuale: Cap. 32, sub 1.

Bibliografia: E. MARCHISIO, *Circolazione dell'azienda, tutela dell'avviamento e divieto di concorrenza*, in *Riv. not.*, 2011, VI, pt. 1, 1367 ss.; P. GOBIO CASALI, *Il destino dei debiti nella cessione e nell'affitto d'azienda*, in *Società*, 2011, IX, 1049 ss.; R. RAIS, *Cessione d'azienda e responsabilità per i debiti ceduti*, in *Giur. comm.*, 2011, I, pt. 2, 123 ss.; A. URSO, *I contratti ceduti unitamente all'azienda e le responsabilità dell'alienante*, in *Obbligazioni e Contratti*, 2010, X, 667 ss.; G. RECINTO, *Trasferimento dell'azienda e sorte dei contratti unilaterali o bilaterali eseguiti ex uno latere*, in *Riv. dir. impr.*, 2009, III, 591 ss.; S. RIZZO, *In tema di successione nei contratti nel trasferimento d'azienda*, in *Foro it.*, 2008, III, pt. 1, 903 ss.; V. SALAFIA, *Cessione di azienda con i relativi crediti e debiti*, in *Società*, 2008, III, 289 ss.; A. URSO, *Successione nei contratti e responsabilità dell'alienante nella cessione d'azienda*, in *Obbligazioni e Contratti*, 2007, XII, 1002 ss.; S. LUONI, *Note in tema di cessione di azienda e divieto di concorrenza*, in *Giur. it.*, 2007, XI, 2521 ss.

Giurisprudenza: Cass., 21 dicembre 2012, n. 23828, in *Rep. Foro it.*, 2012, voce *Azienda*, n. 6; Cass., 31 luglio 2012, n. 13692, in *Mass. Foro it.*, 2012, 626; Cass., 23 gennaio 2012, n. 840, in *Mass. Foro it.*, 2012, 34; Cass., 3 ottobre 2011, n. 20153, in *Mass. Foro it.*, 2011, 840; Cass., 21 luglio 2011, n. 16041, in *Foro it.*, 2012, I, 509; Trib. Verona, 3 giugno 2011, in *Società*, 2012, 505; Cass., 10 novembre 2010, n. 22831, in *Mass. Foro it.*, 2010, 984; Trib. Bologna, 22 giugno 2010, in *Giur. dir. ind.*, 2010, 703; Cass., 29 marzo 2010, n. 7517, in *Mass. Foro it.*, 2010, 324; Trib. Salerno, 9 marzo 2010, in *Giur. dir. ind.*, 2010, 477; Cass., 9 ottobre 2009, n. 21481, in *Giur. comm.*, 2011, II, 118; Cass., 15 settembre 2009, n. 19870, in *Obbligazioni e Contratti*, 2010, 663; Cass., 26 marzo 2009, n. 7305, in *Giur. dir. ind.*, 2009, 173; Cass., 19 novembre 2008, n. 27505, in *Giust. civ.*, 2009, I, 315; App. Brescia, 21 aprile 2008, in *Giur. dir. ind.*, 2008, 886; Cass., 26 ottobre 2007, n. 22538, in *Giur. comm.*, 2009, II, 63; Cass., 28 marzo 2007, n. 7652, in *Foro it.*, 2008, I, 903; Cass., 13 giugno 2006, n. 13676, in *Mass. Foro it.*, 2006, 1120; Cass., 7 dicembre 2005, n. 27011, in *Giust. civ.*, 2006, I, 2733.

CONCORRENZA SLEALE

Lo storno di dipendenti.

La società Market 2000 svolge indagini di mercato e da tre anni riscuote un crescente successo.

In effetti le sue brillanti indagini sono merito di Saverio, valente e collaudato professionista, laureato in economia aziendale a Yale e coadiuvato da un ristretto gruppo di fidati e capaci collaboratori. L'agenzia concorrente Minerva, attraverso una aggressiva società di cacciatori di teste, inizia a premere su Saverio perché accetti la propria offerta e lasci la Market 2000. Saverio è allettato dalla migliore offerta economica, peraltro estesa all'intero gruppo dei suoi collaboratori, ma i legami affettivi con la sua società lo frenano. Allora la Minerva rompe gli indugi e fa giungere a Saverio la infondata notizia che la Market 2000 sta per fallire in seguito ad alcune speculazioni del titolare.

Spaventato dalla prospettiva di perdere il lavoro, Saverio finisce con l'accettare le proposte della Minerva.
[Flavio Lapertosa, magistrato]

Quesiti di primo livello:

1) È lecita l'offerta della Minerva a Saverio?
2) È lecita la condotta della Minerva per convincere Saverio ad accettare la propria offerta?
3) È lecita la condotta di Saverio?

Quesiti di secondo livello:

1) Quali sono le fonti di diritto le cui norme regolano il caso (codice civile, statuto dei lavoratori, costituzione, fonti di diritto comunitario, ecc.)?
2) In quale rapporto (coordinato, subordinato) stanno le fonti tra loro?

Manuale: Cap. 1, sub 5; Cap. 33, sub 2.

Bibliografia: S. SANZO, *La concorrenza sleale*, Padova, 1998, pp. 244-257.

Giurisprudenza: Cass., 20 giugno 1996, n. 5718, in *Giur. it.*, 1997, I, 450; Cass., 3 luglio 1996, n. 6079, in *Dir. ind.*, 1997, 35.

IL PATTO LEONINO

Il socio leone.

Alfa Progetti è divenuta socia di minoranza di Beta S.p.A. al fine di finanziare e apportare le competenze necessarie per lo sviluppo di un piano di investimenti, avente ad oggetto la costruzione di alcuni impianti termici.

Al momento dell'ingresso in Beta, Alfa Progetti sottoscrive un patto parasociale con gli altri soci di Beta per disciplinare la propria partecipazione nella compagine sociale.

Il patto parasociale prevede, tra le altre cose, in favore di Alfa Progetti un diritto di opzione di vendita (put) di tutte le azioni agli altri soci di Beta, nel caso in cui Beta non ottenga tutte le autorizzazioni necessarie per la costruzione degli impianti termici entro 2 anni.

Il prezzo di vendita delle azioni viene predeterminato nella misura pari al prezzo alle quali le azioni erano state acquistate da Alfa Progetti, maggiorato di interessi del 5%, così da porre Alfa Progetti al riparo da perdite nel caso in cui le autorizzazioni necessarie al Piano di Investimenti non vengano ottenute da Beta.

Trascorsi i 2 anni, senza l'ottenimento delle licenze necessarie, Alfa Progetti esercita il patto di opzione.

I soci di Beta, tuttavia, si rifiutano di acquistare le azioni eccependo l'invalidità del patto di opzione.
[Matteo Ronchi, Avvocato in Milano]

Quesiti di primo livello:

1) È lecito il patto di opzione stipulato tra Beta e gli altri soci?
2) Che cos'è il divieto di patto leonino?
3) Il divieto di patto leonino è applicabile alle società di capitali?

Quesiti di secondo livello:

1) Quali caratteristiche deve avere l'esonero dalle perdite per configurare il patto leonino?

2) Qual è la ratio del divieto di patto leonino?

3) È lecito un patto di opzione contenuto in patti parasociali che abbia quale effetto quello di esonerare il socio di società di capitale dalle perdite del-

la società, nel caso in cui il patto sia diretto, comunque, al perseguimento di finalità meritevoli di tutela secondo l'ordinamento?

Manuale, Cap. 34 sub 4.

Bibliografia: E. BARCELLONA, *Clausole di put & call a prezzo predefinito fra divieto di patto leonino e principio di corrispettività*, Milano, 2004; A.M. PERRINO, *Patti parasociali di finanziamento partecipativo e divieto di patto leonino*, in *Le Società* 2012, pp. 1158, ss.; A. DELFINI, *Opzioni put a prezzo determinato "a consuntivo", arbitraggio della parte e nullità*, in *Giur. comm.*, 2012, II, p. 729, ss.

Giurisprudenza: Cass. civ., sez. II, 21 gennaio 2000, n. 642 in *Le Società*, 2000, p. 697, ss.; Cass. civ., sez. I, 29 ottobre 1994, n. 8927 in *Le Società*, 1995, 178; in *Giur. comm.*, 1995, II, 478; in *Notariato*, 1995, 224; Trib. Milano, 30 dicembre 2011 e Trib. Milano, 13 settembre 2011 in *Le Società*, 2012, pp. 1158, ss.; Trib. Milano, ord. 9 febbraio 2012, in *Le Società*, 2012, p. 369.

DIRITTO SOCIETARIO

Chi fa da sé fa per tre.

Paolo Furtoli, Giancarlo Fognini e Giorgio Corretti vorrebbero costituire una società avente ad oggetto l'esercizio dell'attività di falegnameria. Paolo e Giancarlo non hanno grandi risorse economiche, ma sono dotati di eloquio fluente e sembrano particolarmente idonei a gestire i rapporti con fornitori e clienti; Giorgio, persona dedita a vari interessi che lo tengono piuttosto impegnato, è assai benestante. I tre decidono allora di costituire una società in accomandata semplice (la "Falegnameria FFC di Paolo Furtoli s.a.s."), in cui Giorgio assume la qualifica di accomandante e gli altri due soci quella di accomandatari.

Per alcuni anni Giorgio non si interessa della gestione della società, finché un giorno viene casualmente a sapere dal sig. Umberto Tronconi, fornitore di legname, che negli ultimi mesi la s.a.s. ha interrotto i pagamenti delle forniture. Giorgio chiede agli altri soci di prendere visione dei libri contabili; Paolo e Giancarlo si rifiutano, spiegando che il ritardo nei pagamenti è dovuto solamente ad una momentanea carenza di liquidità, ma la società è solida e ben avviata. Essi convincono quindi Giorgio a restare sereno e la settimana seguente gli comunicano che il debito con Tronconi è stato saldato.

Trascorso qualche giorno, Giorgio riceve una telefonata da Tronconi, il quale si lamenta del fatto che Furtoli e Fognini non si fanno mai trovare al telefono; egli, inoltre, afferma di non essere stato ancora pagato e che altri fornitori sono nella stessa situazione. Allora Giorgio si rivolge al Dott. Conti, commercialista della società, il quale gli conferma che quanto ha detto Tronconi corrisponde al vero.

Giorgio, persona seria e responsabile, si infuria con gli altri due soci e decide di prendere in mano la situazione, pensando che non avrebbe mai dovuto mettersi in società con due soggetti inaffidabili come Paolo e Giancarlo. Egli, convintosi che "chi fa da sé fa per tre", inizia quindi a dedicarsi alla gestione della società, compiendo tutti gli atti necessari. Paolo e Giancarlo non si oppongono in alcun modo all'iniziativa di Giorgio ed anzi decidono di prendersi un periodo di vacanza.

Dopo alcuni mesi, però, nonostante l'impegno di Giorgio, la s.a.s. non è ancora riuscita a saldare un consistente debito nei confronti della T-Legno S.p.A., debito già esistente prima che Giorgio cominciasse ad occuparsi degli affari sociali.

[Davide Tessera, avvocato]

Quesiti di primo livello:

1) È da ritenersi legittimo il rifiuto di Paolo e Giancarlo alla richiesta di Giorgio, che desiderava verificare i libri contabili?

2) Giorgio potrà essere chiamato a rispondere del debito nei confronti della T-Legno S.p.A.? Se sì, dovrà considerarsi illimitatamente responsabile?

Quesiti di secondo livello:

1) Quali diritti e poteri ha il socio accomandante nella società in accomandita semplice?

2) Il socio accomandante può compiere atti di gestione? Se sì, con che limiti?

Manuale: Cap. 35, sub 6.

Bibliografia: P. MONTALENTI, voce *Società in accomandita semplice*, in *Dig. disc. priv.*, XIV, Torino, 1997, 242 ss.; M. BUSSOLETTI, voce *Società in accomandita semplice*, in *Enc. dir.*, XLII, Milano, 1990, 961 ss.; G. MORESCHINI, *Il divieto di immistione e la qualificazione degli atti gestori*, in *Giur. comm.*, 2011, IV, pt. 2, 863 ss.; A. BERTOLOTTI, *In tema di immistione del socio accomandante*, in *Giur. it.*, 2010, XII, 2549 s.; M. NUCCI, *Il divieto di immistione sancito dall'art. 2320 c.c. e il rilascio di fideiussione omnibus in favore della società in accomandita semplice da parte dell'accomandante*, in *Foro pad.*, 2006, III-IV, pt. 1, 398 ss.; A. BADINI CONFALONIERI, *Fallimento del socio accomandante e clausola di autorizzazione all'immistione*, in *Fall. e altre proc. conc.*, 2001,V, 560 s.; M. LABRIOLA, *Ingerenza dell'accomandante nella gestione sociale e divieto d'immistione*, in *Notariato*, 2001, II, 130 ss.; G. RAGUSA MAGGIORE, *Sul divieto di immistione dell'accomandante nella gestione dell'accomandita*, in *Dir. fallim. e delle soc. comm.*, 2000, III, pt. 2, 507 ss.; G. VIDIRI, *Divieto di immistione del socio accomandante e "procura speciale per singoli affari" (art. 2320, primo comma, c.c.)*, in *Giust. civ.*, 1998, VI, pt. 1, 1547 ss.; P. MONTALENTI, *Clausole di autorizzazione dell'accomandante tra riqualificazione del contratto, nullità della clausola e violazione del divieto di immistione*, in *Giur. it.*, 1997, XI, pt. 1, 651 ss.

Giurisprudenza: Cass., 17 dicembre 2012, n. 23211, in *Mass. Foro it.*, 2012, 870; Cass., 7 dicembre 2012, n. 22256, in *Mass. Foro it.*, 2012, 845; Cass., 7 dicembre 2012, n. 22246, in *Mass. Foro it.*, 2012, 844; Cass., 3 giugno 2010, n. 13468, in *Giur. comm.*, 2011, II, 860; Cass., 17 maggio 2010, n. 11973, in *Riv. not.*, 2011, 875; Trib. Perugia, 29 dicembre 2009, in *Giur. comm.*, 2011, II, 687; Trib. Perugia, 16 marzo 2009, in *Società*, 2010, 1257; Cass., 19 dicembre 2008, n. 29794, in *Fallimento*, 2009, 1279; Trib. Milano, 7 luglio 2007, in *Banca, borsa, tit. credito*, 2009, II, 58; Cass., 19 novembre 2004, n. 21891, in *Società*, 2005, 986; Trib. Genova, 8 febbraio 2001, in *Giur. comm.*, 2001, II, 860; Cass., 7 novembre 1998, n. 11227, in *Giur. it.*, 1999, 766; Cass., 3 ottobre 1997, n. 9659, in *Giust. civ.*, 1998, I, 1077.

DIRITTO SOCIETARIO
AMMINISTRAZIONE DELLA SOCIETÀ A RESPONSABILITÀ LIMITATA

Clausola di prelazione ed esecuzione forzata.

A seguito del fallimento di Tizio, il Giudice Delegato pone in vendita i beni del fallito, tra cui la partecipazione che egli detiene nella Gamma srl (pari al 20% del capitale sociale), e con successivo provvedimento aggiudica detta partecipazione alla Alfa srl.

I restanti soci della Gamma srl ritengono che la procedura si sia svolta in violazione dell'art. 2471 c.c., sussistendo nello statuto della Gamma srl una clausola di prelazione.

Detti soci comunicano alla Alfa srl l'inefficacia nei loro confronti della aggiudicazione così intervenuta e provvedono ad impugnare il provvedimento del Giudice Delegato, per non essere stata loro notificata l'ordinanza avente ad oggetto la vendita forzata delle partecipazioni di Tizio, nei termini e nei modi previsti dall'art 2471 c.c.

Detti soci vogliono comunque impedire ad Alfa srl di entrare a far parte della compagine sociale e desiderano anzi acquistare la partecipazione di cui era titolare Tizio nella Gamma srl.

[Nicola Canessa, avvocato in Milano]

Quesiti di primo livello:

1) A quali principi si ispira la nuova disciplina in tema di società a responsabilità limitata introdotta con il d.lgs. 17 gennaio 2003 n. 6 e successive modifiche ed integrazioni?

2) Gli aspetti specifici su cui la nuova disciplina delle S.r.l. non si pronuncia devono essere regolamentati per analogia con le S.p.A. o devono essere piuttosto demandati all'autonomia statutaria?

3) Quale è la* ratio *della clausola di prelazione?

4) In quali tipi di società è possibile prevedere questa tipologia di clausole?

5) Quali altre tipologie di clausole tutelano il c.d.* intuitus personae*?

Quesiti di secondo livello

1) In caso di esecuzione forzata sulle quote di una s.r.l. come viene tutelato l'*intuitus personae *nella società? E l'interesse del creditore particolare del socio?

2) Come potranno i soci titolari dell'80% del capitale sociale della Gamma s.r.l. divenire titolari anche della partecipazione di Tizio?

Manuale: Cap. 36, sub 17.

Bibliografia: G.F. CAMPOBASSO, *Diritto Commerciale*, vol. 2, VI ed., Milano, 2006; V. BUONOCORE, *Manuale di Diritto Commerciale*, VIII ed., Torino, 2007; P. SCIUTO, in *Riv. Dir. Civ.*, 2004, I.

Giurisprudenza: Cass. civ., 11 giugno 1980, n. 3715, in *Giur. Comm.*, 1981, II, 913; Cass. civ., Sez. I, 3 aprile 1991, n. 3482, *Giust. civ. Mass.*, 1991, fasc. 4, *Fallimento*, 1991, 802; Cass. civ., Sez I, 14 gennaio 2005, n. 691, *Società* [6270]; Trib. Napoli, ordinanza 7 aprile 2005, *Foro it.*, 2005, I, 2583.

DIRITTO SOCIETARIO

E adesso chi mi paga?

La Immobilsolid s.r.l., di cui sono soci i fratelli Cementini, è interessata all'acquisto di un terreno edificabile situato in un'amena località della Brianza, in posizione panoramica.

Il sig. Fumagalli, proprietario dell'area, ha bisogno urgente di denaro perché deve acquistare per il proprio figlio un appartamento in vista dell'imminente matrimonio di quest'ultimo.

Quindi, il sig. Fumagalli e la Immobilsolid s.r.l., in persona dell'amministratore unico Maneggioni, che ha la rappresentanza della società, stipulano un contratto preliminare di vendita del terreno per il prezzo di Euro 1.000.000. Il sig. Fumagalli riceve una consistente caparra, pari al 40% del prezzo pattuito, ed in cambio concede alla Immobilsolid s.r.l. la possibilità di versare il saldo del prezzo dopo sei mesi dalla stipula del contratto definitivo.

Successivamente, il contratto definitivo viene concluso – come da accordi – davanti al notaio Ricchetti, il quale negligentemente non iscrive ipoteca legale a garanzia del pagamento del saldo del prezzo.

Trascorso il termine di sei mesi dal rogito senza che la Immobilsolid s.r.l. abbia adempiuto, il sig. Fumagalli cerca di contattare Maneggioni, che tuttavia risulta irreperibile. Fumagalli si rivolge allora all'Avv. Azzeccagarbugli, il quale, effettuate le opportune verifiche, scopre che: a) la s.r.l. è stata posta in liquidazione e cancellata dal Registro delle Imprese; b) in fase di liquidazione, la società ha venduto il terreno al sig. Ghezzi; c) in sede di riparto dell'attivo, i fratelli Cementini hanno ricevuto Euro 50.000 a testa.

[Davide Tessera, avvocato]

Quesiti di primo livello:

1) La Immobilsolid s.r.l. è da considerarsi estinta?

2) Tralasciando eventuali azioni di responsabilità professionale nei confronti del notaio Ricchetti, a chi può rivolgersi il sig. Fumagalli per ottenere il pagamento di quanto gli spetta?

Quesiti di secondo livello:

1) Come si svolge la liquidazione delle società di capitali?

2) Ai sensi dell'art. 2495 c.c., quali soggetti possono essere chiamati a rispondere dei debiti sociali dopo la cancellazione della società? In quali limiti essi sono responsabili?

Manuale: Cap. 36, sub 11.

Bibliografia: V. SALAFIA, *Bilancio finale di liquidazione e cancellazione della società dal Registro imprese*, in *Le Società*, 2012, VI, 627 ss.; G. NICCOLINI, *Gli effetti della cancellazione della società di capitali dal registro delle imprese: recenti sviluppi e questioni ancora irrisolte*, in *Il Nuovo Diritto delle Società*, 2012, XIII, 7 ss.; C. BOLOGNESI, *La Cassazione conferma: la cancellazione dal registro delle imprese determina l'immediata estinzione anche per le società di persone*, in *Obbligazioni e Contratti*, 2012, VI, 416 ss.; S. LUONI, *Vecchie e nuove questioni in tema di cancellazione di società e di rapporti pendenti*, in *Giur. it.*, 2012, IV, 842 ss.; S. SANGIOVANNI, *Cancellazione delle società di capitali e responsabilità dei soci liquidatori*, in *Danno e resp.*, 2011, XII, 1133 ss.; P. CRISCUOLI – G. GRIMALDI, *Cancellazione delle società*, in *Giust. civ.*, 2010, XII, pt. 1, 2797 ss.

Giurisprudenza: Cass., Sez. Un., 12 marzo 2013, n. 6070, in *Rep. Foro it.*, 2013, voce *Società*, n. 23; Cass., 7 febbraio 2012, n. 1677, in *Giur. it.*, 2012, 2572; Cass., 4 maggio 2011, n. 9744, in *Mass. Foro it.*, 2011, 380; Cass., 5 novembre 2010, n. 22548, in *Mass. Foro it.*, 2010, 973; Cass., 8 ottobre 2010, n. 20878, in *Società*, 2011, 583; Cass., 16 luglio 2010, n. 16758, in *Società*, 2011, 5; Cass., Sez. Un., 22 febbraio 2010, n. 4061, in *Foro it.*, 2011, I, 1498; Cass., 13 novembre 2009, n. 24037, in *Mass. Foro it.*, 2009, 1414; Cass., 15 ottobre 2008, n. 25192, in *Mass. Foro it.*, 2008, 1436; Cass., 18 settembre 2007, n. 19347, in *Foro it.*, 2008, I, 2953; Cass., 28 agosto 2006, n. 18618, in *Società*, 2007, 967.

DIRITTO SOCIETARIO
RESPONSABILITÀ DEGLI AMMINISTRATORI

Un amministratore poco responsabile.

Due amici di vecchia data, dopo parecchi anni di lontananza, si ritrovano e scoprono una comune passione per la moda: uno è diventato stilista e l'altro un rinomato sarto. Decidono, allora, di avviare un'iniziativa imprenditoriale insieme: lo stilista disegnerà gli abiti e si occuperà dell'attività commerciale, mentre il sarto si occuperà della produzione delle collezioni. Per questo costituiscono una società a responsabilità limitata, di cui ciascuno deterrà un numero di quote rappresentanti la metà del capitale sociale, mentre lo stilista sarà amministratore unico della società.

L'avventura imprenditoriale dei due amici parte sotto i migliori auspici, il successo delle prime collezioni è notevole, lo stile degli abiti è parecchio apprezzato dal pubblico e le vendite vanno al di là delle più rosee aspettative, tanto che il sarto, per poter far fronte alle richieste del mercato, si deve dedicare giorno e notte alla produzione degli abiti. Presto, però, le cose cambiano. Con il successo, lo stilista si monta la testa e, con il pretesto di doversi occupare dell'attività commerciale, comincia a frequentare il *jet set* a spese della società. Utilizzando denaro della società e le carte di credito di cui dispone quale amministratore della società, acquista autovetture di gran lusso, noleggia aerei per spostamenti non connessi al suo lavoro, acquista beni per uso personale, compra regali di rilevante valore per soggetti che nulla hanno a che vedere con la società. Per sostenere questo tenore di vita e per far fronte alla sua dissennata gestione della società, lo stilista comincia a non far fronte ai pagamenti dei principali fornitori della società. Come se non bastasse, le nuove collezioni sono disegnate con poca cura, non sono apprezzate dai clienti e le vendite degli abiti, irrimediabilmente, precipitano.

Il sarto, disperato per la grave situazione finanziaria della società, decide di correre ai ripari.

[Roberto Randazzo, avvocato in Milano]

Quesiti di primo livello:

1) Quali sono gli obblighi degli amministratori verso la società?

2) Verso chi sono responsabili gli amministratori per il loro operato?

3) Esistono forme di* governance *che possono differenziare una società a responsabilità limitata da una società per azioni?

Quesiti di secondo livello:

1) Fra i comportamenti posti in essere dall'amministratore, quali configurano con certezza la violazione di disposizioni codicistiche?

2) Quali sono i soggetti che, danneggiati dal comportamento dell'amministratore, possono intraprendere un'azione nei suoi confronti finalizzata ad ottenere il risarcimento del danno?

Manuale: Cap. 36, sub 6.

Bibliografia: F. GALGANO, *Diritto Civile e Commerciale*, vol. III, tomo II, Padova, 2004, pagg. 310 ss.; G. COTTINO - G. BONFANTE - O. CAGNASSO - P. MONTALENTI, *Il nuovo diritto societario*, artt. 2409 *bis*-2483 c.c., Bologna, 2004, pagg. 1884 ss.; V. SALAFIA, *L'esercizio dell'azione di responsabilità sociale contro gli amministratori*, in *Le Società*, 2001, n. 10, pagg. 1191 ss.

Giurisprudenza: App. Milano, 20 gennaio 1998, in *Le Società*, 9/1998, 1042; Cass. civ. Sez. I, 28 aprile 1997, n. 3652; Cass. n. 6493/1985, in *Giur. Commerciale*, 1986, II, pag. 813; Trib. Milano, 10 ottobre 1991.

GLI ENTI NON PROFIT

Profit o non profit: questo è il problema!

Alcuni giovani della provincia di Mantova, conosciutisi all'università, decidono di associarsi per lavorare insieme a un progetto comune. Riflettendo sugli spunti ricevuti nelle varie materie d'esame, decidono di fondare un'associazione senza scopo di lucro finalizzata all'organizzazione di incontri con personalità del mondo professionale e imprenditoriale in grado di fornire consigli e informazioni utili per una formazione professionale adeguata al mercato del lavoro.

L'iniziativa riscuote successo, anche perché gli incontri forniscono indirettamente concrete occasioni di lavoro. A questo punto i membri dell'associazione decidono di trarne maggiori vantaggi, rendendo sistematica l'attività, che viene quindi posta soprattutto al servizio dei terzi esterni all'associazione, ai quali viene consentito di partecipare agli incontri in cambio del pagamento di un biglietto il cui prezzo non solo copre i costi sostenuti dalla struttura associativa, ma assicura un utile che a fine anno viene ripartito tra gli associati.

Dopo alcuni anni di gestione positiva, a causa di alcuni dissidi tra gli associati e a causa del comportamento finanziariamente imprudente di alcuni di essi, le cose cominciano ad andare male. Al momento di tirare le somme, appare ormai chiaro che l'associazione non riesce a far fronte ai debiti contratti per lo svolgimento della propria attività (pagamento degli onorari a professionisti e imprenditori, delle attrezzature acquistate per allestire il «centro», ecc.).

Dopo ore di discussione, anche i più idealisti si rassegnano: le strade dei vecchi compagni di università devono dividersi. Viene così deciso lo scioglimento dell'associazione e la spartizione del fondo comune.

Ma i creditori insoddisfatti si oppongono.

[Flavio Lapertosa, magistrato]

Quesiti di primo livello:

1) I creditori insoddisfatti possono chiedere il fallimento dell'associazione e degli associati, impedendo la divisione del fondo comune?

2) L'Amministrazione finanziaria può assoggettare a IVA le prestazioni che l'associazione ha reso a favore dei terzi?

Quesiti di secondo livello:

1) Quali implicazioni giuridiche ha la decisione degli amici mantovani di

costituire una «associazione non profit»?

2) Quali implicazioni giuridiche ha la decisione degli amici mantovani di dividere gli utili?

Manuale: Cap. 6, sub 12; Cap. 34, sub 4; Cap. 38, sub 4.

Bibliografia: G. VIDIRI, *Il fallimento nelle associazioni (in partecipazione, non riconosciute, temporanea di impresa) e nelle società senza scopo di lucro (società sportive)*, in *Giust. civ.*, 1995, II, 3.

Giurisprudenza: Cass., 6 febbraio 1990, n. 815, in *Nuova giur. civ. comm.*, 1991, I, 325.

ASSOCIAZIONI

Come non pagare – risparmiando – il biglietto dell'autobus.

Paolo e Giovanni decidono di frequentare l'Università in una città diversa rispetto a quella di loro provenienza. All'inizio dei corsi universitari si mettono, dunque, alla ricerca di un bilocale, possibilmente nelle immediate vicinanze dell'Università. La ricerca non da, però, i frutti sperati, sicché devono rassegnarsi a prendere in locazione un piccolo appartamento situato a notevole distanza dall'Università. Tra le spese che, pertanto, dovranno affrontare, vi è anche quella dell'abbonamento ai mezzi di trasporto pubblico.

A distanza di qualche tempo, Paolo e Giovanni si rendono conto che, nonostante abbiano utilizzato molto spesso i mezzi pubblici, non sia mai capitato di essere fermati da un «controllore». Perché allora – pensano Paolo e Giovanni – non fare a meno dell'abbonamento e dividere, nell'eventualità che uno di loro venga scoperto, il costo della sanzione inflitta? Dalle intenzioni Paolo e Giovanni passano ai fatti e ... con notevole «successo»: nei primi mesi successivi al mancato rinnovo dell'abbonamento, nonostante un uso intenso dei mezzi pubblici, non vengono «scoperti», sicché può ben dirsi – ad opinione di Paolo e Giovanni – che il denaro non speso per il rinnovo dell'abbonamento e denaro «risparmiato». Sulla scorta del «successo» di questa loro «idea», Paolo e Giovanni decidono di estenderla, costituendo l'*associazione non riconosciuta* «Liberi di viaggiare»: per aderirvi è necessario essere studenti e pagare un contributo di € 5 al mese. A fronte di questa erogazione, l'associazione si impegna a tenere indenne, sotto il profilo patrimoniale, eventuali soci «scoperti» a viaggiare sui mezzi di trasporto pubblico senza un biglietto/abbonamento valido.

L'idea riscuote anche presso i colleghi un successo strepitoso e, man mano che si «sparge la voce», a Paolo e Giovanni sorge qualche dubbio circa la liceità di quanto fatto.

Sono giustificati i dubbi di Paolo e Giovanni?

[A.P. Scarso, professore associato di diritto privato]

Quesiti di primo livello:

1) Quali formalità sono richieste per costituire una associazione non riconosciuta?

2) È lecita l'associazione non riconosciuta costituita da Paolo e Giovanni?

3) Potrebbero Paolo e Giovanni eventualmente chiederne il riconoscimento?

Quesiti di secondo livello:

1) In generale, è possibile costituire una associazione non riconosciuta riservandone il possibile accesso, ad esempio, esclusivamente ai colleghi di Paolo e Giovanni appartenenti al medesimo corso di laurea (e non a tutti gli studenti)?

2) Potrebbero Paolo e Giovanni costituire, anziché una associazione non riconosciuta, una società semplice con la medesima finalità? In questo caso, vi sarebbero delle differenze sotto il profilo sostanziale?

Manuale: Cap. 22, sub 3 e 4; Cap. 34, sub 3; Cap. 35, sub 2 e 3; Cap. 38, sub 4.

Bibliografia: M. BALZANO, voce *Associazione*, sub *III) Associazioni non riconosciute* [postilla di aggiornamento-2009], in *Encicl. Treccani*, Roma, vol. XVIII, 1 ss.; M. BASILE, *Le associazioni non riconosciute*, in *Trattato Rescigno*, II, Torino, 1999, 473 ss.; M. BASILE, voce *Associazione*, sub *III) Associazioni non riconosciute*, in *Enc. Treccani*, Roma, 1988, 1-3, *sub* 1.3; L. D'AMELIO, *Sul fondamento dell'art. 38, seconda parte, c.c.* (Nota a Cass. civ., sez. III, 24 ottobre 2008, n. 25748, Vergari c. Fasano), in *Riv. not.*, 2010, 460 ss.; M. TUOZZO, *Il contratto di associazione ed i limiti al potere di esclusione dell'associato* (Nota a T. Mantova, 12 giugno 2007, X. c. Circolo O.), in *Obbligazioni e contratti*, 2008, 227 ss.

Giurisprudenza: Cass. 24 ottobre 2008, n. 25748, in *Giust. civ. Mass.*, 2008, 10, 1515; in *Riv. not.*, 2010, 2, 456; Cass. 21 giugno 2000, n. 8435, in *Foro it.*, 2001, I, 2625; in *Giur. it.*, 2001, 710; in *Foro pad.*, 2000, I, 315; Cass. 10 dicembre 1988, n. 6725, in *Giust. civ.*, 1989, I, 593; Cass. 30 ottobre 1975, n. 3693, in *Rep. Foro it.*, 1975, voce *Associazione non riconosciuta* [68], n. 3.

GLI ENTI NON PROFIT

La passione per l'arte di una piccola comunità.

In un piccolo paese della Pianura Padana, un ricco industriale, appassionato di fotografia d'autore, ha passato la propria vita a collezionare le opere del compagno di studi Giovanni Rollei, un compaesano celebre in tutto il mondo per i suoi *reportages* e per la qualità delle sue immagini.

Alla morte dell'artista, l'industriale decide di onorare la memoria dell'amico scomparso devolvendo la propria collezione ad un museo che dia anche lustro al proprio paese e che organizzi esposizioni temporanee di giovani fotografi nati nel paese. L'industriale, per realizzare il proprio progetto, intende costituire una fondazione, coinvolgendo l'intera comunità.

L'idea è molto apprezzata dall'amministrazione comunale, che aderisce alla fondazione conferendo l'immobile, un prestigioso palazzo che si affaccia sulla piazza principale, per la sede del museo. Alla fondazione intende partecipare anche l'amministrazione regionale, che mette a disposizione del museo un ricco *budget* annuale per la realizzazione di conferenze e convegni sull'opera di Giovanni Rollei.

Anche i privati decidono di appoggiare l'iniziativa. E così, la più grossa tipografia della zona assicura la realizzazione di manifesti ed inviti in occasione dei principali avvenimenti; un'importante industria alimentare provvederà al *catering* in occasione delle inaugurazioni e dei convegni; una nota società di consulenza garantirà la gestione della contabilità dell'istituzione museale. Inoltre, la locale Cassa di Risparmio assicurerà un ricco conferimento annuale in denaro. Anche il giornale locale intende partecipare all'iniziativa, conferendo uno spazio pubblicitario gratuito per alcuni anni per la promozione delle attività della fondazione.
[Roberto Randazzo, avvocato in Milano]

Quesiti di primo livello:

1) Quali sono gli elementi che caratterizzano una fondazione nel codice civile?

2) Quali sono gli elementi che caratterizzano un'associazione nel codice civile?

3) Quale potrebbe essere la struttura giuridica di una fondazione costituita in base a quanto descritto nel caso?

Quesiti di secondo livello:

1) L'atto costitutivo di una fondazione è soggetto ad una particolare forma giuridica? E perché?
2) In che modo una fondazione acquisisce la personalità giuridica?
3) Cosa comporta l'ottenimento della personalità giuridica da parte di una fondazione?

Manuale: Cap. 38, sub 2 e 3.

Bibliografia: F. GALGANO, voce *Fondazione*, in *Enciclopedia giur. Treccani*, IV, Roma, 1989, 1 ss.

Giurisprudenza: Cass., 23 giugno 1994, n. 6032, in *Riv. not.*, 1995, 92; Cass., 18 settembre 1993, n. 9589, in *Foro it.*, 1994, I, 3503; Cass., 10 luglio 1984, n. 4024, in *Foro it.*, 1985, I, 518; Cass., 9 novembre 1979, n. 5770, in *Dir. fall.*, 1980, II, 279.

GLI ENTI NON PROFIT

Un quartiere battagliero.

In un quartiere periferico di una grande metropoli, situato nei pressi di uno svincolo autostradale molto trafficato, una società di telecomunicazioni decide di installare un potente ripetitore per telefonia mobile oltre ad un'antenna per la diffusione di trasmissioni radiofoniche.

Non appena gli abitanti della zona vengono a conoscenza della notizia, decidono di costituire un comitato con lo scopo di tutelare la salute dei cittadini dall'inquinamento elettromagnetico, ed in particolare la salute dei bambini che frequentano la vicina scuola materna.

Allo scopo di sostenere l'attività del comitato viene organizzata una sottoscrizione ed il denaro raccolto è destinato al fondo del comitato stesso. Oltre alle attività di sensibilizzazione dell'opinione pubblica, il comitato decide di finanziare una ricerca volta a dimostrare la pericolosità delle emissioni elettromagnetiche dei ripetitori, affidando l'incarico ad una società specializzata. Dalla ricerca emergono anche soglie intollerabili di inquinamento ambientale ed acustico causate dal sistema di viabilità della zona.

I cittadini della zona, alla luce dei risultati della ricerca finanziata, decidono allora di trasformare il comitato in un'associazione con lo scopo di tutelare la salute dei cittadini da tutte le forme di inquinamento ambientale.
[Roberto Randazzo, avvocato in Milano]

Quesiti di primo livello:

1) Il comitato può assumere la titolarità di diritti, sia reali che obbligatori?

2) Qual è la responsabilità dei sostenitori rispetto alle obbligazioni assunte dal comitato? E quella dei promotori?

3) A chi spetta rappresentare in giudizio il comitato?

Quesiti di secondo livello:

1) Quali sono i presupposti per la trasformazione del comitato in un'associazione riconosciuta?

2) Quali conseguenze ha la trasformazione del comitato in associazione riconosciuta rispetto alle obbligazioni assunte nei confronti di terzi?

Manuale: Cap. 38, sub 5.

Bibliografia: A. AURICCHIO, *Comitati (dir. civ.)*, in *Enc. dir.*, VII, Milano, 1960, 755 ss.; M. BASILE, *I comitati*, in *Trattato di diritto privato*, diretto da P. Rescigno, Torino, 1982, 335 ss.; F. GALGANO, *Associazioni non riconosciute. Comitati*, in *Comm. cod. civ. (art. 36-42)*, a cura di Scialoja e Branca, Bologna-Roma, 1976.

Giurisprudenza: Cass., 12 giugno 1986, n. 3898, in *Nuova giur. civ. comm.*, 1987, 12; Cass., 12 gennaio 1982, n. 134, in *Giur. it.*, 1982, I, 1537; Cass., 12 novembre 1977, n. 4902, in *Giur. it.*, 1978, I, 1726.

GLI ENTI NON PROFIT

Una responsabilità infinita.

Alberto, membro di un comitato elettorale, acquista per conto del comitato un computer dalla Società PC Service, sottoscrivendo il relativo contratto per un importo di euro 2.000 da pagare in due rate. La prima è pagata contestualmente alla sottoscrizione del contratto, mentre si pattuisce che la seconda rata venga pagata a tre mesi dall'acquisto.

Alla scadenza dei tre mesi un rappresentante della società si reca presso la sede del comitato per ricevere il pagamento pattuito, ma i membri del comitato gli eccepiscono che nulla devono perché il contratto è stato sottoscritto da Alberto il quale ha lasciato l'ente da qualche settimana, ed invitano quindi il rappresentante a rivolgersi direttamente ad Alberto.

Quest'ultimo, però, si rifiuta di pagare ritenendo che siano i componenti del comitato, di cui lui non fa più parte, a dover rispondere del pagamento.
[Laura Morlotti, lecturer di Diritto privato]

Quesiti di primo livello:

1) Le ragioni sostenute da Alberto sono valide?
2) Per le obbligazioni assunte dal comitato chi è responsabile?
3) Che tipo di responsabilità grava sui componenti del comitato?

Quesiti di secondo livello:

1) Che cosa si intende per responsabilità personale e solidale?
2) Che differenza c'è tra associazioni e comitati per quanto concerne la responsabilità dei loro componenti?

Manuale: Cap. 38, sub 5.

Bibliografia: M. BASILE, *Le persone giuridiche*, in *Trattato di diritto privato* a cura di G. IUDICA e P. ZATTI, 2003, 198 ss.; B. VACCA, *Le associazioni non riconosciute e i comitati*, in *Il Diritto privato oggi*, a cura di Cendon, Milano, 1999; F. GALGANO, *Le associazioni. Le fondazioni. I comitati,* in *I grandi orientamenti della giurisprudenza civile e commerciale*, Padova, Cedam, 1996, 456; F. LOFFREDO, *Le persone giuridiche e le organizzazioni senza personalità giuridica*, Giuffrè, 2001, 220 ss.

Giurisprudenza: Cass. 12 gennaio 1982, n. 134, in *Foro It.* 1982, I, 385; Cass., 11 ottobre 1973 n. 2561, in *RGI*, 1973, *Persone fisiche e giuridiche*, 36; Cass. 28 marzo 1966, n. 835, in *Giust. civ. Rep,* 1966; Cass., 8 novembre 1957, n. 4290 in *Giust. civ. Rep*, 1957.

GLI ENTI NON PROFIT

L'impegno di un gruppo di professori per l'educazione alla legalità nelle scuole.

In una grande città del nord Italia un gruppo di professori della scuola media "Lorenzetti", da sempre molto impegnati nella sensibilizzazione e nell'educazione alla legalità nelle scuole, decidono di coinvolgere gli studenti in un progetto molto ambizioso, ovvero la realizzazione di un documentario che racconti la vita di Pietro Pestini, nato nel quartiere ove ha sede la scuola , un giornalista "scomodo" che ha perso la vita durante la produzione di un reportage di denuncia delle ecomafie. Viene presa in considerazione dai professori la costituzione di un comitato, tramite il quale coinvolgere la cittadinanza nella raccolta dei fondi necessari per la realizzazione del progetto.

L'idea viene accolta con molto entusiasmo sia dal sindaco della città, che dalle associazioni che promuovono la legalità nel territorio di riferimento. Il sindaco in particolare offre agli studenti la possibilità di usufruire gratuitamente degli spazi del palazzo comunale per la futura proiezione del documentario, mentre le associazioni si propongono come possibili soci fondatori del comitato, al fine di prestare la propria immagine all'iniziativa in corso.

Nelle more della discussione relativa alla costituzione del comitato, due fondazioni di peso nazionale con sede nel sud Italia, dedicate alla memoria di due magistrati antimafia, saputo del progetto decidono di procedere all'erogazione dei fondi necessari per la realizzazione del documentario, e propongono alle associazioni ed ai professori la costituzione di una fondazione, che possa fungere da collettore per progetti di formazione e informazione alla legalità in nord Italia.

Anche i privati decidono quindi di appoggiare l'iniziativa. E così, la più grossa tipografia della zona assicura la realizzazione di manifesti ed inviti in occasione della proiezione del documentario, nonché per le future attività poste in essere dall'ente, mentre una nota società di consulenza garantirà la gestione della contabilità dello stesso. Inoltre, la locale Banca di Credito Cooperativo assicurerà un ricco conferimento in denaro, al fine di raggiungere il patrimonio minimo per la costituzione. Anche il giornale locale intende partecipare all'iniziativa, conferendo uno spazio pubblicitario gratuito per alcuni anni per la promozione delle attività della costituenda fondazione.

[Roberto Randazzo, avvocato in Milano]

Quesiti di primo livello:

1) Quali sono gli elementi che caratterizzano un comitato nel codice civile?

2) Quali sono gli elementi che caratterizzano una fondazione nel codice civile?

3) Quale potrebbe essere la struttura giuridica di una fondazione costituita in base a quanto descritto nel caso?

Quesiti di secondo livello:

1) Il comitato può procedere alla sua trasformazione in fondazione?

2) L'atto costitutivo di una fondazione è soggetto ad una particolare forma giuridica? E perché?

3) Cosa comporta l'ottenimento della personalità giuridica da parte di una fondazione?

Manuale: Cap. 38, sub 2 e 3.

Bibliografia: A. AURICCHIO, *Comitati (dir. civ.)*, in *Enc. dir.*, VII, Milano, 1960, 755 ss.; F. GALGANO, voce *Fondazione*, in *Enciclopedia giur. Treccani*, IV, Roma, 1989, 1 ss.

Giurisprudenza: Cass. 8 maggio 2003, n. 6985, in *NGCC* 2003 , I, 668; Cass. SS.UU. 26 febbraio 2004, n.3892, in *NGCC* 2004, I, 440 e in *Giust. Civ.* 2005, 7/8, I, 1915; Cass. 27 febbraio 1997, n.1806, in *Giust. Civ. Mass.* 1997, 320.

GLI ENTI NON PROFIT

Un associato molto attivo.

In un piccolo paesino delle prealpi un gruppo di giovani uomini e donne decide di attivarsi a beneficio della comunità. In particolare, l'obiettivo che essi perseguono è quello di tenere compagnia, su base volontaria, agli anziani del paese, in particolare a quelli che vivono nelle frazioni, e che hanno visto i loro figli andare alla ricerca di un lavoro in città e che si trovano soli per gran parte dell'anno. A tal fine, decidono di costituire un'associazione non riconosciuta, che li possa riunire sotto un'unica egida. Dell'associazione fa parte anche Giorgio, un ragazzo che ha perso da poco i genitori.

Giorgio è molto gentile, e vista la recente perdita, riversa tutte le sue attenzioni sugli anziani del Paese; in particolare, fa amicizia con alcuni che vivono nelle frazioni più distanti del paese, con i quali si ferma a giocare a carte appena può. Con il passare del tempo poi, Giorgio decide di impegnarsi anche, laddove possibile, a fare la spesa per gli anziani, che spesso trovano faticoso guidare sino in paese per le commissioni quotidiane. Infine, a Giorgio capita di portare gli anziani, con la sua utilitaria, a fare delle scampagnate in giro per le montagne. Gli altri associati, venuto a sapere delle scampagnate, prima si congratulano con Giorgio per l'impegno profuso nelle attività dell'associazione.

Purtroppo però, in occasione di una di tali gite, la macchina di Giorgio investe un capriolo: i danni sono limitati a un bernoccolo ed un braccio rotto per il passeggero, il signor Pio, che Giorgio stava riaccompagnando a casa.
[Roberto Randazzo, avvocato in Milano]

Quesiti di primo livello:

1) Qual è, secondo il dettato del codice civile, la differenza principale tra associazione riconosciuta ed associazione non riconosciuta?

2) Cos'è il fondo comune dell'associazione non riconosciuta?

3) In che cosa il fondo comune dell'associazione non riconosciuta si differenzia dal patrimonio dell'associazione riconosciuta?

Quesiti di secondo livello:

1) Nel caso in cui un associato assuma obbligazioni in nome e per conto dell'associazione non riconosciuta, quali sono le conseguenze patrimoniali per gli altri associati?

2) Sempre nel caso in cui un associato assuma obbligazioni in nome e per conto dell'associazione non riconosciuta, ne risponde anche il fondo comune dell'associazione? E se sì, in che misura?

Manuale: Cap. 38, sub 5.

Bibliografia: M. BASILE, Gli e*nti di fatto,* in *Trattato di diritto privato*, diretto da P. Rescigno, Torino, 2000, 543 ss.; F. GALGANO, *Associazioni non riconosciute. Comitati*, in *Comm. cod. civ. (art. 36-42)*, a cura di Scialoja e Branca, Bologna-Roma, 1976; F. GALGANO, *Diritto Civile e Commerciale,* I, Padova, 1999, 227 e ss.

Giurisprudenza: Cass., 16 gennaio 2006, n. 718, in *Guida al diritto*, 2006, 13, 80; Cass. 12 gennaio 2005, n. 455, in *Giustizia Civile Massimario,* 2005, 1; Cass. 26 febbraio 1985, n. 1655, in *Giur. it.* 1986, I, 1, 1247.

LA BANCA E I CONTRATTI DI BANCA

Un fido vale finché ci si fida!

In data 2 gennaio 2002, Tizio nell'esercizio della sua attività imprenditoriale ottiene, dalla Banca Alfa, la concessione di un'apertura di credito su conto corrente, garantita da una fideiussione rilasciata da Caio.

Nel giugno del 2002 vengono levati, a carico di Tizio, alcuni protesti di assegni tratti su altre banche e relativi ad altri debiti da lui contratti nell'esercizio della propria attività d'impresa.

Nel luglio 2002, la Banca, con lettera raccomandata, recede dall'affidamento concesso ed intima al debitore il pagamento entro un giorno dalla comunicazione.

Tizio e Caio, allora, costituiscono garanzie fideiussorie ulteriori e chiedono una moratoria del debito stesso, per complessivi 365 giorni, a fronte della, contestuale, emissione di dodici cambiali mensili con scadenze ricomprese tra il 31 agosto 2002 e il 31 agosto 2003.

Durante la pendenza di tali termini, e dopo aver, regolarmente, pagato alla Banca cinque cambiali, sono levati altri protesti cambiari a carico di Tizio, per debiti diversi, e la Banca agisce in giudizio per ottenere il rimborso del credito da essa vantato nei confronti dello stesso.

Tizio resiste asserendo che la Banca, pendenti i termini di cui sopra, avrebbe dovuto astenersi dall'esercizio di qualsiasi azione giudiziale mentre la Banca eccepisce che gli accordi sulla base dei quali era stata concessa la moratoria del debito, dovevano ritenersi superati dalla sopravvenienza di eventi incompatibili con la dilazione accordata, quali la levata di ulteriori protesti.
[Francesco Caputo Nassetti, Professore a contratto di Diritto privato]

Quesiti di primo livello:

1) Il recesso della Banca, prima, e l'esercizio dell'azione giudiziale, poi, possono essere considerati legittimi e perché?

2) Qual è il titolo sulla cui base la Banca ha esercitato il diritto di recesso dal contratto di apertura di credito? Qual è o quali sono le norme del codice civile applicabili in tale fattispecie?

3) Tizio può essere considerato inadempiente per le obbligazioni contrattuali derivanti a suo carico dal contratto di apertura di credito? Se sì, di quali?

Quesiti di secondo livello:

1) Quali sono le obbligazioni tipiche nascenti da un contratto di apertura di credito?

2) Qual è la ratio posta a fondamento della decadenza dal beneficio del termine?

3) In che cosa consiste la nozione di protesto e di che cosa costituisce il presupposto?

Manuale: Cap. 17, sub 2; Cap. 29, sub 20; Cap. 39, sub 4.

Bibliografia: S. ROMANO, *Dell'apertura di credito*, in *Banca, borsa, ecc.*, 1969, I, 479.

Giurisprudenza: Cass., 9 giugno 1972, n. 1783, in *Rep. Foro it.*, 1972, voce *Obbligazioni e contratti*, nn. 35 e 37; Trib. Milano, 17 settembre 1992, in *Banca, borsa, ecc.*, II, 1994, 79.

LA BANCA E I CONTRATTI DI BANCA

La cassetta di «insicurezza».

Il Sig. Achille De Paperoni facoltoso ed anziano possidente, nonché blasonato erede di una nobile famiglia lombarda, dopo aver gelosamente custodito per armi le proprie ricchezze all'interno del castello nel quale abita, situato nella ricca campagna brianzola, allarmato dalle continue rapine perpetrate nelle ville del nord Italia, decide di affidare le proprie ricchezze alla Banca *Beta*, importante Istituto di credito del capoluogo Lombardo.

Diventa così titolare di una cassetta di sicurezza nella quale vi deposita gioielli di famiglia, oggetti di valore e titoli per un valore complessivo di Euro 47.300,00.

Qualche tempo dopo, intento a guardare la televisione, il Sig. De Paperoni apprende dal TG regionale che la notte precedente la cosiddetta «banda del buco» ha realizzato, proprio nei locali della Banca *Beta*, un furto con il sistema della lancia termica.

Sconvolto, si reca immediatamente presso detta Banca e, con enorme stupore, apprende dal Direttore Sig.ra Flavia che tutto il contenuto della sua cassetta di sicurezza è stato asportato degli ignoti visitatori notturni.

A questo punto il nobile si rivolge alla Banca chiedendo il risarcimento del danno subito per la perdita dell'intero contenuto della propria cassetta di sicurezza.

L'Istituto di Credito tuttavia rifiuta il risarcimento, affermando che secondo le Norme Bancarie, espressamente richiamate dal contratto stipulato, l'uso delle cassette di sicurezza è concesso per la custodia di cose di valore complessivo e non superiore a Euro 2.600,00.
[Roberto Campagnolo, avvocato in Milano]

Quesiti di primo livello:

1) Può il sig. Achille agire per ottenere una somma superiore a 2.600,00?

2) Quali sono le differenze tra il contratto di locazione delle cassette di sicurezza ed il contratto di deposito ex art. 1766 c.c. e ss.?

Quesiti di secondo livello:

1) Le clausole del contratto di servizio delle cassette di sicurezza, con cui

l'utente si obbliga a non conservarvi oggetto eccedenti un determinato valore, sono valide o costituiscono clausole limitative della responsabilità della banca e pertanto invalide ai sensi dell'art. 1229 c.c.?

2) Le clausole contenute nel contratto intervenuto tra la Banca* Beta *ed il Sig. Achille De Paperoni possono essere considerate vessatorie ex art. 1469 bis c.c.?

Manuale: Cap. 39, sub 2.

Bibliografia: MARIA LETIZIA RUFFINI GANDOLFI, *Cassette di sicurezza e responsabilità della banca: il problema in proiezione europea*, in *Rivista di diritto civile*, n. 6/2008, Cedam, 2008; FRANCESCO VITELLI, *Diritto Civile - Responsabilità della banca per il servizio di cassette di sicurezza e prova del danno*, in *Giurisprudenza Italiana*, n. 10/2009, Utet Giuridica, 2009; ROBERTO TORTORICI, *Cassette di sicurezza - Il servizio bancario delle cassette di sicurezza e la "stroncatura" delle clausole negoziali sui limiti di valore*, in *Notariato*, n. 1/2010, Ipsoa, 2010; GIOVANNI FACCI *Banca (responsabilità della) - L'osservatorio di merito*, in *La Responsabilità Civile*, n. 1/2012, Utet Giuridica; DANIELE CALCATERRA, *Banca (responsabilità della) - Cassette di sicurezza e responsabilità della banca*, in *La Responsabilità Civile*, n. 2/2012, Utet Giuridica, 2012.

Giurisprudenza: Cass. civ. Sez. III, 25/11/2008, n. 28067Cass. civ. Sez. III, 30/09/2009, n. 20948 (rv. 609684) App. Roma Sez. II, 24/06/2010Trib. Bologna, 17/08/2010 App. Roma Sez. II, 16/06/2011 Cass. civ. Sez. III, 22/12/2011, n. 28314 (rv. 621006) Cass. civ. Sez. I, 27/12/2011, n. 28835.

FORMA E DISCIPLINA DEL LAVORO

«L'offerta vantaggiosa».

Il Dott. Paolo Rossi, laureato in economia e commercio all'Università Bocconi di Milano, stipula un contratto di lavoro con la Società Beta S.p.A. che si occupa della vendita di telefoni cellulari.

Contestualmente all'assunzione, il Dott. Rossi e la Società Beta stipulano un *patto di non concorrenza* che prevede che il Sig. Rossi alla cessazione del rapporto di lavoro si impegni «*a non svolgere, in Italia, né direttamente né indirettamente, attività di alcun tipo in concorrenza con quella svolta dalla Beta S.p.A.*» per la durata di due anni e dietro pagamento di un corrispettivo.

Successivamente, decorsi tre anni dall'inizio del rapporto, il Sig. Rossi viene contattato dalla Società Telefonica 3000, che intende offrirgli un lavoro con compiti analoghi a quelli attualmente svolti presso la Società Beta.

Il Sig. Rossi decide di accettare la proposta di Telefonica 3000 e rassegna le dimissioni dalla Società Beta.
[Valentina Pomares, avvocato in Milano]

Quesiti di primo livello:

1) La condotta della Società Telefonica 3000 è lecita?
2) La condotta del Sig. Rossi è lecita?

Quesiti di secondo livello:

1) Quali sono gli obblighi del lavoratore nel contratto di lavoro subordinato?
2) Quali sono i requisiti di validità del patto di non concorrenza nel rapporto di lavoro subordinato?

Manuale: cap. 42, sub 3, 4 e 5.

Bibliografia: GRANDI, PERA, DE LUCA TAMAJO, MAZZOTTA, sub art. 2125 c.c., *Commentario breve alle leggi sul lavoro*, Bologna 2013.

Giurisprudenza: Cass., 21 Marzo 2013, n. 7141; Trib. Milano, 25 Marzo 2011, in *Riv. critica dir. lav.*, 2011, III, 625 (s.m.); Trib. Milano, 28 settembre 2010, in *Riv. critica dir.*

lav., 2010, IV, 1080 (s.m.); Cass., 4 aprile 2006, n. 7835, Cass., 2 agosto 2005, n. 16183; Cass., 19 aprile 2002, n. 5691, in *Giust. civ.*, 2003, I, 1075 con nota di Del Borrello; *Giust. civ. Mass.*, 2002, 677; e in *Il lavoro nella giurisprudenza*, 2003, I, 29, con nota di F.M. Gallo; Cass., 3 dicembre 2001, n. 15253, in *Mass. Giur. lav.*, 2002, n. 3, 184; Trib. Modena, 15 ottobre 2007, Trib. Venezia, 12 luglio 2007, Trib. Milano, 22 maggio 2007, Trib. Milano, 27 gennaio 2007, Ordinanza Trib. Milano, 11 agosto 2005, Trib. Milano, 19 gennaio 2001, in *Riv. crit. dir. lav.*, 2001, 101 e 448; Trib. Milano, ord. 24 febbraio 1999, in *Mass. Giur. lav.*, 1999, 456 ss.

FORMA E DISCIPLINA DEL LAVORO

«Autonomia o subordinazione»?

Gennaro, in cerca di lavoro, legge un annuncio appeso alla porta del ristorante Lupone con scritto «cercasi lavapiatti».

Entrato nel locale, Gennaro chiede di parlare con il proprietario (Oreste) per conoscere le condizioni del lavoro.

Oreste gli propone di cominciare a lavorare dal giorno successivo mediante un contratto di lavoro autonomo con un compenso pari ad 1.000.000 al mese.

Gennaro accetta tali condizioni e dal giorno successivo si presenta al lavoro tutti i giorni osservando un vincolo di orario, e rispondendo agli ordini e sotto il controllo del gestore del ristorante.

Trascorsi 7 mesi dall'inizio del rapporto Gennaro si ammala e telefona immediatamente per avvisare il ristorante che quel giorno non poteva essere presente al lavoro. Oreste chiede a Gennaro di inviare il certificato medico per controllare la presenza della malattia.

Dopo 4 giorni di assenza dovuti alla malattia, Gennaro torna al ristorante per svolgere le proprie mansioni ma Oreste gli risponde di non avere più bisogno di lui e di considerare il contratto di lavoro autonomo risolto.
[Valentina Pomares, avvocato in Milano]

Quesiti di primo livello:

1) È corretta la qualificazione del contratto operata dalle parti?
2) Che differenza c'è tra lavoro autonomo e lavoro subordinato?

Quesiti di secondo livello:

1) È lecita la condotta del proprietario del ristorante?
2) Che strumenti ha Gennaro per tutelare i propri diritti?

Manuale: Cap. 42, sub 3 e 4.

Bibliografia: GRANDI, PERA, DE LUCA TAMAJO, MAZZOTTA, sub art. 2094 c.c., *Commentario breve alle leggi sul lavoro*, Bologna 2013.

Giurisprudenza: Cass., 7 Febbraio 2013, n. 2931, in *Il lavoro nella giurisprudenza* 2013,

IV pag. 413; Cass., 18 Gennaio 2013, n. 1227, in *Diritto & Giustizia,* 2013; Trib. Milano, 16 gennaio 2012, n. 128, in *Guida al diritto* 2012, 13, 67 (s.m.); Cass., 22 aprile 2008, n. 10345, Cass., 7 dicembre 2007, n. 25666, Cass., 4 ottobre 2007, n. 20791, Cass., 6 settembre 2007, n. 18692, Cass., 1 settembre 2004, n. 17569, in *Il lavoro nella giurisprudenza*, 2005, n. 3, 282; Cass., 28 marzo 2003, n. 4770, in *Il lavoro nella giurisprudenza*, 2003, 773; Cass., 26 agosto 2000, n. 11182, in *Or. Giur. lav.*, 2000, I, 648, Trib. Ivrea, 31 ottobre 2007, n. 128, Trib. Civitavecchia, 12 luglio 2007, Trib. Bolzano, 1 giugno 2007.

FORMA E DISCIPLINA DEL LAVORO

Il fenomeno del *mobbing*.

La Sig.ra Carla Bianchi, bellissima ed invidiata ragazza, comincia la propria carriera in azienda come stagista presso una società «Micchetta» operante nel settore alimentare. Grazie alle capacità professionali dimostrate al termine dello stage la Sig.ra Bianchi viene assunta dalla società e assegnata alle mansioni di responsabile dello sviluppo dei prodotti per i bambini.

Dopo quattro anni di lavoro intenso la Sig.ra Bianchi viene promossa a direttrice marketing con cospicuo aumento della retribuzione.

Successivamente, a seguito di alcune rivoluzioni nei vertici della società, viene nominato un nuovo direttore generale sig. Filippi cui la Sig.ra Bianchi doveva riportare del suo operato.

Un bel giorno il Sig. Filippi invita a cena la Sig.ra Bianchi per parlare di un'imminente progetto. La Sig.ra Bianchi accetta ma, nel corso della cena, si rende conto che in realtà il nuovo progetto era una semplice scusa e che viceversa il vero scopo della cena era quello di tentare un approccio.

A questo punto la Sig.ra Bianchi seccata abbandona il ristorante mentre il Sig. Filippi le grida: «va bene, vedrai, te la farò pagare!».

Dal giorno successivo la Sig.ra Bianchi riceve una comunicazione in cui viene assegnata al nuovo incarico di direttore nuovi progetti. Dopo pochi mesi, però, la Sig.ra Bianchi si rende tristemente conto che il nuovo incarico in realtà è stato uno strumento per estrometterla da ogni decisione aziendale. Ella rimane pertanto completamente inattiva e passa le giornate a leggere il giornale. In più la Sig.ra Bianchi realizza nel contempo di essere oggetto di pettegolezzi da parte dei colleghi che la isolano sempre di più.

Stanche e depressa per la situazione creatasi la Sig.ra Bianchi decide di rivolgersi ad un avvocato per tutelare i propri diritti.
[Valentina Pomares, avvocato in Milano]

Quesiti di primo livello:

1) È legittimo il provvedimento di assegnazione alle nuove mansioni di direttore nuovi progetti?

2) Il fatto che il compenso della Sig.ra Bianchi rimanga invariato rende legittimalo svuotamento di mansioni?

Quesiti di secondo livello:

1) In che cosa consiste il fenomeno del «mobbing»? Che obblighi ha al riguardo il datore di lavoro per evitare che ciò si verifichi in azienda?
2) Quali danni possono essere richiesti dal lavoratore in presenza di detto fenomeno?

Manuale: Cap. 42, sub 1, 2 e 4.

Bibliografia: GRANDI, PERA, DE LUCA TAMAJO, MAZZOTTA, sub art. 2103 c.c., *Commentario breve alle leggi sul lavoro*, Bologna 2013.

Giurisprudenza: Corte di Appello di Genova, 5 settembre 2012 n. 3210, in *Il lavoro nella giurisprudenza*, 2013, IV, 356; Cass., 12 aprile 2012, n. 7963, in *Riv. It. Dir. Lav.* 2013, I, 104; Cass., 21 aprile 2008, n. 10315, Cass., 18 febbraio 2008, n. 4000, Cass., 8 ottobre 2007, n. 21025, Cass., 23 marzo 2005, n. 6326 in *Diritto e Giustizia*, 2005, n. 16; Trib. Milano, 18 ottobre 2007, Trib. Ravenna, 9 marzo 2007, Trib. Bari, 20 gennaio 2007, Trib. Milano, 28 febbraio 2003, in *Or. Giur. Lav.*, 2003, I, 91; Trib. Forlì, 15 marzo 2001, in *Riv. it. dir. lav.*, 2002, II, 521.

IL GRUPPO FAMILIARE
IL MATRIMONIO

Una crisi di coscienza.

Luciano e Francesca, sposati da dieci anni, sono in crisi da tempo. L'accentuarsi dell'incompatibilità caratteriale, le crisi di collera di Luciano e le depressioni di Francesca rendono la convivenza ormai insopportabile.

Luciano prende l'iniziativa e se ne va di casa. Francesca, figlia di un magistrato, si consiglia con il padre e con alcuni amici avvocati e decide di chiedere la separazione in vista del divorzio.

Luciano è d'accordo sull'opportunità della separazione legale, ma non accetta le onerose condizioni economiche poste da Francesca e dai «suoi amici e parenti legulei».

Luciano a sua volta si reca da Marzio, affermato avvocato matrimonialista parmense, e chiede consiglio.

Marzio sorprende Luciano suggerendogli di minacciare il ricorso ad un tribunale ecclesiastico. Se la Chiesa dichiarasse nullo il matrimonio, non ci sarebbe più base legale per la separazione e il divorzio e Luciano non avrebbe più legami economici con Francesca.

Luciano è sollevato, anche se poco entusiasta, da credente sincero, di strumentalizzare la giustizia ecclesiastica. Ma Marzio è così convincente...

Due settimane dopo, in un drammatico incontro con Francesca e il padre di lei, Luciano mette in atto la strategia consigliata da Marzio.
[Marco Ventura, Professore di Diritto canonico]

Quesiti di primo livello:

1) Esistono effettivamente ragioni giuridiche per ritenere, come Marzio, che la nullità ecclesiastica toglierebbe base legale alla separazione e al divorzio?

2) È legittima, e ha concrete speranze di efficacia, la strategia consigliata da Marzio?

Quesiti di secondo livello:

1) In cosa consiste la differenza tra matrimonio atto e matrimonio rapporto?

2) A quali principi si ispira il sistema matrimoniale italiano?
3) Quali particolarità presenta il matrimonio concordatario?

Manuale: Cap. 44, sub 4, 5 e 6.

Bibliografia: V. TOZZI, *Giurisdizione civile - Matrimonio religioso - Trascrizione - Nullità*, in *Nuova giur. civ. comm.*, 1990, I, 44; M. PETRONCELLI, *La efficacia civile della sentenza ecclesiastica di nullità del matrimonio religioso ed il nodo dei suoi riflessi nel campo patrimoniale delle parti*, in *Dir. eccles.*, 1983, II, 78.

Giurisprudenza: Cass., 9 maggio 1997, n. 4056, in *Rep. Foro it.*, 1997, voce *Matrimonio*, n. 107; App. Napoli, 21 febbraio 1991, in *Dir. eccles.*, 1991, II, 98; Cass., 17 febbraio 1983, n. 1225, in *Dir. eccles.*, 1983, II, 78.

IL GRUPPO FAMILIARE
COMUNIONE LEGALE DEI BENI E ACCESSIONE

La villetta.

Luisa e Lorenzo, coniugi in regime di comunione legale dei beni, costruiscono una villetta, con denaro comune, su di un terreno edificabile pervenuto alla moglie in forza della successione della di lei madre.

Dopo alcuni anni, intervenuta tra i due la separazione personale, e determinatosi dunque lo scioglimento della comunione, i due decidono di procedere alla divisione dei beni.

Lorenzo pretende anche la metà della villetta.
[Oriana Colla, avvocato in Alessandria]

Quesiti di primo livello:

1) Il terreno edificabile ereditato da Luisa è oggetto della comunione tra i coniugi?

Quesiti di secondo livello:

1) Di chi è la villetta?
2) In sede di divisione che cosa spetta a Lorenzo?

Manuale: Cap. 44, sub 7; Cap. 11, sub 7.

Bibliografia: D. CATERBI, *La comunione legale: teoria e prassi a* confronto, in *Giur. Merito*, 2008,03, 613B; A RUOTOLO, *Comunione legale, acquisto per accessione e diritti del coniuge del dominus* soli, in *Riv. Not.*, 2000, 2, 347; R. CARAVAGLIOS, *La comunione legale*, Tomo I, Milano, 1995, 241-287.

Giurisprudenza: Cass., 30 settembre 2010, n. 20508, in *Foro it.*, 2011, 5, 1468; Cass., 3 aprile 2008, n. 8662, in *Giust. civ.*, 2008, 9, 1882; Cass., 9 marzo 2000, n. 2680, in *Dir.fall.*, 2001, II, 392; Cass., 11 agosto 1999, n. 8585, in *Riv. Notar.*, 2000, 347; Cass., 22 aprile 1998, n. 4076, in *Giust. civ.*, 1998, I, 2831; Cass., 27 maggio 1996, n. 651, in *Nuova giur. civ. comm.*, 1996, I, 800; Cass., 14 marzo 1992, n. 3141, in *Foro. it.*, 1994, I, 1897.

IL GRUPPO FAMILIARE
IL REGIME PATRIMONIALE DELLA FAMIGLIA

Acquisto di beni personali in regime di comunione legale.

Marco e Paola sono sposati in regime di comunione legale dei beni. Quando muore la madre di Marco, egli riceve in eredità un terreno edificabile. Dopo qualche tempo, con atto pubblico, Marco cede tale terreno ad un costruttore in cambio di due appartamenti dello stabile da realizzare sullo stesso, riservandosi la proprietà del suolo sino al momento della consegna delle due unità immobiliari, già ben individuate nella planimetria allegata all'atto.

Una volta ultimata la costruzione, vengono consegnati a Marco, come pattuito, i due appartamenti.

Marco, convinto di essere proprietario esclusivo dei due appartamenti, in quanto acquistati con un suo bene personale, e di non doverne cedere quindi la metà alla moglie in caso di separazione, decide di presentare domanda di separazione personale.
[Laura Morlotti, lecturer di Diritto privato]

Quesiti di primo livello:

1) I due appartamenti sono di proprietà esclusiva di Marco, oppure rientrano in comunione legale e, quindi, appartengono per metà alla moglie?

2) Quando in regime di comunione legale dei beni, uno dei coniugi permuta un proprio bene personale con un bene immobile, senza che all'atto partecipi l'altro coniuge, il quale dunque non rende la dichiarazione di cui all'art. 179 comma ult. c.c., il bene così acquistato dal coniuge si può considerare come suo personale, oppure si deve ritenere appartenente alla comunione?

Quesiti di secondo livello:

1) Quando con beni personali si acquista un bene immobile, cosa dispone l'ultimo comma dell'art. 179 c.c. affinché detto acquisto possa considerarsi escluso dalla comunione?

2) In regime di comunione legale, il consenso di un coniuge all'acquisto in titolarità esclusiva di un bene immobile da parte dell'altro, può dar luogo all'esclusione dell'acquisto dalla comunione?

Manuale: Cap. 44, sub 7.

Bibliografia: SCHLESINGER, *Della comunione legale*, in *Comm. Cian, Oppo, Trabucchi*, III, 161; ROCCHIETTI, *L'intervento dell'altro coniuge negli acquisti di beni personali immobili o mobili registrati*, in *La comunione legale*, a cura di Bianca, I, Milano, 1989, 583; PITRONE, *La natura giuridica della partecipazione del coniuge all'acquisto di bene personale*, in *Rass. DC*, 1989, 821.

Giurisprudenza: Cass. Civ., 5-5-2010, n 10855, in *Repertorio*, 2010, voce *Famiglia*, n. 76; Trib. di Sondrio, 2-11-2007, in *Repertorio*, 2010, voce *Famiglia*, n. 82; Cass. civ. sez. I, 19.02.2000, n. 1917, in *Famiglia e dir.*, 2000, 345.

DIVORZIO E SEPARAZIONE

A chi la casa familiare?

Ferrando e Dorabella, giovani e innamorati, si sposano e pochi mesi dopo acquistano in comune la casa di abitazione, in cui fissano la dimora familiare.

Un anno dopo la celebrazione del matrimonio, dalla coppia nasce il piccolo Alfonsino.

Passano ancora due anni, e in Dorabella si accende una nuova, e corrisposta, passione amorosa per Guglielmo, avvenente amico del marito. La nuova relazione di Dorabella, una volta scoperta da Ferrando, crea un acceso conflitto tra i coniugi, tanto da mandare in crisi il matrimonio, sicché Dorabella e Ferrando si separano giudizialmente.

Il giudice, nello statuire sulla separazione, dispone l'affidamento condiviso ad entrambi i genitori del figlio Alfonsino, ma, anche in considerazione della tenera età di questi, ne dispone pure la collocazione esclusiva presso la madre.
[Giovanni Francesco Basini, Professore ordinario di Istituzioni di diritto privato]

Quesiti di primo livello:

1) A quale, tra i due coniugi, il giudice assegnerà la casa familiare di proprietà comune?

2) Qual è la funzione dell'assegnazione della casa familiare, in caso di crisi della famiglia?

Quesiti di secondo livello:

1) Fino a quando, presumibilmente, potrà durare l'assegnazione della casa familiare in favore di Dorabella?

2) Può bastare, per giustificare la revoca dell'assegnazione, solamente ed unicamente il fatto che Dorabella avvii, nella casa che fu familiare, una stabile convivenza **more uxorio** ***con il nuovo compagno Guglielmo?***

Manuale: Cap. 44, sub 8.

Bibliografia: G. F. BASINI, *Cause di estinzione del diritto al godimento della casa familiare, e sospetti di incostituzionalità dell'art. 155* quater *c.c.*, in *Fam. pers. succ.*, 2006, p. 618 ss.; G. F. BASINI, *I provvedimenti relativi alla prole*, in G. BONILINI, F. TOMMASE-

O, *Lo scioglimento del matrimonio*, in *Comm. Schlesinger*, 3ª ed., Milano, 20120, p. 842 s.; M. PALADINI, *L'abitazione della casa familiare nell'affidamento condiviso*, in *Fam. dir.*, 2006, p. 329 ss.; S. PATTI, *L'affidamento condiviso dei figli*, in *Fam. pers. succ.*, 2006, p. 301 ss.

Giurisprudenza: Corte cost., 30 luglio 2008, n. 308; Cass., 15 settembre 2011, n. 18863; Cass., 22 novembre 2010, n. 23591; Trib. Arezzo, 22 novembre 2012; Trib. Messina, 10 aprile 2012. Tutte le sentenze sono consultabili in banca dati *DeJure*.

IL GRUPPO FAMILIARE
SEPARAZIONE, ASSEGNO DI MANTENIMENTO A FAVORE DEL FIGLIO ED USUFRUTTO GIUDIZIALE

Litigi in famiglia.

I coniugi Giovanni e Maria, in regime di comunione legale dei beni, a causa di insanabili dissidi, decidono di separarsi consensualmente.

I due convengono, tra l'altro, che la figlia minore Silvia venga affidata alla madre, che la casa familiare, oggetto di comunione legale, sia temporaneamente assegnata a Maria, genitore affidatario e che il padre contribuisca al mantenimento della figlia con un assegno mensile rivalutabile di lire 800.000.

Circa la casa familiare, stabiliscono che venga temporaneamente assegnata a Maria, genitore affidatario e che sia entro due anni posta in vendita con ripartizione del ricavato in parti eguali.

Dopo qualche tempo, insorta controversia tra i coniugi separati circa la vendita della casa, in cui continuavano ad abitare madre e figlia, il Tribunale dei Minorenni costituisce sulla parte dell'immobile spettante al padre, usufrutto giudiziale a favore della moglie.

Al raggiungimento della maggiore età della figlia, studentessa all'ultimo anno di liceo, Giovanni, ritenendo ormai estinto il diritto di usufrutto, decide di vendere a terzi la quota in piena proprietà spettategli sulla casa già adibita a residenza coniugale e cessa di corrispondere l'assegno per il mantenimento di Silvia.

[Oriana Colla, avvocato in Alessandria]

Quesiti di primo livello:

1) Può Giovanni legittimamente cessare la corresponsione dell'assegno di mantenimento a favore della figlia?

Quesiti di secondo livello:

1) Quali sono i presupposti per la costituzione dell'usufrutto giudiziale?
2) Quale è la sua durata?

Manuale: Cap. 44, sub 8 e 15.

Bibliografia: L. TANTALO, *L'indipendenza economica della figlia maggiorenne fa estinguere l'obbligo di mantenimento ex tunc*, in *Diritto e Giustizia*, 2012, 1152;P. A. DE SANTIS, *Sull'obbligo del matenimento dei figli maggiorenni non (per sempre) economicamente autosufficienti*, in *Giur. merito*, 2008, 04, 1194; QUADRI, *Crisi familiare e mantenimento del figlio maggiorenne*, in *Foro it.*, 1994, I, 3029; G. BONILINI, *L'usufrutto giudiziale del genitore affidatario*, in *Fam. e dir.*, 1994, 403.

Giurisprudenza: Cass., 13 dicembre 2012, n. 22951, in *Diritto e Giustizia*, 2012; Cass., 26 settembre 2011, n. 19589, in *Giust. civ. Mass.*, 2011, 9, 1342; Cass., 16 febbraio 2001, n. 2289, in *Giur. it.*, 2002, 1183; *Cass.*, 4 marzo 1998, n. 2392, in *Fam. e dir.*, 1998, 389; Cass., 21 dicembre 1995, n. 13039, in *Giust. civ.*, 1996, I, 1, 1691; Cass., 28 giugno 1994, n. 6215, in *Foro it.*, 1994, I, 3029; Cass., 9 aprile 1994, n. 3050, in *Giur. it.*, 1995, I, 1, 626; Cass., 29 marzo 1994, n. 3049, in *Giur. it.*, 1995, I, 1, 652.

IL GRUPPO FAMILIARE
INSEMINAZIONE ETEROLOGA

Figlio nato da inseminazione eterologa e con il consenso del marito.

Luciano e Sabrina dopo alcuni anni di matrimonio, non riuscendo ad avere figli, decidono di recarsi all'estero per ricorrere all'inseminazione eterologa. Luciano manifesta validamente il proprio consenso alla fecondazione assistita della moglie con seme di donatore ignoto. La fecondazione ha buon esito e, dopo nove mesi, in costanza di matrimonio, nasce il tanto atteso figlio. Luciano viene però assalito improvvisamente da delle crisi di identità e decide, quindi, di esercitare azione di disconoscimento del figlio avvalendosi del fatto che il concepimento del bambino non è a lui riconducibile essendo da sempre affetto da impotentia generandi.
[Laura Morlotti, lecturer di Diritto privato]

Quesiti di primo livello:

1) Può Luciano, dopo aver validamente acconsentito all'inseminazione eterologa della moglie, disconoscere il figlio? Oppure si deve considerare detto consenso come ostativo all'esercizio dell'azione di disconoscimento?

Quesiti di secondo livello:

1) Se l'art. 235 c.c., è, per sua ratio, applicabile soltanto ai casi d'infedeltà coniugale, il consenso del marito all'inseminazione eterologa si deve considerare ostativo all'esercizio dell'azione di disconoscimento?
2) L'inseminazione eterologa voluta dal marito, può forse essere considerata come adulterio della moglie riconducibile a detta norma?
3) Anche alla luce della legge 40/2004, qualora la coppia ricorra all'inseminazione eterologa in violazione dell'art. 4 u.c., il marito può disconoscere il figlio dopo aver prestato il consenso alla fecondazione con seme altrui? Cosa dispone l'art. 9 della L. 40/2004?

Manuale: Cap. 44, sub 11.

Bibliografia: C.M. BIANCA, *Disconoscimento del figlio nato da procreazione assistita: la parola della cassazione*, in *Repertorio*, 1999, Filiazione, 34; F. AULETTA, *Il diritto di fam.*, Torino 1995, 285.

Giurisprudenza: Cass. civ., 10 aprile 2012, n. 5653, in *Guida al diritto*, 2012, fasc. 20, 46; Cass., 16 marzo 1999, n. 2315, in *Giustizia civ.*, 1999, I, pp. 1317 segg.

1) L'atto di nascita assume qualche rilevanza ai fini dell'attribuzione dello status di figlio?
2) Con la riforma della filiazione cosa si intende quando si dice che tutti i figli hanno lo stesso status giuridico?

IL GRUPPO FAMILIARE
PRESUNZIONE DI PATERNITÀ

Mater sempre certa est, pater numquam.

I coniugi Anna e Marco presentano al Tribunale di Milano, in data 15 aprile 2002, domanda di separazione consensuale. La moglie a quell'epoca si trova al quarto mese di gravidanza. In sede di comparizione davanti al Presidente del Tribunale, il marito, certo della non paternità del nascituro, pone come condizione per la separazione consensuale il fatto che la moglie dichiari che il concepimento non è a lui attribuibile. I due coniugi vengono autorizzati a vivere separati e la separazione viene omologata alle condizioni da loro dichiarate.

Il parto avviene prima che siano trascorsi trecento giorni dall'udienza preliminare e il bambino viene registrato allo stato civile come figlio della madre e di padre ignoto.

Il 5 febbraio 2005, la moglie agisce in giudizio per far dichiarare la paternità in capo al padre, un tale sig. Paolo, il quale si difende adducendo che il bambino, in quanto concepito durante il matrimonio, deve presumersi figlio del marito, ex art. 231 c.c., presunzione che può essere eliminata soltanto attraverso l'azione di disconoscimento i cui termini di proposizione sono ampiamente scaduti.
[Laura Morlotti, lecturer di Diritto privato]

Quesiti di primo livello:

1) Le motivazioni sostenute dal Paolo sono da considerarsi fondate?

2) Quando nell'atto di nascita il figlio viene dichiarato dalla madre come figlio non concepito ad opera del marito, la presunzione di paternità opera ugualmente?

Quesiti di secondo livello:

1) L'atto di nascita assume qualche rilevanza ai fini dell'attribuzione dello status di figlio?

2) Con la riforma della filiazione cosa si intende quando si dice che tutti i figli hanno lo stesso status giuridico?

Manuale: Cap. 44, sub 11 e 12.

Bibliografia: M. BESSONE - G. ALPA - A. D'ANGELO - G. FERRANDO - M.R. SPALLAROSSA, *La famiglia nel nuovo diritto*, Bologna, 4ª ediz., 1995, Cap. 8; C. FILIPPI, *La donna coniugata e il diritto al riconoscimento del figlio naturale*, in *Stato civ.*, 1985, 455.

Giurisprudenza: Cass., 27 agosto 1997, n. 8059, in *Repertorio* 1997, voce filiazione, n 8059, Cass., 5 aprile1996, n. 3194, in *Repertorio*, 1997, voce *Fiiazione,* n. 34; Cass., 2 aprile 1987, n 3184, in *Nuova giur. civ. comm.*, 1987, I, 702; Cass., 23 giugno 1980, n. 3925, in *Dir. fam. e pers.*, 1980, 1114; Cass., 2 febbraio 1977, n. 471, in *Dir. fam. e pers.*, 1977, 144; Cass., 1 aprile 1977, n. 1233, in *Dir. fam. e pers.*, 1977, 561.

IL GRUPPO FAMILIARE
SEPARAZIONE CON ADDEBITO

Le bugie hanno le gambe corte.

Dopo alcuni anni di fidanzamento, Renzo e Lucia decidono di sposarsi. Il matrimonio tra i due sembra felice ed entrambi desiderano dei figli. La coppia, però, non riesce ad averne e, dopo qualche anno, Renzo decide di effettuare delle analisi senza dir nulla alla moglie. L'uomo scopre di soffrire di *impotentia generandi* ma, per paura di perdere Lucia, decide di non confidarle di aver fatto le analisi e l'esito delle stesse, nascondendo la cartella clinica in un cassetto della camera. Un giorno, intenta nelle faccende domestiche, Lucia decide di rassettare i cassetti della camera e scopre la cartella nascosta dal marito qualche mese prima. Con grande curiosità decide di aprirla e legge l'amara notizia. Arrabbiata e delusa nello stesso tempo, Lucia decide di non dire nulla a Renzo, ma la realtà dei fatti la porta ad allontanarsi giorno dopo giorno dal marito. Consapevole che non potrà mai avere dei figli da Renzo, dopo qualche tempo dalla triste scoperta, Lucia comincia ad intraprendere una relazione con il vicino di casa Rodrigo, che l'ha sempre sostenuta nei momenti di difficoltà. Un giorno, tornando a casa dal lavoro prima del solito orario, Renzo sorprende Rodrigo insieme alla moglie e, furioso, minaccia Lucia di chiedere la separazione con addebito. A sua volta quest'ultima accusa Renzo di non essere in grado di darle i figli che tanto avrebbe voluto, minacciando a sua volta il marito di chiedere l'addebito della separazione per non averle rivelato la patologia di cui soffriva.
[Elena Balucani, Avvocato in Milano]

Quesiti di primo livello:

1) A chi può essere addebitata la separazione?

Quesiti di secondo livello:

1) Quali sono i doveri coniugali previsti dal Codice Civile?

2) In caso di errore essenziale sulle qualità personali del coniuge ex art. 122, commi 1 e 2 c.c., si può scegliere di intraprendere una causa di separazione personale o vi è un obbligo giuridico di attivarsi per avanzare l'azione di annullamento di matrimonio?

Manuale: Cap. 44, sub 5 e 8.

Bibliografia: DI CRISTO, *La rilevanza dell'errore nel matrimonio*, in *Fam. Pers. Succ.*, 2009, 2; FINOCCHIARO, Un *colpevole silenzio del coniuge non può cancellare il dovere di fedeltà*, in *Guida al Diritto*, 2009, 17.

Giurisprudenza: Cass. civ., 1 marzo 2012, n. 3230, in *www.personaedanno.it*; Cass. civ., 9 marzo 2009, n. 6697, in Famiglia Persone Successioni, 2009, 2.

IL FONDO PATRIMONIALE

Affari di famiglia.

Anna e Marco, sposati e con una figlia di tre anni, intendono aprire un'attività commerciale mettendo però al riparo dai creditori l'unica casa che possiedono e nella quale vivono.

Costituiscono perciò un fondo patrimoniale nel quale conferiscono la casa e provvedono a trascrivere il vincolo presso la conservatoria, dimenticandosi però di annotarlo a margine dell'atto di matrimonio.

Gli affari non vanno molto bene e i creditori iniziano a bussare alla porta minacciando i coniugi di portar via loro la casa qualora non rispettino gli impegni presi.

[Laura Morlotti, lecturer di Diritto privato]

Quesiti di primo livello:

1) Possono i creditori aggredire l'immobile inserito nel fondo patrimoniale?

2) Il fondo patrimoniale rientra tra le convenzioni matrimoniali?

3) Ai fini dell'opponibilità ai terzi delle convenzioni matrimoniali è sufficiente la trascrizione del vincolo nei registri della conservatoria oppure occorre l'annotazione del fondo a margine dell'atto di matrimonio?

Quesiti di secondo livello:

1) L'art. 162 c. 4 c.c. cosa dispone ai fini dell'opponibilità ai terzi delle convenzioni matrimoniali?

2) In caso di annotazione del fondo a margine dell'atto di matrimonio, per le obbligazioni assunte dai coniugi nell'interesse della famiglia e non adempiute, i rispettivi creditori potrebbero rivalersi sul bene conferito nel fondo?

3) In caso di scioglimento del matrimonio il fondo sopravvive?

4) Cosa dispone a tale proposito l'art. 171 c. 2 c.c.?

Manuale: Cap. 44, sub 7.

Bibliografia: GIOVAGNOLO, *I regimi patrimoniali della famiglia*- Percorsi giurisprudenziali, Milano, 2010, 283 ss.; JESA, *Le convenzioni matrimoniali*, in *Trattato di diritto di famiglia, diretto da Zatti*, Milano, 2002, 27 ss.; SACCO, *del regime patrimoniale della famiglia*, in *Commentario Carraro-Oppo-Trabucchi*, Padova, 1997, I, 1, sub art 162, 328 ss.; AULETTA, *Il fondo patrimoniale*, in *Commentario Schlesinger*, Milano, 1992.

Giurisprudenza: Cass. civ., 4 giugno 2010, n 13622, in *Repertorio*, 2010, voce *Famiglia, regime patrimoniale,* 2990, n. 78; Cass. civ., 25 marzo 2009, n 7210, in *Repertorio*, 2010, voce *Famiglia, regime patrimoniale,* 2990, n. 68; Cass. civ., 13 ottobre 2009, n 21658, in *Repertorio*, 2010, voce *Famiglia, regime patrimoniale,* 2990, n. 70; Corte Cost., 6 aprile 1995, n. 111, in *Repertorio*, 1995, voce *Famiglia, regime patrimoniale,* 2990, n. 65.

SUCCESSIONI

Come badare ai propri interessi.

Alfredo, un anziano signore, viene affidato dai suoi tre figli ad una badante che lo accudisce con molta attenzione ed affetto. In segno di riconoscenza Alfredo intesta alla badante un lussuoso appartamento in città e, poco prima di morire, deposita presso il notaio un testamento olografo nel quale nomina la badante come sua unica erede. Quando Alfredo muore, due dei suoi tre figli decidono di rispettare le volontà del padre e rinunciano all'azione di riduzione, mentre Paolo non si rassegna ed intende agire in giudizio perché non accetta che il patrimonio del padre vada ad una donna estranea alla famiglia.
[Laura Morlotti, lecturer di Diritto privato]

Quesiti di primo livello:

1) Qual è la quota riservata per legge a Paolo?

2) Può Paolo accrescere la sua legittima includendo le quote spettanti ai suoi due fratelli?

3) Nel calcolo della legittima si deve considerare anche l'appartamento donato alla badante?

Quesiti di secondo livello:

1) Cosa dispongono gli artt. 537 c. 2 c.c. e 556 c.c.?

2) Che differenza c'è tra eredi e legittimari?

3) Che cos'è l'azione di riduzione?

4) In quanti anni si prescrive?

Manuale: Cap. 45, sub 9.

Bibliografia: MENGONI, *Successioni per causa di morte. Successione necessaria*, in *Tratt. Cicu-Messineo* , Milano, 2000, 157 s.; GABRIELLI, *Dei legittimari* , in *Comm. Cian, Oppo, Trabucchi* , sub art. 537, Padova, 1992, 46 s; AZZARITI G., *Criteri per il calcolo della riserva nel caso di rinunzia da parte di alcuni degli aventi diritto*, in *GC* , 1987, 1054 s.

Giurisprudenza: Cass., sez. un., 12-06-2006, n. 13524, in *Repertorio* 2006, voce *Successione ereditaria*, n. 119; Cass., sez. un., 09-06-2006, n. 13429, in *Foro it.*, 2006, I, 2727; Cass., sez. un., 25-10-2004, n. 20644, in *Repertorio* 2005, voce *Successione ereditaria*, n. 137; Cass. civ., 23-10-2001, n. 13003, in *Giur. it.*, 2002, 1608.

SUCCESSIONI

Una famiglia allargata.

Marco muore lasciando due figli, Aldo avuto con la moglie Claudia, da cui si era separato da molti anni senza però aver mai chiesto il divorzio, e Federica avuta a seguito di una relazione adulterina e regolarmente riconosciuta.

Prima di morire Marco aveva redatto testamento olografo disponendo che l'intero suo patrimonio venisse devoluto in parti uguali ai suoi due figli, senza nulla disporre a favore della moglie.
[Laura Morlotti, lecturer di Diritto privato]

Quesiti di primo livello:

1) Può la moglie, considerando il fatto che la separazione non le è stata addebitata, vantare qualche diritto?

Quesiti di secondo livello:

1) Ex art. 536 c.c. chi sono i legittimari?
2) Cosa prevede l'art. 548 c. c in relazione ai diritti spettanti al coniuge separato?

Manuale: Cap. 45, sub 9.

Bibliografia: BIANCA, *Diritto civile* , Milano, 2001, 599; MENGONI, *Successioni per causa di morte. Successione legittima* , in *Tratt. Cicu-Messineo* , Milano, 1999, 76 s.; CAPOZZI, *Successioni e donazioni*, Milano, 1983, 290 s; D'AVINO, *Commutazione delle quote ereditarie dei figli naturali* , in *RN*, 1984, 564 s.

Giurisprudenza: Cass., sez. un., 09-06-2006, n. 13429, in *Foro it.*, 2006, I, 2727; Cass. civ., 23-10-2001, n. 13003, in *Giur. it.*, 2002, 1608; Cass., sez. II, 30-07-2002, n. 11286, in *Giust. civ.*, 2003, I, 7.

LA COMUNIONE EREDITARIA

Un coerede può vendere la propria quota di eredità anche prima di comunicarlo agli altri coeredi?

I fratelli Gino, Matteo e Chiara hanno mantenuto per lungo tempo in comunione i beni ricevuti in eredità dalla madre.

Gino si vede ora costretto a vendere la propria quota di eredità in comunione, Coinvolto in una fallimentare iniziativa immobiliare, nella quale ha investito tutte le proprie risorse finanziarie, Gino si vede ora costretto a vendere la propria quota di eredità in comunione, per poter soddisfare le proprie esigenze della vita quotidiana, visto che nel frattempo ha perso anche il lavoro.

Prospettato il caso ad un amico, questi gli presenta il sig. Crispino, noto imprenditore immobiliare, il quale gli formula un' allettante offerta di acquisto dell'intera sua quota di coeredità, a condizione che essa venga accettata entro 15 giorni, pena la sua definitiva inefficacia.

Consapevole che i suoi fratelli, in quanto coeredi, sono titolari di un diritto di prelazione legale, esercitabile nel termine di due mesi, ma non volendo lasciarsi sfuggire l'affare, Gino si interroga sulla possibilità di accettare l'offerta del sig. Crispino e sulle conseguenze giuridiche di tale accettazione.
[Prof. Avv. Andrea Mora]

Quesiti di primo livello:

1) La sussistenza del diritto di prelazione stabilito dall'art. 732 cod.civ., rende nulla la vendita della quota ereditaria ad un soggetto estraneo alla comunione, in assenza di idonea comunicazione da parte del coerede alienante agli altri coeredi?

2) Il diritto di prelazione del coerede, di cui all'art. 732 cod.civ., permane anche in seguito alla divisione della comunione ereditaria?

Quesiti di secondo livello:

1) Nel sistema della successione mortis causa, qual è la ratio della norma che attribuisce a ciascuno dei coeredi il diritto di prelazione in caso di vendita della quota ereditaria?

2) Al di là della fonte, quali sono le fondamentali differente tra diritto di prelazione legale e diritto di prelazione pattizio o convenzionale?

Manuale: Cap. 45, sub 14.

Bibliografia: G. IUDICA, *Impugnative contrattuali e pluralità di interessati*, Padova, 1973; G. IUDICA, *Diritto dell'erede del coerede alla prelazione ereditaria*, in *Riv.dir.civ.*, 1981; C. COPPOLA, *La disponibilità della quota ereditaria, Il diritto di prelazione del coerede,* in BONILINI, *Trattato di diritto delle successioni e donazioni, IV, Comunione e divisione ereditaria*, Milano, 2009.

Giurisprudenza: Cass.civ., 12 febbraio 2013, n. 3465, in *Red. Giust. civ. Mass.*, 2013, 2; Cass.civ., 26 novembre 2012, n. 20884 in *Diritto & Giustizia*, 27.11.2012.

LE SUCCESSIONI A CAUSA DI MORTE
PATTI SUCCESSORI

La scrittura privata.

Luigi decide di stilare un documento avente il seguente tenore letterale: "Io sottoscritto Luigi Rossi, nato a Savona il 16 maggio 1938, come riconoscimento e compenso di tutta l'assistenza, cura e amministrazione a me fatta da oltre 20 anni sino ad oggi da mia nipote Carla Rossi, nata a Savona il 20 agosto 1965,,mi riconosco debitrice di mia nipote Carla della somma di € 50.000,00 (cinquantamila). Per l'assistenza, le cure, il lavoro e l'amministrazione che continuerà a farmi da oggi in poi dichiaro di darle € 10.000,00 (diecimila) all'anno. Non avendo ora denaro, Carla prenderà quanto le devo , per come detto sopra, dopo la mia morte".

Alla morte di Luigi i suoi eredi, Carla esclusa, chiedono che il Tribunale dichiari la nullità della citata scrittura.

[Oriana Colla, avvocato in Alessandria]

Quesiti di primo livello:

1) Le attribuzioni patrimoniali a favore di Carla sono efficaci durante la vita di Luigi o dopo la sua morte?

2) La scrittura privata in oggetto è un negozio inter vivos o mortis causa?

Quesiti di secondo livello:

1) Cosa sono i patti successori? Di che tipo possono essere?

Manuale: Cap. 45.

Bibliografia: G. BONILINI, *Autonomia negoziale e diritto* ereditario, in *Riv. Not.*, 2000, 04, 0789; Cass., 8 ottobre 2008, n. 24813, in *Rass. dir. civ.*, 2010, 1, 316.

Giurisprudenza: Cass., 19 novembre 2009, n. 24450, in *Dir. famiglia*, 2010, 3, 1149; Cass., 3 marzo 2009, in *Giust. civ.*, 2009, 6, 1261; Cass., 1 ottobre 2003, n. 14590, in *Giust. civ. Mass.*, 2003, 10.

LE SUCCESSIONI A CAUSA DI MORTE
LA DISEDERAZIONE

La cugina diseredata.

Angela predispone il seguente testamento olografo: "Queste sono le mie volontà, per il tempo in cui avrò cessato di vivere: escludo da ogni mio avere mia cugina Alessandra. Della mia sepoltura voglio che si occupino le mie cugine Luisa e Anna". Alla morte di Angela, Alessandra adisce il Tribunale per ottenere la dichiarazione di nullità della clausola testamentaria con cui viene diseredata. [Oriana Colla, avvocato in Alessandria]

Quesiti di primo livello:

1) È valida la diseredazione?

Quesiti di secondo livello:

1) Qual è la qualificazione giuridica della diseredazione?

Manuale: Cap. 45.

Bibliografia: M. DI FABIO, *In tema di diseredazione (anche) del legittimario, in Riv.Not.*, 2012, 05, 1228 B; C. SGOBBO, *Il testamento a contenuto negativo: la validita' della clausola di diseredazione*, in *Fonti del Diritto - Agg. Cod. civ. di P. Rescigno*, 2012, 00, 0301: V. PORRELLO, *La clausola di diseredazione*, in *Dir. famiglia*, 2008, 02, 980.

Giurisprudenza: Cass., 25 maggio 2012, n. 8352, in *Riv. Not.*, 2012, 5, 1228 B; Cass. 18 giugno 1994, n. 5895, in *Giur. Civ. Mass.*, fasc. 6.

INVALIDITÀ DEL TESTAMENTO
I VIZI DELLA VOLONTÀ TESTAMENTARIA

Un idillio interessato.

Benedetto, facoltoso pittore di fama internazionale, si innamora all'età di 75 anni di Bianca, governante-infermiera recentemente conosciuta di 30 anni più giovane di lui, dalla quale dipende totalmente essendo solo e molto malato.

Nei successivi anni, parte del patrimonio del vecchio pittore, composto da beni immobili, denaro ed importanti dipinti, viene trasferito mediante liberalità formali a Bianca la quale, minacciando di abbandonarlo, e talvolta usando anche percosse ed ingiurie, ottiene altresì di essere nominata unica erede testamentaria del restante patrimonio.

Il testamento olografo consta di 2 fogli separati entrambi scritti a pennarello per un totale di 39 linee compresa la firma in calce e la data e prevede altresì la seguente disposizione:

«Lego il debito che ho nei confronti di Bianca pari a 25.822,85 da me dovuti per il compenso con la stessa pattuito, per l'assistenza quotidiana prestatami sino ad oggi».

Di lì a poco, Benedetto viene a mancare e la Sig.ra Bianca entrata in possesso della scheda testamentaria la consegna al notaio per la pubblicazione.

Il figlio Roberto, unico legittimario nullatenente, e da tempo in disaccordo con il defunto padre, vorrebbe rientrare in possesso di tutti i beni appartenenti alla sua famiglia.

[Roberto Campagnolo, avvocato in Milano]

Quesiti di primo livello:

1) Per quali motivi il testamento di Benedetto potrebbe essere nullo?

2) Per quali motivi il testamento di Benedetto potrebbe essere annullabile?

3) Quale azione deve esperire Roberto per esercitare i propri diritti di legittimario?

Quesiti di secondo livello:

1) È lecito il legato di debito disposto dal testatore?

2) Per mezzo di quale istituto si conferiscono le donazioni fatte in vita dal de cuius e mediante quali criteri?

Manuale: Cap. 45, sub 8, 9, 10 e 14.

Bibliografia: ALBERTO BULDINI, *Incapacità naturale - Incapacità naturale e invalidità del testamento*, in *Famiglia e diritto*, n. 7/2007, Ipsoa, 2007; MASSIMO QUARGNOLO, *Successione testamentaria - Rinuncia al legato sostitutivo di legittima, delazione successiva e prescrizione del diritto di accettare l'eredità*, in *Famiglia, Persone e Successioni*, n. 3/2007, Utet Giuridica; LUIGI A. SCARANO, *Successione testamentaria - L'osservatorio delle Corti Superiori*, in *Famiglia, Persone e Successioni*, n. 7/2007, Utet Giuridica; ANDREA NATALE, *Successione testamentaria*, in *Famiglia, Persone e Successioni*, n. 1/2007, Utet Giuridica; GIOVANNI BONILINI, *Legato - Legato rimesso all'arbitrio altrui, e legato rimuneratorio*, in *Famiglia, Persone e Successioni*, n. 12/2008, Utet Giuridica.

Giurisprudenza: Cass. civ. Sez. II, 03-03-2009, n. 5119 (rv. 606795) ;Cass. civ. Sez. II, Sent., 12-06-2009, n. 13735; Cass. civ. Sez. II, Sent., 31-07-2009, n. 17889 ;Trib. Nola Sez. I, 19/02/2010; Trib. Monza Sez. I, 12/04/2011; Cass. civ. Sez. II, Ord., 22-03-2011, n. 6478 ;Cass. civ. Sez. II, Sent., 11-07-2011, n. 15187.

LE LIBERALITÀ TRA VIVI

«Un aneddoto divertente» - «Corteggiamento serrato».

Bianca Maria, facoltosa titolare di alcune Gallerie D'Arte specializzate nella negoziazione di dipinti dell'800, dona informalmente al fratello Guido, notaio di Milano, un'opera di Francesco Bruneri, denominata «*Un aneddoto divertente*», acquistata ad Amsterdam da Christie's per 9.296,22.

Sei anni dopo, essendo attaccatissima al fratello, gli dona mediante atto pubblico l'opera di Vittorio Reggianini, denominata «*Corteggiamento serrato*», acquistata a New York da Sotheby's per 96.060,98.

Successivamente l'attività imprenditoriale accusa una considerevole flessione sfociante finanche nel fallimento.

Il curatore del fallimento richiede ora, alla Sig.ra Bianca Maria ed al donatario, la restituzione dei dipinti mediante azione giudiziaria.

Il fratello Guido, ovviamente, non intende restituire alcunché, essendo tra l'altro affettivamente legato alle due opere.

Esperiti i consueti gradi di giudizio, la Corte di Cassazione decide di condannare alla restituzione, a favore del fallimento, dell'opera il «Corteggiamento serrato».

Guido, potrà così continuare ad ammirare «Un aneddoto divertente».
[Roberto Campagnolo, avvocato in Milano]

Quesiti di primo livello:

1) Quali forme può assumere una donazione?
2) Quali sono i presupposti di una donazione di modico valore?
3) Come va valutato il carattere della modicità?
4) La traditio implica necessariamente una consegna effettiva e manuale?

Quesiti di secondo livello:

1) Le donazioni fatte da un artista delle opere di propria produzione sono soggette all'atto pubblico quando non siano di valore modico?

2) Come è disciplinata l'azione revocatoria ordinaria e fallimentare riguardante gli atti a titolo gratuito?

Manuale: Cap. 18, sub 8; Cap. 46, sub 2; Cap. 48, sub 4.

Bibliografia: ROMANO STEFANIA, *Donazione indiretta e negozio indiretto a confronto*, in *Riv. Dir. Priv.*, 2008, 3, 607; MAGLIULO FEDERICO, *Il problema della validità della donazione di bene altrui (nota a Cass., sez. I, 5 maggio 2009, n. 10356)*, in *Notariato*, 2009, 5, 488; PALAZZO ANTONIO, *I contratti di donazione*, in *Trattato dei contratti*, Utet Giuridica, Torino, 2009; BONILINI GIOVANNI, *La donazione di eredità*, in *Fam. Pers. Succ.*, 2009, 11, 915; MARCO COMPORTI, *Donazioni - Note sulla donazione di cose mobili*, in *Famiglia, Persone e Successioni*, n. 11/2007, Utet Giuridica; GIOVANNI SCHIAVONE, *Donazione - L'osservatorio di merito*, in *Obbligazioni e Contratti*, n. 10/2011, Utet Giuridica, 2011.

Giurisprudenza: Trib. Rovigo Sent., 07/12/2007; Cass. civ. Sez. II Sent., 18-06-2008, n. 16550 (rv. 604098) ;Trib. Milano, 30/08/2010 ;Cass. civ. Scz. I, 16/07/2010, n. 16760 (rv. 614057) ;Trib. Prato, 13/07/2011;App. Roma Sez. III, 22/06/2011;Cass. civ. Sez. I, 28/10/2011, n. 22518 (rv. 619519) ; Cass. civ. Sez. I, 17/05/2012, n. 7774 (rv. 622537) .

REVOCAZIONE DELLA DONAZIONE

Un nipote lavativo.

Emilio, un noto e facoltoso professore universitario, ormai prossimo alla pensione, da anni assiste i suoi nipoti negli studi e nota che Lorenzo è forse quello più intelligente di tutti. Quando Lorenzo decide di trasferirsi a Milano, per iscriversi alla prestigiosa Università Bocconi, il nonno gli intesta un appartamento. A Lorenzo non sembra vero di poter vivere finalmente da solo e, quindi, non perde tempo ad organizzare feste e ad ospitare i suoi nuovi compagni per studiare, si fa per dire, assieme a loro. Durante il primo semestre Lorenzo praticamente non va mai in aula e, quelle poche volte che decide di andarci non è tanto per seguire una lezione, ma piuttosto per seguire la compagna carina che si siede sempre al primo banco.

Arrivano le prove di fine semestre e Lorenzo non ne supera neanche una. Capisce di non essere portato per l'università e decide allora di interrompere gli studi per aprire una discoteca nelle vicinanze così, oltre a guadagnare, si sarebbe anche divertito.

Quando il nonno viene a sapere che Lorenzo ha abbandonato gli studi si arrabbia tantissimo. Un comportamento così oltraggioso non se lo sarebbe mai aspettato, soprattutto da Lorenzo.

Emilio ritenendosi gravemente offeso nel vedere che il suo amato nipote gestisce una discoteca decide allora di agire giudizialmente per riprendersi l'appartamento che gli aveva intestato.
[Laura Morlotti, lecturer di Diritto privato]

Quesiti di primo livello:

1) ***Può Emilio riprendersi l'appartamento?***
2) ***L'interruzione degli studi giustifica la revoca della donazione?***

Quesiti di secondo livello:

1) ***La donazione in quali casi può essere revocata?***
2) ***L'art 801 che cosa dispone?***
3) ***Che cosa s'intende per ingiuria grave?***

Manuale: Cap. 46, sub 2.

Bibliografia: PALAZZO, *Le donazioni* , in *Comm. Schlesinger*, Milano, 2000; BONILINI, *Le donazioni*, in *Istituzioni di diritto privato*, a cura di Bessone, Torino, 1998; CARNEVALI, *Le donazioni*, in *Tratt. Rescigno*, Torino, 1997; CAPOZZI, *Successioni e donazioni*, Milano, 1982.

Giurisprudenza: Cass 24 novembre 2011, n 24843, in *Massimario.it*, 2011; Cass. 5 novembre 2001, n. 13632, in *Repertorio*, 2002, voce *Donazione*, n. 21; Cass. 28 agosto 1997, n. 81655, in *Repertorio*, 1998, voce Donazione, n. 19; Cass. 5 novembre 1990, n. 10614, in *Repertorio*, 1991, voce Donazione, n. 16; Cass. 20 agosto1990, n. 8445, in *Repertorio*, 1991, voce *Donazione*, n. 15.

ARBITRATO

Un fantasma nell'arbitrato.

I coniugi Biancamaria e Guido Campi sottoscrivevano in qualità di promissori acquirenti un contratto preliminare con cui si impegnavano ad acquistare dalla Gamma s.r.l. l'immobile ad uso abitazione sito in Milano P.zza Sraffa n. 4, sesto piano interno 19. Nel contratto preliminare le parti convenivano altresì che qualsiasi controversia insorta tra le stesse sarebbe stata devoluta ad un collegio arbitrale. La società Gamma s.r.l. si impegnava a cedere la proprietà del predetto bene libera da trascrizioni ed iscrizioni pregiudizievoli al momento del rogito fissato per il 30/07/2004. Le parti non addivenivano alla stipulazione del contratto definitivo poiché la società Gamma s.r.l. non si presentava alla data convenuta per la stipulazione dell'atto pubblico. In data 10/12/2004 i coniugi Campi notificavano alla società Gamma s.r.l. atto di nomina del proprio arbitro invitando la società a nominare il proprio, intendendo altresì richiedere agli arbitri una pronuncia che produca gli effetti del contratto definitivo non concluso. La Gamma s.r.l. comunicava, pertanto, ai Signori Campi il nominativo del proprio arbitro e gli arbitri così nominati provvedevano alla nomina del Presidente. Il Collegio fissava la prima adunanza per il 18/01/2005, ove il legale della Gamma s.r.l. comunicava che la propria cliente in data 22/12/2004 aveva proceduto ad una fusione per incorporazione con la Beta s.p.a. e che pertanto il procedimento arbitrale era inammissibile poiché la propria assistita non esisteva più.
[Roberto Campagnolo, avvocato in Milano]

Quesiti di primo livello:

1) Quali sono i motivi per cui le parti stipulano una clausola arbitrale?
2) I Signori Campi avrebbero potuto adire l'autorità giudiziaria in alternativa al procedimento Arbitrale?

Quesiti di secondo livello:

1) Che differenze vi sono tra arbitrato rituale e irrituale?
2) Nella fusione per incorporazione i diritti e gli obblighi della società incorporata si estinguono?
3) Il lodo arbitrale costituisce una pronuncia assimilabile a quella giudiziale o costituisce un atto privato?

Manuale: Cap. 47, sub 9.

Bibliografia: Ilaria Pagni *Arbitrato: arbitrato societario e arbitrato di diritto comune in materia societaria dopo l'intervento della cassazione n. 24867/2010*, in *Le Società*, n. 4/2011, Ipsoa; GUIDO CANALE, *Arbitrato e «collegato lavoro»* in *Rivista di diritto processuale*, n. 3/2011, Cedam; VINCENZO SALAFIA, *Arbitrato - L'arbitrato societario: contrasti interpretativi*, in *Le Società*, n. 4/2011, Ipsoa; STEFANO COLUSSA, *Arbitrato - La decisione sulla competenza arbitrale - Il commento*, in *Il Corriere del Merito*, n. 10/2011, Ipsoa; STEFANO A. CERRATO, *Diritto Commerciale - Arbitrato societario e arbitrato di diritto comune: un doppio binario?*, in *Giurisprudenza Italiana*, n. 11/2011, Utet Giuridica.

Giurisprudenza: Cass. Civ. Sezione Terza Civile, Sentenza 9 dicembre 2010, n. 24867; Cass. civ. Sez. III, 21/12/2011, n. 27905; Cass. civ. Sez. I, Sent., 18-05-2012, n. 7929; Cass. civ. Sez. II, Sent., 23-05-2012, n. 8143; Cass. civ. Sez. I, Sent., 29-03-2012, n. 5111; Cons. Stato Sez. V, 28/05/2012, n. 3129; Cass. civ. Sez. I, 13/04/2012, n. 5874 (rv. 622343); Cons. Stato Sez. VI, 10/04/2012, n. 2064; App. Firenze Sez. lavoro, 07/03/2012; Cons. Stato Sez. IV, 10/01/2012, n. 21.

LE PROCEDURE CONCORSUALI

Una gestione non oculata.

La Careless è una società a responsabilità limitata con un capitale sociale di € 100.000, che opera nel settore della pelletteria di lusso da più di vent'anni.

Ha un fatturato di circa € 20 milioni, secondo i dati di bilancio dell'ultimo esercizio, ed occupa una ventina di dipendenti.

La società lavora prevalentemente per tre/quattro grandi *griffe* della moda che richiedono due collezioni annuali di nuovi prodotti. La produzione viene pagata con un anticipo pari al 20% circa del valore totale della fornitura (tipicamente versato nel giro di 60 giorni dal momento in cui viene inviato l'ordine), mentre il saldo viene corrisposto dopo novanta giorni dalla consegna della merce che di solito avviene in un'unica soluzione.

Ai fini della produzione, la Careless si rivolge a due/tre fornitori principali, i soli che sono in grado di fornire materie prime ed elementi metallici (tipo ganci e cerniere) di alta qualità.

I fornitori tendono a non concedere significative dilazioni di pagamento per cui tali forniture vengono saldate al massimo entro dieci/quindici giorni dalla data di fatturazione.

Il costo delle materie prime è molto significativo con riferimento al costo finale del prodotto.

Tendenzialmente, fatto 100 l'ipotetico prezzo di un oggetto in pelle della Careless, 40 è rappresentato dal costo della materia prima, 30 è costituito da manodopera, spese generali e trasporto, mentre 30 rappresenta il margine.

Come è possibile notare, la Careless non dispone di flussi di cassa in entrata su base mensile, ma solo su base stagionale (pagamenti conseguenti alla consegna delle collezioni e anticipi derivanti dall'ordinativo di quelle nuove).

Tale situazione impone di gestire con estrema cura il circolante specie nella delicatissima fase in cui si consegna una collezione, si ricevono gli ordinativi di quella nuova, si procede ad ordinare nuovi materiali e si deve provvedere a pagarli in tempi ravvicinati, oltre che a dover sostenere le solite spese di personale e di carattere generale.

Per far fronte a tali situazioni, la società ha a disposizione delle linee a revoca presso la banca di riferimento fino a € 2 milioni.

La società, quindi, dipende da pochi clienti per il proprio fatturato e da pochissimi fornitori per le materie prime.

L'attività è sempre andata avanti senza problemi in quanto la regolarità dei pagamenti delle grandi *griffe* e gli elevati margini hanno sempre consentito di far fronte a tutti gli impegni con puntualità.

Per questo i soci, dopo alcuni anni, hanno deciso anche la distribuzione di un dividendo straordinario con cui sono stati ripartiti fra i vari quotisti tutti quegli utili che erano stati precedentemente accantonati come riserve disponibili.

Con la crisi del mercato italiano, una delle *griffe* che rappresenta circa il 30% del fatturato annuale ha chiesto alla Careless contemporaneamente (i) un forte sconto che praticamente azzera i margini della fornitura e (ii) una dilazione a non meno di 120 giorni dei termini di pagamento sia sulla collezione in lavorazione che su quelle future.

Appresa tale notizia, uno dei fornitori ha voluto farsi pagare interamente la propria merce all'atto della consegna per evitare che gli potesse essere richiesto un forte sconto da parte della Careless nel tentativo di trasferire sulla propria catena di fornitori una parte dei mancati incassi previsti.

Careless ha provveduto a pagare subito la merce consegnata, tirando immediatamente la linea di credito a revoca per l'intero massimale di € 2 milioni.

Informato della cosa, un altro fornitore, che aveva appena consegnato la merce, ha provveduto a richiedere il pagamento immediato e gli è stato risposto di pazientare per un breve periodo.

Nel frattempo la società di una seconda *griffe*, che già da tempo appariva in una situazione complessa, viene dichiarata fallita senza che l'ultima fornitura della Careless venga pagata.

Un'altra cliente, infine, il cui pagamento era in scadenza, ha recapitato una contestazione formale che la merce consegnata presentava dei vizi, riservandosi di bloccare il pagamento in sospeso.

Il fornitore che già pretendeva di essere pagato immediatamente nel frattempo presenta un ricorso per ottenere un decreto ingiuntivo provvisoriamente esecutivo, prontamente concesso dal giudice.

La banca, venendo a conoscenza della situazione, provvede a revocare il finanziamento di € 2 milioni chiedendo di essere pagata nei termini d'uso.

A questo punto un piccolo fornitore con un credito di € 100.000 per la vendita di computer e arredi propone al Tribunale competente istanza di fallimento della Careless.

[Avv. Alfredo Gorni]

Quesiti di primo livello:

1) Quali sono i soggetti fallibili?

2) Quali sono i presupposti previsti dalla legge per la dichiarazione di fallimento?

3) Che cosa si intende per "stato di insolvenza" ai fini della dichiarazione di fallimento?

4) È prospettabile che la situazione della Careless si possa configurare come "stato di insolvenza"?

Quesiti di secondo livello:

1) Differenza fra "stato di insolvenza" e "inadempimento".

2) Il Tribunale che rileva lo stato di insolvenza di una società nel corso di un procedimento riguardante la richiesta di concedere un decreto ingiuntivo contro la stessa può dichiararne d'ufficio il fallimento?

Manuale: Cap. 48, sub 2 e 3.

Bibliografia: S. BONFATTI, P. F. CENSONI, *Manuale di diritto fallimentare*, Padova, 2011, pagg. 19 ss.; S. AMBROSINI, G. CAVALLI, A. JORIO, *Il Fallimento*, Torino, 2009, pagg. 123 ss.; P. PAJARDI, A. PALUCHOWSKI, *Manuale di diritto fallimentare, Milano*, 2008, pagg. 51 ss.

Giurisprudenza: Cass. civ. 27 febbraio 2008, n. 5215, in *www.ilcaso.it* nonché in *Il Fallimento*, 2008, pagg.715 ss.; Cass. civ. 13 agosto 2004, n. 15769 in *Dir. Fall.*, 2005, 3-4, pagg. 395 ss.; , Cass. S.U. 11 febbraio 2003, n. 1997 in *Arch. civ.*, 2003, pagg. 1348 ss.

LE PROCEDURE CONCORSUALI

Un creditore cavilloso.

Un imprenditore, resosi conto dello stato di crisi della propria società, decide di prepararsi ad una procedura di concordato preventivo al fine di soddisfare i creditori in una certa misura ed evitare il fallimento.

Secondo tale proposta, l'adempimento delle obbligazioni sociali dovrebbe basarsi sulla messa a disposizione dei creditori di tutti i beni della società che saranno liquidati secondo un piano dove viene indicato il presumibile valore degli stessi e la possibile percentuale indicativa di pagamento dei crediti originari raggruppati in un'unica classe.

La società, infatti, – a parte le spese di procedura - non presenza esposizioni da soddisfarsi in via prioritaria.

Su queste basi, l'imprenditore presenta l'apposito ricorso corredato della documentazione prescritta (tra cui, la relazione sulla situazione patrimoniale, economica e finanziaria, lo stato analitico ed estimativo delle attività e l'elenco nominativo dei creditori con i rispettivi crediti, il valore dei beni, un piano con la descrizione analitica delle modalità, dei tempi di adempimento della proposta nonché la relazione dell'esperto designato dal debitore ai sensi di legge) da dove emerge che tutti i creditori saranno pagati per una percentuale indicativa del 50% dei loro crediti tramite la liquidazione dei beni sociali da effettuarsi entro un periodo di tre anni.

Il Tribunale, verificato che ricorrono i presupposti di legge, emette il decreto che ammette la società al concordato preventivo, fissando tra l'altro la data di convocazione dei creditori.

Il commissario giudiziale nominato dal Tribunale deposita nei termini previsti la propria relazione che valuta favorevolmente i termini e le condizioni di pagamento proposte dal debitore ai creditori nella proposta di concordato.

All'adunanza dei creditori, uno di questi, che vanta un credito di € 100.000 su un passivo complessivo accertato di circa € 5.000.000, si lamenta della scarsa convenienza economica della proposta di pagamento formulata.

A suo dire, infatti, il Tribunale in sede di ammissione della proposta di concordato preventivo avrebbe dovuto verificare anche la convenienza economica della stessa e, se del caso, imporre ad esempio di vendere taluni cespiti della società in un arco temporale più lungo rispetto a quello proposto. Tale maggiore lasso di tempo avrebbe consentito - a detta di tale creditore – di valorizzare al meglio alcuni beni della società, consentendo un più ampio recupero da parte dei creditori ammessi.

Nonostante il parere negativo espresso da tale creditore, la proposta di concordato viene approvata dalla maggioranza dei creditori stabilita per legge.

Il creditore propone, tuttavia, opposizione in quanto il Tribunale avrebbe omesso di valutare - in sede di ammissione - la convenienza della proposta.

Il Tribunale, dopo aver esaminato l'opposizione presentata, omologa il concordato con proprio decreto motivato.

[Avv. Alfredo Gorni]

Quesiti di primo livello:

1) Quali sono i presupposti del concordato preventivo?

2) Qual è la funzione del concordato preventivo e quali sono le differenze con il fallimento?

3) Quali sono le diverse tipologie secondo cui può essere strutturato un concordato preventivo?

Quesiti di secondo livello:

1) Qual è il ruolo del giudice nelle fasi di ammissibilità, revoca ed omologazione della procedura di concordato preventivo?

2) Il giudice può valutare la convenienza economica della proposta di concordato fatta dall'imprenditore ai propri creditori?

Manuale: Cap. 48, sub 8.

Bibliografia: M. Ferro, P. Bastia, G. M. Nonno, *Il concordato preventivo e gli accordi di ristrutturazione*, Torino, 2013, pagg. 283 ss.; G. Bersani, *Il concordato preventivo*, Milano, 2012, pagg. 131 ss.

Giurisprudenza: Cass. civ. S.U. 23 gennaio 2013 n. 1521, in *Le Società*, 2013, n. 4. pagg. 435 ss.; Cass civ. 25 ottobre 2010, n. 21860, in *Il Fallimento*, 2011, pagg. 167 ss. e Cass. civ. 10 febbraio 2011, n. 3274, in *Il Fallimento*, 2011, pagg. 403 ss.

Parte Seconda
DOMANDE PER RIPASSO ED AUTOVALUTAZIONE

Le domande che seguono *non sono tutte le domande possibili* di un esame di Istituzioni di diritto privato e *neppure le domande sufficienti* per un ripasso completo della materia.

Sono però un corpo di domande idoneo a verificare la comprensione e la capacità d'impiego dei principi fondamentali, dei concetti principali, delle strutture logiche più abituali.

Si consiglia di *rispondere per iscritto* con questi criteri:

– una risposta efficace richiede sempre *poche righe* (da una a cinque); risposte troppo lunghe sono segno di scarsa chiarezza sul fuoco della domanda;

– la verifica della risposta si può ricavare dalle pagine del manuale «Linguaggio e regole del diritto privato» cui rinvia la freccia. Ovviamente la verifica è utile solo dopo un tentativo personale di risposta. Una eventuale correzione o aggiustamento vanno fatti a libro chiuso, senza copiare.

Parte Prima
INTRODUZIONE

1. Cosa significa *fonte del diritto*? ⇨ (**cap. I** – par. 3-5)
2. Elencate i significati della parola *legge*. ⇨ (**cap. I** – par. 1/B)
3. Dite a quali atti normativi si riferisce la parola *leggi* nell'art. 1 disp. prel. cod. civ. ⇨ (**cap. I** – par. 5)
4. Dite cosa significa *interpretazione autentica* della norma giuridica. ⇨ (**cap. II** – par. 3)
5. Cos'è l'*analogia iuris*? ⇨ (**cap. II** – par. 5)
6. Cos'è l'*analogia legis*? ⇨ (**cap. II** – par. 5)
7. Fate un esempio di ricorso all'*analogia legis*. ⇨ (**cap. II** – par. 5; **cap. XXI** – par. 4/2)
8. Quando è escluso il ricorso all'analogia? ⇨ (**cap. II** – par. 5)
9. Quali sono i presupposti ed i limiti per il ricorso al procedimento analogico? ⇨ (**cap. II** – par. 5)
10. Cosa si intende per *giurisdizione*? ⇨ (**cap. I** – par. 1; **cap. III** – par. 2; **cap. XLIV** – par. 4; **cap. XLVII** – par. 1)
11. Cosa si intende per *particolarismo giuridico*? ⇨ (**cap. III** – par. 2)
12. Definite il concetto di *usi normativi* precisando a quali condizioni costituiscono fonte di diritto. ⇨ (**cap. III** – par. 6)
13. Cosa si intende per *commercializzazione* del codice civile? ⇨ (**cap. III** – par. 3)
14. Date una definizione di *diritto internazionale privato*. ⇨ (**cap. III** – par. 8)

Parte Seconda
LE CATEGORIE GENERALI

15. Definite il concetto di *facoltà* e datene un esempio. ⇨ (**cap. IV** – par. 2)

16. Dite cosa si intende per *aspettativa di diritto* e datene un esempio. ⇨ (**cap. IV** – par. 12; **cap. XX** – par. 11)

17. Spiegate la differenza tra *diritto soggettivo* ed *interesse legittimo*. ⇨ (**cap. IV** – par. 4-5)

18. Date una definizione di *diritto potestativo*. ⇨ (**cap. IV** – par. 8)

19. Dite cosa si intende per *interessi diffusi*. ⇨ (**cap. IV** – par. 12)

20. Cosa significa *abuso* della potestà? ⇨ (**cap. IV** – par. 6-13)

21. Che differenza c'è tra i concetti di *obbligo* e di *obbligazione*? ⇨ (**cap. IV** – par. 2-9)

22. Fate un esempio di *acquisto a titolo derivativo – costitutivo*. ⇨ (**cap. IV** – par. 10)

23. A quale giudice si ricorre per la tutela dell'*interesse legittimo*? ⇨ (**cap. IV** – par. 5)

24. Spiegate il concetto di *funzione* o *ufficio* di diritto privato. ⇨ (**cap. IV** – par. 6)

25. Date una definizione di *rappresentanza*. ⇨ (**cap. V** – par. 10)

26. Dite cos'è una *dichiarazione di scienza o di verità* e datene un esempio. ⇨ (**cap. V** – par. 3)

27. Spiegate la differenza tra *atto unilaterale* e *atto unipersonale*. ⇨ (**cap. V** – par. 5)

28. Dite cosa significa *atto personalissimo* e fatene un esempio. ⇨ (**cap. V** – par. 5; **cap. XLIV** – par. 5)

29. Se due comproprietari danno procura ad un rappresentante, compiono un atto unilaterale? Motivate la risposta. ⇨ (**cap. V** – par. 5)

30. Cos'è un *atto collegiale*? ⇨ (**cap. V** – par. 5)

31. L'inabilitato può disporre per testamento? Motivare la risposta. ⇨ (**cap. VI** – par. 8)

32. Indicate presupposti ed effetti dell'*amministrazione di sostegno.* ⇨ (**cap. VI** – par. 8)

33. Che regola vale per la capacità giuridica dello straniero? ⇨ (**cap. VI** – par. 3)

34. Qual è la natura giuridica dell'atto costitutivo di una associazione? ⇨ (**cap. VI** – par. 14)

35. Dite cosa si intende per *capacità di agire speciale* e fatene un esempio. ⇨ (**cap. VI** – par. 7)

36. Cosa si intende per *soggetti collettivi non personificati*? Quali sono? ⇨ (**cap. VI** – par. 12)

37. Quando cessa la capacità giuridica? ⇨ (**cap. VI** – par. 3-4)

38. Quale regola detta l'art. 1 del Codice civile in materia di capacità? ⇨ (**cap. VI** – par. 2)

39. Cosa si intende per *universalità di diritto*? ⇨ (**cap. VII** – par. 7)

40. Il credito è un bene? (motivare la risposta). ⇨ (**cap. VII** – par. 5)

41. Cosa si intende per *universalità di fatto*? ⇨ (**cap. VII** – par. 7)

42. Quale regola detta il Codice civile in materia di atti di disposizione del proprio corpo? ⇨ (**cap. VII** – par. 4)

43. Dite qual è l'efficacia probatoria del documento sottoscritto con *firma digitale.* ⇨ (**cap. VIII** – par. 8)

44. Spiegate perché gli atti dello stato civile costituiscono *titolo dello stato.* ⇨ (**cap. VIII** – par. 11)

45. Dite cosa significa *legittimazione ad agire.* ⇨ (**cap. VIII** – par. 14)

46. Dite cosa significa *pubblicità dichiarativa* e datene un esempio. ⇨ (**cap. VIII** – par. 2)

47. Definite il concetto di *prova legale* e datene un esempio. ⇨ (**cap. VIII** – par. 6-7)

48. Come regola generale, da che momento decorre la prescrizione di un diritto? ⇨ (**cap. VIII** – par. 12)

49. Cosa significa *atto pubblico*? Qual è la sua specifica efficacia? ⇨ (**cap. VIII** – par. 7)

50. Dite cosa significa *presunzione semplice.* ⇨ (**cap. VIII** – par. 10)

51. Definite la *confessione* e dite quale capacità è necessaria per compierla

validamente. ⇨ (**cap. VIII** – par. 9)

52. Cosa significa *azione*? ⇨ (**cap. VIII** – par. 14)

53. Che cosa si intende per *azione collettiva risarcitoria*? ⇨ (**cap. VIII** – par. 15)

54. Cosa significa *eccezione*? ⇨ (**cap. VIII** – par. 16)

55. Qual è l'efficacia probatoria della scrittura privata autenticata? ⇨ (**cap. VIII** – par. 7)

56. Cos'è il *giuramento decisorio*? ⇨ (**cap. VIII** – par. 9)

57. Il compratore di un bene immobile ha il dovere di trascrivere l'atto di acquisto? ⇨ (**cap. VIII** – par. 3)

58. Una scrittura privata è atto idoneo al trasferimento della proprietà immobiliare?

59. Ed alla trascrizione dell'atto di acquisto? Spiegate. ⇨ (**cap. VIII** – par. 3; **cap. XX** – par. 10)

60. Dite a che fine è richiesta la forma dell'atto pubblico o della scrittura privata autenticata nel trasferimento della proprietà immobiliare. ⇨ (**cap. VIII** – par. 3; **cap. XX** – par. 10)

Intermezzo

SCELTE COSTITUZIONALI E STRUMENTI DEL DIRITTO PRIVATO

61. In quale norma è riconoscibile un'impronta liberale, e in quale invece un'impronta dirigistica? ⇨ (**inter.** – par. 3)

62. Quali materie di interesse privatistico sono disciplinate nella Parte Prima della Costituzione? ⇨ (**inter.** – par. 1)

63. Cosa si intende per *economia sociale di mercato*? ⇨ (**inter.** – par. 4)

v. anche le domande di Parte Terza

Parte Terza
INTERESSI E RAPPORTI

PERSONA

64. Il *diritto alla vita* è espressamente menzionato nella Costituzione? ⇨ (**cap. IX** – par. 2)
65. Su quali norme si fonda il principio di autodeterminazione in materia sanitaria? ⇨ (**cap. IX** – par. 3)
66. In quale legge è enunciato il principio per cui «*lo Stato tutela la vita umana dal suo inizio*»? ⇨ (**cap. IX** – par. 2)
67. In quali casi la riproduzione dell'immagine può avvenire senza il consenso dell'interessato? ⇨ (**cap. IX** – par. 5)
68. Qual è il contenuto del diritto all'*identità personale*? ⇨ (**cap. IX** – par. 5)
69. Quali sono i *dati sensibili* protetti ai fini del trattamento? ⇨ (**cap. IX** – par. 6)
70. Quali tipi di raccolta di dati personali sono esenti dai limiti della legge sulla *privacy*? ⇨ (**cap. IX** – par. 6)
71. Che rapporto c'è tra *status* e *privilegio*? ⇨ (**cap. X** – par. 2)
72. Cosa significa che la cittadinanza si acquista «*iure sanguinis*»? ⇨ (**cap. X** – par. 3)
73. Ci sono differenze di trattamento giuridico ispirate a ragioni di protezione? ⇨ (**cap. X** – par. 2)

v. anche le domande di Parte Seconda

PROPRIETÀ

74. Cosa significa *accessione*? Fatene un esempio. ⇨ (**cap. XI** – par. 7)
75. Cosa sono gli *atti emulativi*? ⇨ (**cap. XI** – par. 2)
76. Perché si dice che la proprietà è *elastica*? ⇨ (**cap. XII** – par. 1)
77. A quali figure ci si riferisce con l'espressione *new properties*? ⇨ (**cap. XI** – par. 1.1)

78. L'identità del proprietario influisce sul contenuto della proprietà? ⇨ (**cap. XI** – par. 1)

79. Chi rispetta le norme antismog è immune dal divieto di immissioni? ⇨ (**cap. XI** – par. 4)

80. Cosa si intende per *quota* nella comunione? ⇨ (**cap. XIII** – par. 1)

81. Che differenza c'è tra *usufrutto* e *uso*? ⇨ (**cap. XII** – par. 2)

82. Dite cosa significa *confusione* e datene un esempio. ⇨ (**cap. XII** – par. 1; **cap. XVII** – par. 9; **cap. XLV** – par. 2)

83. Cosa significa *proprietà superficiaria*? ⇨ (**cap. XII** – par. 3)

84. In quali casi la violazione di una norma di edilizia dà diritto alla riduzione in pristino? ⇨ (**cap. XI** – par. 5)

85. Come si costituisce una *servitù coattiva*? ⇨ (**cap. XII** – par. 5)

86. Cosa significa *atto di ordinaria amministrazione*? ⇨ (**cap. XIII** – par. 2; **cap. XLIV** – par. 7)

87. Definite la *comunione incidentale* e datene un esempio. ⇨ (**cap. XIII** – par. 1)

88. Date una definizione di *possesso*. ⇨ (**cap. XIV** – par. 1)

89. Se tre fratelli si trovano ad ereditare la casa del padre, sono in condominio? ⇨ (**cap. XIII** – par. 2)

90. Il Codice civile prevede espressamente che la proprietà non sia prescrittibile? ⇨ (**cap. XI** – par. 2; **cap. XV** – par. 1.1)

91. Che rapporto c'è tra *giudizio petitorio* e *giudizio possessorio*? ⇨ (**cap. XIV** – par. 2)

92. Cosa significa *possesso di buona fede* e quali ne sono gli effetti principali? ⇨ (**cap. XIV** – par. 4-5)

93. A quali condizioni si può esercitare l'*azione di manutenzione*? ⇨ (**cap. XV** – par. 2)

94. A che proposito si parla di *proprietà turnaria*? ⇨ (**cap. XIII** – par. 3)

CREDITO

95. Definite il concetto di *responsabilità patrimoniale*. ⇨ (**cap. XVI** – par. 5; **cap. XVII** – par. 5)

96. Che differenza c'è tra buona fede *soggettiva* e *oggettiva*? ⇨ (**cap. XVI** – par. 4)

97. Qual è la natura giuridica della *quietanza*? Quale funzione essa assolve? ⇨ (**cap. XVII** – par. 2)

98. Date una definizione di *causalità adeguata*. ⇨ (**cap. XVII** – par. 8)

99. Cos'è la *mora del creditore*? ⇨ (**cap. XVII** – par. 7)

100. Qual è la natura giuridica della *cessione di credito*? ⇨ (**cap. XVII** – par. 14)

101. Nella *cessione di credito*, in che momento si trasferisce il diritto? ⇨ (**cap. XVII** – par. 14)

102. Dite cosa significa *diritto di regresso*. ⇨ (**cap. XVII** – par. 12)

103. Cosa significa *esatto adempimento* dell'obbligazione? ⇨ (**cap. XVII** – par. 1)

104. Quali sono le principali conseguenze della *mora del debitore*? ⇨ (**cap. XVII** – par. 6)

105. Cosa si intende per *esecuzione forzata in forma specifica*? ⇨ (**cap. XVII** – par. 5; **cap. XX** – par. 5)

106. Quali sono i requisiti tradizionali dell'impossibilità della prestazione? ⇨ (**cap. XVII** – par. 4)

107. Che cos'è un *debito di valore*? ⇨ (**cap. XVII** – par. 10; **cap. XXX** – par. 10)

108. Qual è la regola in tema di *adempimento parziale* della prestazione? ⇨ (**cap. XVII** – par. 2)

109. A quali condizioni è liberatorio il pagamento al *creditore apparente*? ⇨ (**cap. XVII** – par. 3)

110. Cosa si intende per *obbligazione facoltativa*? ⇨ (**cap. XVII** – par. 11)

111. Il debitore può essere esonerato dall'adempimento se la prestazione è divenuta eccessivamente difficile? ⇨ (**cap. XVII** – par. 4)

112. Dite cosa significa *patrimonio autonomo* e indicatene un esempio. ⇨ (**cap. XVIII** – par. 2)

113. La comunione legale tra coniugi ha autonomia patrimoniale? Motivate la risposta. ⇨ (**cap. XVIII** – par. 2)

114. Quali conseguenze produce la trascrizione degli *atti di destinazione*? ⇨ (**cap. XVIII** – par. 2; **cap. XXI** – par. 9)

115. Dite cosa significa *causa legittima di prelazione*. ⇨ (**cap. XVIII** – par. 3)

Parte Quarta
L'ATTIVITÀ GIURIDICA

CONTRATTO IN GENERALE

116. Fate un esempio di obbligo legale a contrarre e indicate gli strumenti di tutela disponibili per l'ipotesi di inadempimento. ⇨ (**cap. XIX** – par. 7; **cap. XX** – par. 5)

117. Cosa significa *responsabilità precontrattuale*? ⇨ (**cap. XIX** – par. 4; **cap. XX** – par. 4)

118. Cos'è un *contratto aleatorio*? ⇨ (**cap. XX** – par. 8; **cap. XXIV** – par. 2)

119. Cos'è un *contratto commutativo*? ⇨ (**cap. XX** – par. 8; **cap. XXIV** – par. 2)

120. Il principio di cognizione opera anche per gli atti unilaterali? Spiegate. ⇨ (**cap. XX** – par. 3)

121. Spiegate la differenza tra contratto preliminare proprio e contratto preliminare improprio (o «*compromesso*»). ⇨ (**cap. XX** – par. 5)

122. Il contratto preliminare improprio di compravendita trasferisce la proprietà del bene? ⇨ (**cap. XX** – par. 5)

123. Quando passa la proprietà in una compravendita immobiliare? ⇨ (**cap. XX** – par. 3-10)

124. Cosa si intende per *condizioni generali di contratto*? ⇨ (**cap. XX** – par. 6)

125. Cosa si intende con *clausola vessatoria* nella disciplina delle condizioni generali di contratto? ⇨ (**cap. XX** – par. 6)

126. Quali clausole sono *vessatorie* nel contratto tra professionista e consumatore? ⇨ (**cap. XX** – par. 6)

127. Qual è il principio fondamentale in materia di *forma* degli atti giuridici? ⇨ (**cap. XX** – par. 10)

128. Qual è la forma minima richiesta per la validità di un trasferimento immobiliare? ⇨ (**cap. XX** – par. 10)

129. Distinguete le nozioni di *contratto reale* e *contratto ad efficacia reale*. ⇨ (**cap. XX** – par. 3; **cap. XXI** – par. 3)

130. Dite cosa significa *contratto unilaterale*. ⇨ (**cap. XX** – par. 8)

131. Dite se e in quali casi la proposta di contratto è: a) revocabile, oppure b) irrevocabile. ⇨ (**cap. XX** – par. 3)

132. Cos'è il *patto di opzione*? ⇨ (**cap. XX** – par. 3)

133. Cosa significa *retroattività della condizione*? ⇨ (**cap. XX** – par. 11)

134. Cosa significa *pendenza della condizione*? ⇨ (**cap. XX** – par. 11)

135. Definite il concetto di *onere* e datene un esempio. ⇨ (**cap. XX** – par. 11)

136. Dite in quali casi ed entro quali termini il *consumatore* può *recedere* da un contratto concluso con un professionista ⇨ (**cap. XXI** – par. 2)

137. Che differenza c'è tra *ratifica* e *convalida* del contratto? ⇨ (**cap. XXI** – par. 7; **cap. XXII** – par. 7)

138. Cos'è il *contratto per persona da nominare*? ⇨ (**cap. XXI** – par. 5)

139. Il contratto concluso dal falso procuratore è valido? E quali conseguenze derivano dalla sua conclusione? ⇨ (**cap. XXI** – par. 7)

140. Cosa significa *abuso della rappresentanza*? In quali ipotesi si concreta? ⇨ (**cap. XXI** – par. 7)

141. Quali sono le parti del contratto a favore di terzi? ⇨ (**cap. XXI** – par. 5)

142. Cosa significa *negozio indiretto* ovvero *uso indiretto del negozio*? ⇨ (**cap. XXI** – par. 9)

143. Cosa significa *integrazione* del contratto? ⇨ (**cap. XXI** – par. 4/2)

144. In quali casi è esercitabile un diritto di recesso dal contratto? ⇨ (**cap. XXI** – par. 2)

145. Secondo la disciplina del contratto in generale, qual è la rilevanza del motivo illecito? ⇨ (**cap. XXII** – par. 3)

146. In quale contratto ha rilevanza l'errore sui motivi? ⇨ (**cap. XXII** – par. 5; **cap. XLVI** – par. 2)

147. A quali condizioni è ammessa la rescissione del contratto concluso in stato di bisogno? ⇨ (**cap. XXII** – par. 8)

148. Cosa significa che la nullità del contratto è *virtuale* e l'annullabilità è invece *testuale*? ⇨ (**cap. XXII** – par. 2)

149. Cos'è la *conversione* del contratto nullo? ⇨ (**cap. XXII** – par. 7)

150. Cosa significa che un atto è contrario all'ordine pubblico? ⇨ (**cap. XXII** – par. 3)

151. Che cosa significa *dolo incidente*? ⇨ (**cap. XXII** – par. 5)

152. Date una definizione di *norma imperativa*. ⇨ (**cap. XXII** – par. 3)

153. Da chi dev'essere riconoscibile l'errore per valere come causa di annullamento del contratto? E perché la legge stabilisce questo requisito? ⇨ (**cap. XXII** – par. 5)

154. Cosa significa *errore sui motivi*? ⇨ (**cap. XXII** – par. 5)

155. Date una definizione di *tutela dell'affidamento* e indicatene un esempio. ⇨ (**cap. XXII** – par. 6)

156. Dite cosa significa *errore essenziale* nel contratto. ⇨ (**cap. XXII** – par. 5)

157. Dite cosa significa *rescissione* del contratto. ⇨ (**cap. XXII** – par. 8)

158. Dite cosa significa *atto invalido*. ⇨ (**cap. XXII** – par. 1)

159. Nel campo dei vizi del volere, quali regole proteggono l'affidamento? ⇨ (**cap. XXII** – par. 6)

160. Dite perché l'azione di nullità del contratto è imprescrittibile. ⇨ (**cap. XXII** – par. 7)

161. In quali negozi è causa di annullamento il motivo erroneo? ⇨ (**cap. XXII** – par. 5; **cap. XLVI** – par. 2)

162. Cos'è e quali conseguenze ha la frode ai creditori? ⇨ (**cap. XXII** – par. 3)

163. Cosa si intende per *stato di bisogno* nella rescissione del contratto? ⇨ (**cap. XXII** – par. 8)

164. Quale rapporto c'è tra annullabilità ed efficacia del contratto? ⇨ (**cap. XXII** – par. 1)

165. Quali sono le conseguenze della nullità parziale del contratto? ⇨ (**cap. XXII** – par. 7)

166. Cos'è *l'eccezione di inadempimento*? ⇨ (**cap. XXIII** – par. 2)

167. Cos'è una *clausola risolutiva espressa*? Quali gli effetti? ⇨ (**cap. XXIII** – par. 2)

168. Quando diviene efficace una diffida ad adempiere? ⇨ (**cap. XXIII** – par. 2)

SINGOLI CONTRATTI

169. Il contratto di vendita di cosa altrui è produttivo di effetti? ⇨ (**cap. XXIV** – par. 2)

170. La compravendita di cosa futura ha un'efficacia immediata? ⇨ (**cap. XXIV** – par. 2)

171. Cosa significa *evizione*? ⇨ (**cap. XXIV** – par. 2)

172. In quale momento si produce l'effetto traslativo nella vendita con riserva della proprietà? ⇨ (**cap. XXIV** – par. 2)

173. La compravendita di cosa altrui è valida/invalida - efficace/inefficace? ⇨ (**cap. XXIV** – par. 2)

174. Cosa si intende per *principio di conformità al contratto*? ⇨ (**cap. XXIV** – par. 2)

175. Definite la *somministrazione*. ⇨ (**cap. XXIV** – par. 3)

176. Definite il contratto di *affiliazione commerciale* ⇨ (**cap. XXIV** – par. 5)

177. Definite il *factoring*. ⇨ (**cap. XXIV** – par. 6)

178. Date una definizione del contratto di *mutuo*. ⇨ (**cap. XXV** – par. 6)

179. Dite cosa significa *diritto di prelazione*. ⇨ (**cap. XXV** – par. 4; **cap. XLV** – par. 14)

180. Indicate la differenza tra contratto *d'opera* e contratto *di appalto*. ⇨ (**cap. XXVI** – par. 1)

181. Definite la *commissione*. ⇨ (**cap. XXVI** – par. 4)

182. Definite il mandato senza rappresentanza e indicate la differenza di effetti rispetto al mandato con rappresentanza. ⇨ (**cap. XXVI** – par. 3)

183. Date una definizione di *mediatore*. ⇨ (**cap. XXVI** – par. 6)

184. Cos'è una *clausola compromissoria*? ⇨ (**cap. XXVII** – par. 2; **cap. XLVII** – par. 9)

185. Definite la *transazione*. ⇨ (**cap. XXVII** – par. 1)

FONTI NON CONTRATTUALI DI OBBLIGAZIONE

186. Quali sono i presupposti per la gestione di affari altrui? ⇨ (**cap. XXVIII** – par. 3)

187. Cosa significa *obbligazione naturale*? ⇨ (**cap. XXVIII** – par. 4)

188. Cosa si intende per *incorporazione* di un titolo di credito? ⇨ (**cap. XXIX** – par. 2)

189. In che senso la cambiale è un titolo *astratto*? ⇨ (**cap. XXIX** – par. 5)

190. Cos'è la *girata in bianco*? ⇨ (**cap. XXIX** – par. 6)

191. Cosa si intende comunemente per *smaterializzazione* dei titoli di credito? ⇨ (**cap. XXIX** – par. 10)

192. L'assegno circolare è un titolo all'ordine o al portatore? ⇨ (**cap. XXIX** – par. 25)

ILLECITO CIVILE

193. Date una definizione di *danno ingiusto.* ⇨ (**cap. XXX** – par. 4)

194. Dite cosa si intende per *causalità adeguata.* ⇨ (**cap. XXX** – par. 5)

195. Spiegate i concetti di *dolo* e *colpa.* ⇨ (**cap. XXX** – par. 6)

196. L'interdetto risponde degli atti illeciti da lui commessi? Motivare la risposta. ⇨ (**cap. XXX** – par. 6-8)

197. Cosa significa *colpa lieve*? ⇨ (**cap. XXX** – par. 6)

198. In che rapporto stanno tra loro i concetti di *dolo* e *colpa*? ⇨ (**cap. XXX** – par. 6)

199. Indicate la prova liberatoria nella responsabilità per attività pericolose. ⇨ (**cap. XXX** – par. 7)

200. In campo di responsabilità *extracontrattuale* quale regola vale circa la risarcibilità del danno non patrimoniale? ⇨ (**cap. XXX** – par. 9)

201. Su quale norma costituzionale si è fondata la tutela del *danno biologico*? ⇨ (**cap. XXX** – par. 9)

202. Spiegate la differenza tra *danno evento* e *danno conseguenza.* ⇨ (**cap. XXX** – par. 9)

203. Dite in quali casi è risarcibile il *danno non patrimoniale.* ⇨ (**cap. XXX** – par. 9)

204. Dite che differenza c'è tra risarcimento per equivalente e risarcimento in forma specifica. ⇨ (**cap. XXX** – par. 10)

Parte Quinta
I PROTAGONISTI DELLA VITA ECONOMICA

L'IMPRENDITORE

205. Lo *scopo di lucro* è un carattere essenziale dell'impresa? ⇨ (**cap. XXXI** – par. 1)
206. Chi esercita un'attività limitata nel tempo, per esempio stagionale, può essere considerato imprenditore? ⇨ (**cap. XXXI** – par. 1)
207. L'azienda è una *universitas*? ⇨ (**cap. XXXII** – par. 1)
208. È sempre valido un *patto di non concorrenza* tra cedente e acquirente di azienda? ⇨ (**cap. XXXII** – par. 1)
209. Quali sono i *segni distintivi dell'azienda*? ⇨ (**cap. XXXII** – par. 2)
210. Cos'è il *preuso*? ⇨ (**cap. XXXII** – par. 3)
211. Caratteri e disciplina del diritto morale e patrimoniale d'autore. ⇨ (**cap. XXXII** – par. 3)
212. Definite il diritto morale d'autore e dite se si estingue. ⇨ (**cap. XXXII** – par. 3)
213. Esiste una tutela delle *idee* originali? ⇨ (**cap. XXXII** – par. 3)
214. È ammissibile la *pubblicità comparativa*? ⇨ (**cap. XXXIII** – par. 3)

LE ORGANIZZAZIONI

215. Qual è la differenza tra *società* e *comunione*? ⇨ (**cap. XXXIV** – par. 6)
216. Nell'esercizio della propria autonomia contrattuale, è possibile costituire *società atipiche*? ⇨ (**cap. XXXIV** – par. 7)
217. In che senso rileva nelle società di persone l'*intuitus personae*? ⇨ (**cap. XXXIV** – par. 8)
218. Associazione in partecipazione e *joint venture* sono la stessa cosa? ⇨ (**cap. XXXIV** – par. 9-10)
219. Cos'è il *beneficio di escussione*? ⇨ (**cap. XXXV** – par. 3)
220. Quando una società in nome collettivo è irregolare? ⇨ (**cap. XXXV** – par. 5)
221. Società *di fatto*, società *irregolare*, società *occulta*. ⇨ (**cap. XXXV** – par. 1-5)

222. Quali sono le conseguenze previste nel caso di violazione del *divieto di immistione*? ⇨ (**cap. XXXV** – par. 6)

223. L'*azione* di s.p.a. è un titolo di credito? ⇨ (**cap. XXXVI** – par. 4)

224. È valida una delibera sociale adottata con il voto decisivo di un socio in *conflitto di interessi*? ⇨ (**cap. XXXVI** – par. 5)

225. A chi spetta il *potere di gestione* della s.p.a.? ⇨ (**cap. XXXVI** – par. 6)

226. Indicate le caratteristiche del sistema di amministrazione dualistico. ⇨ (**cap. XXXVI** – par. 6)

227. Può il singolo socio di s.p.a. denunziare i fatti al Tribunale in caso di *fondato sospetto di gravi irregolarità*? ⇨ (**cap. XXXVI** – par. 7)

228. Nello stato patrimoniale il *capitale sociale* e le *riserve* vanno inseriti nell'attivo o nel passivo? ⇨ (**cap. XXXVI** – par. 9)

229. Cos'è il *bilancio consolidato*? ⇨ (**cap. XXXVI** – par. 9)

230. Qual è lo scopo della *liquidazione* di una società? ⇨ (**cap. XXXVI** – par. 11)

231. È ammissibile una *società con un solo socio* (unipersonale)? ⇨ (**cap. XXXVI** – par. 17)

232. Cosa si intende per *scopo mutualistico*? ⇨ (**cap. XXXVII** – par. 1)

233. Chi è responsabile per le obbligazioni consortili nei *consorzi con attività esterna*? ⇨ (**cap. XXXVII** – par. 4)

234. Come può essere costituita una fondazione? ⇨ (**cap. XXXVIII** – par. 3)

235. Cosa significa *metodo collegiale* e *principio di maggioranza* con riferimento alle assemblee delle associazioni? ⇨ (**cap. XXXVIII** – par. 2)

236. Esiste una tutela degli associati in caso di *mala gestio* degli amministratori? ⇨ (**cap. XXXVIII** – par. 2)

237. Cos'è una *fondazione di impresa*? ⇨ (**cap. XXXVIII** – par. 3)

238. Cosa si intende per *fondazione aperta* o *di partecipazione?* ⇨ (**cap. XXXVIII** – par. 3)

239. In che senso le *associazioni non riconosciute* beneficiano di una certa soggettività? ⇨ (**cap. XXXVIII** – par. 4)

240. I partiti politici sono associazioni riconosciute o non riconosciute? ⇨ (**cap. XXXVIII** – par. 4)

241. Cos'è una *ONLUS*? ⇨ (**cap. XXXVIII** – par. 6)

GLI INTERMEDIARI

242. Quali sono le principali *operazioni bancarie*? ⇨ (**cap. XXXIX** – par. 1)

243. Quali sono le principali regole che assicurano la *trasparenza bancaria*? ⇨ (**cap. XXXIX** – par. 1)

244. Cosa si intende per *conto corrente*? ⇨ (**cap. XXXIX** – par. 2)

245. Qual è la funzione della *CONSOB*? ⇨ (**cap. XL** – par. 1)

246. Cos'è il *riporto*? ⇨ (**cap. XL** – par. 1)

247. Cosa si intende per *fondo comune di investimento*? ⇨ (**cap. XL** – par. 2)

248. Quando l'*o.p.a.* è obbligatoria? ⇨ (**cap. XL** – par. 2)

249. Causa e oggetto del *contratto di assicurazione*. ⇨ (**cap. XLI** – par. 2)

250. Cosa si intende per *assicurazione sulla vita*? ⇨ (**cap. XLI** – par. 5)

IL LAVORATORE

251. Cosa significa che i contratti collettivi sono efficaci *erga omnes*? ⇨ (**cap. XLII** – par. 2)

252. Quali sono i caratteri del contratto individuale di lavoro? ⇨ (**cap. XLII** – par. 3)

253. Cause di *estinzione* del rapporto di lavoro. ⇨ (**cap. XLII** – par. 5)

254. Quali sono i caratteri del *contratto d'opera intellettuale*? ⇨ (**cap. XLII** – par. 10)

255. Chi ha il dovere di provvedere al cosiddetto *lavoro casalingo*? ⇨ (**cap. XLII** – par. 11)

I CONSUMATORI E GLI UTENTI

256. Esistono *direttive europee* a tutela del consumatore e dell'utente. ⇨ (**cap. XLIII** – par. 1)

257. Chi può esercitare l'azione inibitoria contro l'impiego di *clausole abusive*? ⇨ (**cap. XLIII** – par. 1)

258. Clausole *abusive* e clausole *vessatorie* sono sinonimi? ⇨ (**cap. XX** – par. 6; **cap. XLIII** – par. 1)

259. Che cosa si intende per *pratiche commerciali scorrette*? ⇨ (**cap. XLIII** - par. 3)

Parte Sesta
FAMIGLIA E SUCCESSIONI

260. Cosa si intende per *comunione de residuo*? ⇨ (**cap. XLIV** – par. 7)

261. Cosa si intende per *possesso di stato*? Quali gli effetti? ⇨ (**cap. XLIV** – par. 5-11)

262. A quali condizioni si può esercitare l'azione di disconoscimento della paternità? ⇨ (**cap. XLIV** – par. 11)

263. Cosa significa *matrimonio putativo*? ⇨ (**cap. XLIV** – par. 5)

264. Dite cosa significa *simulazione del matrimonio* e quale ne è la conseguenza. ⇨ (**cap. XLIV** – par. 5)

265. Chi ha giurisdizione per l'annullamento del matrimonio concordatario? ⇨ (**cap. XLIV** – par. 4)

266. Quali sono i criteri e le modalità dell'*affidamento dei figli* nella separazione e nel divorzio. ⇨ (**cap. XLIV** – par. 8-9)

267. Dite la differenza tra *mantenimento* e *alimenti*. ⇨ (**cap. XLIV** – par. 15)

268. Che stato civile ha il figlio nato da un matrimonio nullo? ⇨ (**cap. XLIV** – par. 5)

269. Che rilevanza ha il consenso ai fini del divorzio? ⇨ (**cap. XLIV** – par. 9)

270. Quando diviene efficace un accordo di separazione personale? ⇨ (**cap. XLIV** – par. 8)

271. Quali conseguenze sfavorevoli si producono in capo al coniuge cui è addebitata la separazione? ⇨ (**cap. XLIV** – par. 8)

272. Qual è il *fondamento* del divorzio? ⇨ (**cap. XLIV** – par. 9)

273. Che cosa si intende per *patto di famiglia*? Quali soggetti vi debbono partecipare? ⇨ (**cap. XLV** – par. 1)

274. Che cos'è *l'eredità giacente*? ⇨ (**cap. XLV** – par. 10)

275. Cos'è la *collazione*? ⇨ (**cap. XLV** – par. 14)

276. Spiegate cosa significa devoluzione dell'eredità e indicatene i tipi. ⇨ (**cap. XLV** – par. 13)

277. Definite il diritto di accrescimento. ⇨ (**cap. XLV** – par. 13)

278. Chi sono i *legittimari*? ⇨ (**cap. XLV** – par. 4-9)

279. Cosa significa *succedere per rappresentazione*? ⇨ (**cap. XLV** – par. 13)

280. Dite cosa significa *delazione dell'eredità*. ⇨ (**cap. XLV** – par. 3)

281. Distinguete le nozioni di *successore legittimo* e di *legittimario*. ⇨ (**cap. XLV** – par. 4)

282. Quale azione tutela i legittimari? Qual è il suo effetto? ⇨ (**cap. XLV** – par. 9)

283. In che momento si acquista la proprietà del legato di specie? ⇨ (**cap. XLV** – par. 7-10)

284. Cos'è il *diritto alla legittima*? ⇨ (**cap. XLV** – par. 4-9)

285. Un testamento orale è nullo o inesistente? Che differenza c'è tra le due qualifiche? ⇨ (**cap. XLV** – par. 8)

286. È possibile l'azione di riduzione in assenza di testamento? ⇨ (**cap. XLV** – par. 9)

287. Un'eredità può essere accettata tacitamente? ⇨ (**cap. XLV** – par. 10)

288. Che differenza c'è tra *forma scritta* e *forma olografa*? ⇨ (**cap. XLV** – par. 8)

289. Se un giovane plurimilionario regala alla sua fidanzata un collier del valore di duecento milioni, deve stipulare la donazione per atto pubblico? ⇨ (**cap. XLVI** – par. 2)

290. Si può donare un bene a un nascituro? ⇨ (**cap. XLVI** – par. 2)

Parte Settima
GLI STRUMENTI PROCESSUALI

291. Cosa si intende per *giurisdizione*? ⇨ (**cap. XLVII** – par. 1)

292. Qual è lo schema del *processo di cognizione*? ⇨ (**cap. XLVII** – par. 2)

293. Quando una sentenza è *costitutiva*? ⇨ (**cap. XLVII** – par. 2)

294. Quali sono i *gradi della giurisdizione*? ⇨ (**cap. XLVII** – par. 3)

295. Cosa si intende per *istruzione* del giudizio? ⇨ (**cap. XLVII** – par. 4)

296. Qual è la funzione del *giudizio di cassazione*? ⇨ (**cap. XLVII** – par. 5)

297. Cosa significa che una sentenza è passata in *giudicato*? ⇨ (**cap. XLVII** – par. 5)

298. Cos'è, e di cosa si occupa, il *T.A.R.*? ⇨ (**cap. XLVII** – par. 8)

299. Cos'è un *lodo arbitrale*? ⇨ (**cap. XLVII** – par. 9)

300. Che cosa si intende per *arbitrato irrituale* ⇨ (**cap. XLVII** – par. 9)

301. Qual è la ragione delle procedure concorsuali? ⇨ (**cap. XLVIII** – par. 1)

302. Qual è la differenza tra *inadempimento* e *stato di insolvenza* dell'imprenditore? ⇨ (**cap. XLVIII** – par. 2)

303. Quali sono gli *effetti* del fallimento? ⇨ (**cap. XLVIII** – par. 4)

304. Quali sono le differenze tra *revocatoria* ordinaria (*pauliana*) e revocatoria fallimentare? ⇨ (**cap. XLVIII** – par. 4)

305. Quale procedura concorsuale può essere tentata dall'imprenditore insolvente che voglia evitare il fallimento? ⇨ (**cap. XLVIII** – par. 7)

306. In quali casi e per quali imprese si può ricorrere alla *liquidazione coatta amministrativa*? ⇨ (**cap. XLVIII** – par. 9)

307. Qual è lo scopo e la disciplina essenziale della *amministrazione straordinaria* delle grandi imprese in crisi? ⇨ (**cap. XLVIII** – par. 10)